KB089782

불안한 부모를 위한
심 리 수 업

불안한 부모를 위한
심리수업

최민식 지음

레몬북스
lemon books

　자녀 양육에 관해 다룬 책은 헤아릴 수 없이 많지만, 이 책은 자녀 양육 과정에서 아기와 엄마 사이에 오가는 정서적 문제를 인문학적으로 다루었다. '인문학적'이란 말은 여러 가지 인문학적 요소들이 가진 가치관을 함유하고 있다는 뜻이다. 인간의 문제를 다루기 위해서는 다양한 분야를 다루어야 하겠지만, 내 지식의 한계로 철학-정신분석학-신학 범주에 한정하여 자녀 양육 관련 주제를 서술했다. 이를 위해 나는 라캉 학파 정신분석가 프랑수와즈 돌토와 영국의 아동정신분석가 도널드 위니캇, 그리고 프랑스 현대 철학자 폴 리쾨르의 자기 정체성 이론을 도입하였다.

　이 책은 출산을 앞둔 엄마는 물론 자신의 삶을 돌아보고 보다 나은 삶을 살기 원하는 사람이라면 누구나 읽어볼 만한 책이다. 왜냐하면 사람은 현재적 시간 안에서만 살고 있는 것 같아도, 엄마 배 속에서 존재의 생명이 피어나기 시작하는 과거의 시간부터 지금까지 경험한 모든 삶을 짊어지고 현재의 삶을 살아가는 존재이기 때문이다.

　이 책은 사람은 태어났을 때 엄마의 따뜻한 품을 제공받아야 좋은 정서를 가지고 건강하게 살아갈 수 있다는 것을 강조한다. 소아의학 전문의이자 아동정신분석가인 도널드 위니캇(이 책의 내용은 위니캇의 이론에서 골자를 가져왔다)은 '아기 탄생 후 첫 3년 동안 엄마의 돌봄을 잘 받은 아이로부터 엄마는 되돌려 받을 것밖에 없다'고 말한다. 이 책 역시 엄마는 자신의 아기를 위해 그 3년 중 첫 1년을 어떻게 헌신해야 하는가를 보여준다.

그렇게 아기를 전적으로 돌볼 수 있는 환경에 있는 엄마도 있지만 직장 생활을 해야만 아기의 지속적인 양육이 가능한 엄마도 있다. 이 책은 내용으로는 아기를 전적으로 돌볼 수 있는 환경에 있는 엄마들을 위한 것이지만, 직장을 다녀야 하는 엄마를 위한 책이기도 하다. 이 책은 자녀가 생애 첫 1년 동안 어떤 돌봄을 받아야 하는가를 제시하고, 엄마로서 어떻게 하면 '충분히 좋은 엄마'로서 훌륭한 양육자가 될 수 있는가를 살필 수 있게 되어 있다.

자녀를 위해 전적으로 헌신하면서 양육하지 못하는 엄마들은 이 책을 읽으면서 안타까운 마음을 더해갈 수 있다. 그러나 그런 엄마일수록 이 책은 더욱 필요하다. 어째서 그런가?

이 책은

'내가 지금 아기에게 해줘야 할 마땅한 것이 있는데 못 해주는 것은 무엇인가?'

를 미리 살펴볼 수 있을 뿐만 아니라, 엄마 품이 부재하는 상태에서 자란 아이가 장차 어떻게 될 것인가를 예측 가능하게 하기 때문이다.

엄마에게 좋은 돌봄을 제공받지 못했다고 해서 반드시 아이에게 문제가 생기는 것은 아니다. 유전적으로 기질이 강한 아이의 경우, 돌봄을 받는 환경의 영향을 훨씬 덜 받을 수도 있다.

위니캇은 '충분히 좋은 엄마'가 되기 위해 아기에게 제공해 줄 수 있는 사람이 본성적으로 가지고 있는 '원선(the original good)'을 강조한다. 그래서 나도 이 책에서 위니캇의 기조를 따라 에덴동산에서의 사람의 본래적 선함과 순수함을 찾기 위해 엄마의 따뜻한 품과 공감적인 돌봄을 강조하고자 노력하였다. 이렇게 말하면 많은 엄마들이 '나는 그렇게 좋은 엄마 역할을 하지 못했다'는 죄책감을 갖는다. 위니캇은 '너무 좋은 엄마' '전능한 엄마' '완벽한 엄마'를 지양하고, '충분히 좋은 엄마'를 지향한다.

7가지 '안아주기'라는 주제로 자녀 양육에 필요한 내용을 담았다. '안아주기'란 곧 '담아내는 것'이다. 모든 '담아내기'의 뿌리가 곧 엄마의 안아주기인 것이다. 잘 안아주는 엄마를 경험한 자녀는 친구를 담아내고, 사랑을 담아내고, 문화를 담아내고, 자연을 담아내고, 공부를 담아내고, 음악을 담아내고, 미술을 담아내고, 신앙을 담아낼 줄 안다.

오늘날 자녀들 사이의 '따돌림' 현상도 엄마 품의 '안아주기 경험의 부족'으로 인해 친구를 담아주고 친구에게 담겨지는 능력이 부족한 데서 오는 것이다. 사회 부적응자는 마찬가지의 이유로, 담기기를 어려워하는 사람들이다. 사회에 어느 정도 적응은 했지만 쾌활하거나 명랑하지 못하고 우울증에 걸려 있다면 그것 역시 '안아주기'의 부족으로 타인을 담아주고 타인에게 담기는 것을 못 하는 탓이다. 이런 면에서 볼 때, 우리는 현재 나의 삶은 유아기의 엄마 품의 경험과 무관하지 않다는 것을 알 수 있다.

이 책이 담고 있는 7가지 '안아주기'는 아기가 생애 첫 1년 동안 성장해 가는 과정을 보여준다. 생애 첫 1년 동안 아기가 엄마의 품을 통해 획득하는 것은 '동일성(sameness)'이며, 그 이후에는 '자기성(self-hood)'을 전개해 가면서 성장한다. 동일성과 자기성은 프랑스의 철학자 폴 리쾨르의 '자기해석학'에 나오는 용어이다. 이 측면은 곧 '자기(self)'를 구성한다. 사람은 누구나 이 두 개의 구조를 가지고 '자기'를 표현하면서 살아가는 존재이다. '어제의 나와 오늘의 나는 동일한 사람이다'고 주장할 때 그것은 나의 '동일성'을 주장하는 것이다. 그런데 어제의 나와 오늘의 나는 분명히 다르다. 몸의 상태, 세포의 변화, 기분의 상태 등 '나'는 매 순간 달라진다. 이것이 바로 자기의 '자기성'이다.

나는 이 책을 통해 아이는 누구나 생애 처음부터 존귀한 존재이며, 존중받아야 마땅한 존재라는 점을 강조하고 싶었다. 처음부터 존귀한 내 아이를 소중하게 양육하기 위해서는 생애 첫 1년 동안 엄마와 아기가 어떤 정서적 관계를 맺어가는가를 이해해야 한다. 독자 중에는 이런 질문을 하는 사람이 있을지도 모르겠다. '왜 하필 첫 1년이야?'

세계의 문제나 인간의 문제는 태초의 문제이다. 그리하여 삶에서는 에덴동산과 같은 낙원이 우리의 영혼에서 떠나지 않는다. 기독교에서는 타락한 에덴동산을 회복하고자 십자가와 부활, 그리고 종말론을 이야기한다. 천체물리학자들이 거대한 허블 망원경을 우주에 띄워 발견하고자 하는 것은 137억 년 전에 형성된 태초의 별이다. 상상력이 풍부한 데서 지나쳐 유토피아를 이 땅에 건설하고자 하는 정치가들이 추구하는 것도 결국 태초의 낙원을 대망하는 데서 온다. 그래서 이 책은 아기를 키우는 엄마만을 위한 책이 아니라, 자기 존재의 기원을 알고자 하는 모든 사람을 위한 것이다.

존재의 기원을 알게 되면 두 가지 결론 중 하나에 이르게 될 것이다. 하나는, 내가 이렇게 사랑받으면서 양육되었구나 하는 것, 그리고 둘은, 나는 사랑받지 못해 결핍이 많은 존재로구나 하는 것이다. 이 책을 읽는 엄마 중에는 내 아이에게 이렇게 충분한 사랑을 줄 수 있겠구나 생각하는 전업주부들과 출산 후 3개월이면 아이의 울음을 뒤로하고 당장 직장에 나가야 하는 엄마들도 있을 것이다. 나는 후자에 속하는 엄마들도 이 책을 통해 위로받기 원한다.

어려서 누구나 위인전이나 영웅전을 한번쯤은 읽어보았을 것이다. 위인전은 대체로 주인공이 좋은 부모로부터 좋은 양육을 받아 이렇게 위대한 일을 할 수 있었다는 내용을 담고 있지만, 영웅전은 대개 주인공이 버려진 존재로서 스스로 결함과 결핍을 여러 가지 통과의례를 거치면서 스스로 극복해 가는 내용을 담고 있다.

이 책을 쓴 내 의도는 두 가지이다. 첫째는, 내가 좀 더 좋은 양육을 받았다면 얼마나 좋았을까 하는 아쉬운 마음으로 현명한 엄마 독자들이 자신의 자녀에게 더 따뜻한 품을 제공해 주었으면 하는 바람이다. 둘째는, 결함과 결핍을 극복하는 데 60년이라는 오랜 세월 산전수전 겪으며 분투해 온 내 노력과 고통도 참으로 좋은 것이라는 것을 전해 주고 싶어서다.

오늘을 사는 현대인은 위인이 되고자 애쓸 필요가 없다. 그러나 영웅으로 살아갈 필요는 있다. 과거의 영웅은 나라를 세우는 자들이었지만, 오늘의 영웅은 '나'라는 나라를 세우는 사람이다. 그래서 가장 '나답게 사는' 사람이 바로 이 시대의 영웅인 것이다. 좋은 양육을 받고 자라든 그렇지 못하든 누구나 '나답게 사는' 영웅이 될 수 있다. 엄마라면 누구나 내 아이를 유능하고 탁월한 사람으로 키우고 싶을 것이다. 그러나 그것보다 중요한 것은 내 자녀를 자기 시대에 가장 자기답게 살아가는 존재로 양육하는 것이다.

부모들이여! 자녀의 존재를 존중하라. 자녀들이여! 자기의 존재로 살되 가장 '나답게 살기'를 도전하라. 부모가 자녀의 존재를 존중하는 만큼, 자녀는 세상에서 존중받는다.

끝으로, 나의 완고함과 고집스러움, 여러 종류의 편견의 동일성으로 똘똘 뭉쳐 있던 나를, 아직도 머나먼 길이지만, 자기성으로 나름 유연하게 풀어갈 수 있도록 끝까지 포기하지 않고 내 삶의 주제를 직면하게 해준 아내에게 감사한다. 아내 외에도 세 자녀는 늘 내 삶을 돌아보게 하는 슈퍼바이저들이다. 내 자녀들이 이 책을 읽고 나중에 '충분히 좋은 부모'가 되었으면 좋겠다. 그리하여 나보다 나은 부모가 되었으면 하는 간절한 바람으로 이 책을 썼다. 이 책을 읽는 모든 독자 여러분도 그렇게 되었으면 좋겠다.

까치산 '공간과 공감'에서
최민식

차례

PART 1

아기를
기다리는
딸에게

출산, 처음에는 누구나
설레면서도 두렵다

아빠, 내가 사랑하는 사람과 결혼을 했지만 두 가지 불안이 있어.
하나는 내가 과연 좋은 엄마가 될 수 있을까이고,
다른 하나는 아기를 낳고 혹시 우울증에 걸리지 않을까,
그리고 나의 그런 상태가 아기에게 영향을 미치지 않을까
하는 불안! 특히 결혼한 친구들을 보니 산후우울증이
엄청 무섭던데…….

엄마가 된다는 것은 완벽한 엄마가 된다는 뜻이 아니야.
'충분히 좋은 엄마'가 되면 되는 거야.
그리고 새 생명을 품는다는 것은 매우 경이로운 일이야.

딸! 그거 알아? '산후우울감'과 '산후우울증'이랑은 다르다는 거. 그러니 너무 불안해하지 마.

•　•　•

여성이 아기를 가지면 두 가지 정서를 느낀다고 한다. 먼저 새 생명을 가진 데 대한 벅차고 설레는 기분, 그리고 곧바로 이어지는 두려움이다. 먼저 새 생명이 가져다주는 설렘은 여성 자신 안에서 일어나는 크고 작은 변화들에서 시작된다.

평소에 족발을 보기만 해도 징그럽다고 느껴왔기에 한 번도 족발을 먹어보지 않은 여성이 있다. 그런데 그 여성은 기다리던 아기가 들어서자 자꾸 족발이 먹고 싶어져서 남편한테 퇴근길에 족발을 사다 달라고 자주 부탁했다. 한동안 평소의 자신과는 다른 모습에 사고와 감정이 뒤죽박죽되어 혼란스러운 면도 있었지만, 어느 정도 익숙해지고 감정 리듬도 안정이 되자, 과거의 자신과는 다른 새로운 삶을 사는 것 같아 설레는 마음이 들었다. 이 여성은 자기 안에 있는 새로운 생명의 요구로 인해 몸과 마음의 변화를 경험했고, 이 변화는 곧 설렘으로 이어졌다.

아기를 잉태하는 과정에는 이런 설렘도 있지만, 그 이면에는 남모를 두려움이 도사리고 있다. 바로 산후우울증 때문이다. 출산한 산모 10명 중 8~9명이 산후우울증에 시달린다고 하니 선뜻 아기를 가질 결심을 하지 못하고 시기를 미루는 것이 당연해 보인다. 평소에 우울증을 앓은 적이 있는 여성이라면 더더욱 출산을 미루게 되고, 자꾸 미루다

보면 아기를 낳아야 할 적절한 시기를 놓치는 경우가 많다. 그런데 일반적으로 여성들이 알고 있는 산후우울증에 대한 정보 중 대다수가 잘못된 것이라는 사실을 아는가?

프랑스의 아동 정신분석학자인 미리암 슈제이(Myriam Szejer)는 『아기에게 말 걸기』에서 산후에 찾아오는 우울증을 두 가지 개념으로 나눈다. '산후우울감(baby blues)'과 '산후우울증(postpartum)'이 그것이다. 만일 10명의 산모가 출산 후에 모두 우울해진다면, 그중 8명은 '산후우울감'이고, 2명이 '산후우울증'에 해당한다. 전자는 자연스러운 것이고, 후자는 매우 불편한 것이다. 앞으로 엄마가 될 여성이라면, 이 두 가지가 어떻게 다른지 잘 알고 있어야 한다.

산후우울감은 아기에게서 오는 것이다

산후우울감은 아기가 출산 후 3~4일 만에 자신의 탄생에 대해 가지는 우울감이다. 즉 산후우울감은 산모가 아니라 아기가 느끼는 감정이다. 아기의 관점에서 자신의 출생은 매우 서운한 일이다. 아기는 엄마배 속에 있을 때가 가장 행복했으며, 이러한 '지고(地高)의 상태(the supreme state)'를 잃어버린 것에 대해 상실감을 가진다. 산후우울감은 곧 파라다이스에서 추방당한 데서 오는 우울한 느낌이다. 왜 아기는 낙원을 버리고 세상 밖으로 나오기를 택했을까? 태초의 낙원 추방이 그렇듯이, 낙원을 벗어나야 '인간화'되기 때문이다. 사람은 누구나 '존재 상승 욕구'를 가지고 성장과 성숙을 지향하며 살아가게 되는데, 그 첫 출발점이 낙원 같은 자궁에서 벗어나 '구체적인 인간'의 차원으로 진입하는 '탄생 사건'이다.

아기가 자신의 배 속 낙원을 떠나보내는 애도의 감정이 '우울감'으로 나타난다. 아기를 보호하는 엄마도 이 기간에는 아기의 애도에 동참해야 한다. 아기의 안전한 생존을 위해 엄마는 한동안 아기와 한마음, 한 몸으로 움직이게 된다. 우리나라에서는 예부터 애도하는 아기와 산모를 보호하기 위해 삼칠일(21일) 동안은 외부 사람들의 출입을 막는 통과의례가 문화적으로 행해져 왔다. 이 애도 기간에 아기는 삶과 죽음을 동시적으로 경험하게 된다. 즉 태중의 아기는 죽고 동시에 세상에 태어남으로써 아기는 새로운 삶을 영위하게 되는 것이다. 아기는 초기 단계부터 배 속에서의 안전하고 좋았던 과거를 떠나보내고 오늘의 취약한 현실을 받아들이는 주체를 세우는 것을 인생의 출발점으로 삼는다.

그렇다면 아기의 우울감을 왜 엄마는 자신의 산후우울감으로 느끼는 걸까? 출산 후 엄마와 아기는 심리적, 정신적, 영적으로 그리고 신체적으로 하나로 연결되어 있다. 그리하여 한동안 두 사람의 존재는 서로 융합되는 현상을 겪게 된다. 아기가 느끼는 우울감을 엄마도 똑같이 느끼게 됨으로써 아기의 고통을 덜어주는 것이다. 출산 후 엄마는 아기의 감정과 느낌, 생각 등을 공유하는 데에 집중하게 된다. 그 과정에서 엄마는 아기의 약함과 생소함과 낯섦과 관련된 감정들을 가져오게 되고, 아기는 엄마의 힘과 여러 가지 능력 그리고 안전한 감정과 포근함과 공감 능력을 자기 것으로 만든다. 이처럼 산후우울감은 엄마와 아기 사이의 최초의 의사소통의 표현인 셈이다.

엄마와 아기 사이에는 정서적으로 연결된 관이 있다. 그래서 좋거나 나쁜 감정들이 높은 쪽에서 낮은 쪽으로 흘러가 서로를 키워주고 양육하며 성장시켜 나간다. 이제 끝나버린 태중에서의 삶을 애도하는 표현인 '아기의 우울감'은 엄마의 존재를 확 빨아들이기 때문에 아기의 정서적 상태에 몰두해 있는 엄마는 '산후우울감'을 느끼는 것이다. 그러므로 아기의 우울감이나 엄마의 산후우울감은 매우 정상적인 정서이다.

산후우울증은 엄마의 정서적 상태다

아기의 우울감인 '산후우울감'과는 달리 약 20%의 산모는 산후우울감을 넘어선 '산후우울증'을 앓는다. 산후우울증은 아기의 상태와는 무관하게 산모 자신의 정서적 상태에서 오는 것이다. 산모가 산후우울증을 앓는 것은 아기를 낳았다는 것 자체에서 온다고 생각하는데 이는 잘못된 생각이다.

산후우울증을 앓는 진짜 원인은 다른 데 있다.

첫째, 부부 관계에서 감당할 수 없는 문제가 발생한 상태일 때
둘째, 계획하지 않거나 원치 않는 임신일 때
셋째, 산모 자신이 다른 시기나 임신 중에 우울증 병력을 가지고 있을 때
넷째, 자녀 양육을 위한 환경적 지원 시스템이 빈약할 때

'산후우울감'은 아기의 애도가 끝나는 2~3주 정도면 해소되는 것이지만, '산후우울증'은 경우에 따라 짧게 끝낼 수도 더 오래갈 수도 있다. 산모가 임신한 상태를 열 달 동안 유지해 오다가 갑자기 아기가 빠져나간다는 느낌으로 인해 오는 일시적인 공허감 때문이라면 산후우울감은 짧게 끝날 수 있다. 그러나 위의 네 가지 중 하나라도 산후우울증을 일으키는 원인이 된다면 오래갈 수 있다. 그중에서도 세 번째에 해당하는, 우울증 병력을 가진 산모라면 시간이 지날수록 더 심각해질 수 있다. 반대의 경우도 가능하다. 반대의 경우가 발생할 수 있는 두 가지 조건이 있다. 그것은 첫째, 산모가 우울증 병력을 가지고 있으나 남편이나 친정 및 시댁 등의 환경적 지원 시스템이 우호적으로 잘 갖추어져 있을 때, 둘째, 그런 환경적 지원 시스템에 힘입어 아기 양육을 잘 해냄으로써 산모 자신의 유아기를 치유할 수 있게 되는 경우이다.

엄마 자신이 좋은 양육을 받았다면 자신이 아기를 출산할 때 내가 유아기에 받은 만큼의 좋은 양육을 해낼 수 있는 것은 당연하다. 엄마 자신이 유아기에 상처나 결핍이 있는 줄 알면서 '나는 사랑받지 못했지만 나는 내 아기를 사랑할 수 있어'라는 자신감도 위험하다. 그렇다면 과연 엄마는 어떻게 자녀를 양육해야 하는가? 엄마는 자녀 양육에 있어 근본적인 인식 전환을 해야 한다. 자녀 양육이라는 주제는 '모' 아니면 '도'라는 단순한 판단을 넘어선다. 자녀 양육은 엄마가 일방적으로 제공만 하는 위치에 서 있어도 안 된다.

자녀 양육은 복잡한 과정에 대한 깊은 성찰을 산모들에게 요구한다. 엄마가 아기를 통해 정서적 측면과 관계적 측면에 대해 성찰을 해낼 수 있다면 자신의 유아기에 발생한 상처나 결핍을 볼 수 있게 될 것이다. 이러한 성찰이 가능한 엄마는 아기에게 자신의 상처와 결핍이 전달되지 않도록 노력하는 가운데 자신의 부족한 부분도 메워나갈 수 있다. 이런 과정에서 엄마의 산후우울증이 극복되면서 원래 우울증이라는 병적 소인을 해결해 나가게 되면서 오랫동안 유지해 왔던 우울증 자체에서 벗어나게 되는 자유를 누리게 될 것이다.

완벽한 엄마가 아니라
'충분히 좋은' 엄마가 되어야 한다

내가 정말 좋은 엄마가 될 수 있을까?
나 하나도 아직 잘 못 챙기는데…….

엄마, 아빠도 널 이렇게 키워 냈잖아.
우리도 다 처음이었는걸. 세상에 완벽한 엄마란 없어.
최선을 다하는 엄마가 있을 뿐이지.

● ● ●

완벽함이란 신에게 속한 영역이라면, 실패는 인간의 속성이다. 완벽한 양육은 없을뿐더러 오히려 완벽한 엄마는 나쁜 엄마이다. 사람은 실패를 통해 더 나은 성공을 만들어낼 수 있는데, 그러기 위해서는 실패에 대한 자각이 있어야 하고, 실패를 통한 성공을 기약할 수 있어야 한다. 자녀 양육에서는 엄마가 자녀를 버린다거나 양육을 외면하는 등의 큰 실패는 용납되기 힘들다. 그러나 그 외 엄마의 작은 실패는 오히려 자녀 스스로 해낼 수 있는 능력을 키워내는 계기를 제공한다. 출산 후, 첫 6개월이 지난 후 아기는 '엄마가 안 해주니까 나 혼자 힘으로 해야겠네' 하며 스스로 해내기 위한 도전을 한다. 그러면서 점점 '스스로 욕망하는 주체'가 되어가는 것이다.

사람의 실패는 성공을 위한 기회를 제공해 주지만, 완벽함은 회복 불가능한 실패를 가져다준다. 어느 남미 소설가가 다음과 같은 내용을 소설에 담았다.

남편이 외도해서 아들을 집으로 데리고 들어왔다. 아내는 한마디 원망도 불평도 없이 이 아들을 지극정성으로 한 치의 부족함도 느끼지 않도록 잘 양육하였다. 먹고 싶은 것, 입고 싶은 것 등 아들이 요구하는 것은 아무리 비싼 것이라도 다 사주었다. 가고 싶은 곳은 어김없이 데려다주었고, 아무리 심하게 내는 짜증도 다 받아주었다. 남편은 아내가 의붓아들을 지극정성으로 양육한다고 생각하며 아내가 마냥 고맙기만 했다. 그런데 그 아들이 학교를 마치고 세상으로 나가게 되었다. 아들은 한 번도 자기 손으로, 자기 의지로 해본 적이 없었기 때문에 사회생활에 적응하는 데 거듭 실패했다. 급기야 아들은 자신이 사회에서 아무것도 할 수 없음을 자각하고 그만 자살하고 말았다.

남편은 아들이 원하는 모든 것을 다 제공하는 아내가 아들을 사랑하는 줄 알았을 것이다. 그러나 아내는 남편의 아들에게 모든 것을 완벽하게 충족시켜 줌으로써 아들이 스스로 할 수 있는 능력, 의지와 욕망을 빼앗아 버렸다. 그것은 바로 외도한 남편에 대한 아내의 긴 복수 드라마였다.

'너무 좋은 엄마'는 나쁜 엄마다

우리 사회에도 '너무 좋은 엄마'들에 관한 이야기들이 마치 이상적인 엄마의 모델처럼 회자된다. 그런 엄마는 자녀의 일정을 일일이 짜주는 것은 기본이고, 차량으로 등하고, 학교와 학원 간, 학원과 학원 간 이동까지 자신이 마땅히 해야 할 일로 여긴다. 자녀가 학원에서 공부하는 시간에 카페에서 기다리는 동안 엄마들끼리 떠는 수다는 그냥 수다가 아니다. 그것은 다른 아이들보다 더 경쟁력 있는 자녀로 키우기 위해 '아이를 위해 내가 뭘 더 해야 하나?' '아이를 어떻게 더 사로잡을 수 있을까?'를 궁리하게 만드는 수다이다.

안타깝게도 대개 그런 엄마는 자신이 학교 다닐 때 공부를 제대로 해보지 못했거나, 공부를 잘했어도 자신의 꿈을 이루지 못한 사람이다. 그리하여 그 자녀들은 자신이 원하는 공부를 하는 것이 아니라, 엄마가 원하는 공부, 엄마의 꿈을 실현해 드릴 수 있는 공부를 하는 것이다. 자신이 원하는 만큼 공부해 봤고, 자신의 꿈을 이룬 엄마는 자녀를 통해 대리 만족할 이유가 없다. 그런 엄마는 오히려 자녀의 꿈이 궁금

하고 자녀 스스로 꿈을 성취해 가도록 돕는다. 그런 엄마는 자녀를 자신의 소유물로 여기며 자녀의 삶을 좌지우지할 필요가 없다.

　아무리 좋은 엄마라 할지라도 자녀 양육에 있어 실패하지 않는 경우는 없다. 그래서 엄마는 자녀 양육의 실패를 두려워해서는 안 된다. 덜 실패하도록 노력하면 된다. 물론 엄마가 해서는 안 되는 큰 실패는 아기에게 치명적인 상처를 남기지만, 작은 실패는 자녀 스스로 자라게 한다. 그렇다면 해서는 안 되는 큰 실패는 무엇이고, 해야 마땅한 작은 실패는 무엇인가? 출산 후, 첫 3~6개월 동안 엄마는 아기를 위해 최선을 다해야 한다. 즉 아기가 요구하는 대로 엄마가 맞춰주되, 신체적, 정신적으로 매우 취약한 상태에 있는 아기를 공감하는 마음을 가지고 따뜻하게 돌봐줘야 한다. 이때 아기에게 가장 필요한 것은 엄마의 '말하기'와 엄마의 '따뜻한 품'으로 '안아주는 것'이다.

　출산 6개월이 지나면 그때는 엄마가 항상 챙겨주고 싶어도 그러지 못하게 된다. 현실적으로 아기가 점점 무거워지므로 아기를 늘 업고 다니거나 안고 다니는 등 온종일 아기를 끼고 살 수 없게 된다. 그때는 작은 실패들이 수시로 발생한다. 이것을 위니캇은 '적절한 좌절'이라고 한다.

엄마의 '마땅한 실패'와 아기의 '적절한 좌절'

　'적절한 좌절'은 아기가 스스로 성취감을 맛보게 할 뿐 아니라 독립적인 인격으로서 성장해 갈 수 있는 요건이 된다. 엄마의 '적절한 좌절'

은 아기에게 일시적인 것이 아니라 지속해서 이루어지는 것이다. 아기의 성장 속도에 맞춰서 좌절의 강도는 점점 더 커진다. 이런 과정에서 아기는 유아기를 서서히 벗어나게 되고, 점차 자아를 형성해 가는 주체, 또는 스스로 욕망하는 주체로서 세워져 가게 될 것이다.

엄마는 자녀에게 완벽한 엄마가 되어서는 안 된다. 거기에는 두 가지 이유가 있다. 첫째, 아기는 엄마의 소유물이 아니기 때문이다. 엄마는 자녀의 인생 전부를 책임져 주는 입장에 있으면 안 된다. 엄마가 자녀에 대한 책임이 커지는 만큼 자녀나 엄마 모두 독립적인 삶을 살아가기가 힘들어진다. 둘째, 엄마는 아기의 엄마일 뿐 아니라, 한 남편의 아내라는 사실 때문이다.

출산 후 처음 3~6개월간 엄마가 아이를 돌보기 위해 완벽에 가깝게 애써야 하는 이유는 아이 스스로 존재할 수 없는 취약성 때문이다. 이 기간이 지나면서 엄마는 서서히 적절한 좌절을 주면서 자신의 본래 위치인 한 남편의 아내 자리로 돌아가야 한다. 완벽을 추구하는 엄마 중에는 아내의 자리를 소홀히 하면서 자녀를 필요 이상으로 돌보려 하는 엄마들이 있다.

갓 결혼한 여자가 아내로서 역할을 잘해 내기란 쉽지 않아서 60 정도밖에 못 해낼 수밖에 없었다 치자. 결혼 생활이 진행되면서 아내는 남편을 알아가고 부부 관계가 성숙해 가면서 아내의 역할을 70, 80, 90, 100을 해내려고 노력하는 것이 마땅하다. 그러나 부모의 역할은 그렇지 않다. 처음 아기가 태어날 때 아기가 스스로 존재할 수 없는 취약성 때문에 첫 6개월 동안 엄마가 100의 역할을 대신해 줘야 한다. 그러나 6개월이 지나면서 90, 80, 70……을 해내면서 엄마는 조금씩 실패하게 되고, 아기는 급격한 좌절 대신 적절한 좌절을 맛보게 된다.

자녀가 초등학생이 되면 50 정도로, 중고등학생이 되면 30으로, 장성하여 결혼하면 직접적인 관계성에서의 부모의 역할은 0이 됨으로써 부모나 자녀는 서로에게서 독립하게 된다. 이때 부모는 보다 원숙한 부부 관계를 위한 노력을 하는 것이 마땅하다. 부모와 자녀 간의 완전한 독립이 없이 부모의 성숙한 부부 관계는 힘들다. 자녀가 유아기에 적절한 좌절을 맛보도록 허용하는 엄마, 자녀를 때에 맞게 독립시켜 주는 엄마를 도널드 위니캇(Donald Winnicott)은 '충분히 좋은 엄마(good enough mother)'라고 부른다.

다음은 주체의 욕망에 관한 자크 라캉의 공식이다.

주체적 욕망을 산출하는 공식

요구(demand) − 욕구(needs) = 욕망(desire)

이 공식은, 자녀가 요구하는 대로 충족시켜 모든 욕구를 채워주면, 그 자녀가 스스로 할 수 있는 욕망은 0이 된다는 말이다. 위에서 언급한 남미 소설 속의 의붓엄마는 아들이 요구하는 대로 욕구를 모두 채워줌으로써 그 아이가 스스로 욕망할 수 없게 만들었다. 그 결과 아들은 현실 세계를 혼자서 살아갈 수 있는 주체를 의붓엄마로부터 박탈당한 것이다.

아이가 100을 요구하는데 엄마가 70을 채워주면 그 아이의 욕망은 30이 된다. 그러나 아이가 100을 요구하는데 엄마가 50도 채워주지 못해서 결핍이 너무 심하면 아이의 존재 자체가 위험해진다. 그런 아이는 결핍을 정신증으로 드러내든지 자신의 정서 영역을 분노의 에너지로 채워갈 것이다. 이 공식은 완벽한 엄마가 얼마나 위험한가를 보여준다. 엄마가 자녀에게 적절한 좌절을 줌으로써 자녀가 스스로 욕망할 수 있는 주체로 만들어가는 엄마가 '충분히 좋은 엄마'이다.

아기는 배 속에서
어떤 마음으로 살아가나

아빠, 배 속에 있는 아기에게도 삶이라는 게 있을까?
배 속에 홀로 갇혀 있어 외롭지 않을까?

배 속에서 수정이 되는 순간 아기는 하나의 생명체로서
삶이 시작되는 거야. 아기는 엄마 배 속에서
엄마의 마음을 읽고 있을 뿐 아니라 엄마 아빠의 대화,
바깥 소리 등을 다 듣고 있어. 그래서 그렇게 외롭지 않아.
그래서 아기는 청각이 제일 먼저 발달하는 거지.

● ● ●

어떤 청년은 나의 의지와 상관없이, 아버지와 엄마의 성적 욕망 때문에 태어났다는 사실에 자괴감과 절망을 느낀다고 고백한다. 생각해 보면, 얼마나 어이없는 절망인가? 사람은 부모들의 욕망 때문에 태어나고, 탄생 후에는 자신의 고유한 욕망을 가지고 자기 삶을 살아가는 주체가 된다. 욕망이란 분수에 넘치게 누리고자 하는 욕심이나 탐욕을 뜻하는 greed가 아니라, 부족함을 느껴 무엇을 가지고자 하거나 타자와의 관계를 추구하는 desire에 해당하는 개념이다.

아기가 태어나는 일은 결코 우연히 일어나는 것이 아니다. '정자와 난자가 만나서 한 생명이 태어난다'는 생물학적 생각에 그치면 그렇게 생각할 수도 있다. 남자의 XY 염색체와 여자의 XX 염색체가 결합할 때 XX로 만나면 여자로 태어나고, XY로 만나면 남자로 태어난다는 누구나 아는 생물학적 상식 말이다.

인간의 탄생은 생물학적 관점에 한정되지 않는 또 다른 차원이 있다. 내가 한 인간 존재로 태어나는 데에는 내가 정자의 상태로 있을 때부터 반드시 '태어나고자 하는' 의지가 있었다는 사실을 기억해야 한다. 아버지가 어머니의 자궁을 향해 쏘는 정자 약 5억여 마리 중 가장 경쟁력 있는 내가 나머지 정자와 숨 가쁘게 경쟁하여 가장 먼저 달려가 어머니의 난자에 도달하여 수정된 것이다. 수많은 정자 중에 태어나고자 하는 욕망이 가장 강력한 '나'를 구성하게 될 정자만이 난자를 만나 한 생명으로서 삶을 시작한다.

그런 욕망이 어디 정자에게만 일어나겠는가? 난자도 같은 욕망이 있다. 난자는 태어나고자 하는 욕망을 보름 가까이 보유하면서 정자를 기다린다. 이를 위해 난자는 미리 나팔관 안에서 방을 꾸며놓는다. 만일 난자가 정자를 못 만나면, 꾸민 방의 벽들을 다 뜯어서 슬피 울며 몸 밖으로 나온다. 여성들은 자신의 생리혈에서 난자가 방을 꾸밀 때 발랐을 벽지 같은 것들을 보게 된다. 난자도 그렇게 잉태되고자 하는 욕망을 가지고 정자를 기다리는 것이다.

이처럼 정자나 난자나 똑같이 태어나고자 하는 강력한 욕망을 가지고 있다. 태어나고자 하는 욕망은 엄마와 아빠의 성적 욕망을 불러일으켜 마음과 마음, 몸과 몸을 만나게 함으로써 자신의 출생을 유도한다. 그렇게 욕망하는 힘은 어디서 오는가? 프랑스 정신분석학자 프랑수와즈 돌토(Françoise Dolto)는 그것을 '알려지지 않는 어떤 힘'이라고 표현한다. 그 힘의 주인은 정자와 난자가 만나 육신으로 태어나도록 초청한다. 그 힘의 주인은 바로 각자 안에 계시는 하나님이다. 돌토는 바로 이것을 강조한다.

심지어는 염색체의 결합조차도 우연히 이루어지는 것이 아니라, 아기 자신의 선택 때문에 어떤 아이는 남자로, 어떤 아이는 여자로 태어나는 것이다. 이렇게 볼 때 태어난 아기의 세포 하나하나는 단순한 물질에 불과한 것이 아니라, 각 세포 안에는 존재의 욕망과 삶을 향한 정신이 들어 있다. 그러므로 부모는 아기를 자신의 소유물로 키워서는 안 되는 것이다.

아기는 태중에서의 모든 기억을 다 가지고 있다

가끔 5세 이전의 아이 중에 엄마 배 속에 있을 때 기억을 떠올리는 경우가 종종 있다. 예능프로 〈슈퍼맨이 돌아왔다〉에서 강혜정-타블로 부부의 딸 '하루'가 태중 증언을 했다. '하루'가 다섯 살 때, "엄마 아빠가 결혼식 올리는 날, 나는 매우 힘들었어"라면서 태아 때 기억을 떠올려 부모를 놀라게 했다. 딸은 "엄마가 결혼식 날 '신부 입장'으로 걸어갈 때, 나는 엄마 배 속에서 밥 먹고 있었거든. 엄마가 움직여서 나는 점프 점프해서 밥을 제대로 못 먹었잖아"라고 투정을 부렸다. 결혼식은 강혜정이 임신 3개월 때 거행되었다.

아무것도 모를 것이라고 여기기 마련인 임신 초기의 미발달 존재가 엄마의 배 속에서의 기억을 되뇌고 있었으니 얼마나 놀라운 일인가! 태중 기억은 강혜정의 딸에 국한되는 것이 아니다. 어느 산부인과 의사에 의하면 5세 이전의 아이 3명 중 1명은 태중 기억이 있다고 한다. 사실상 3명 중 1명이 아니라, 모두가 다 태중 기억이 있다. 단지 3명 중 1명은 의식적 기억이 가능한 것이고, 나머지 아이들은 무의식적 기억 속으로 저장해 두었을 뿐이다.

어떤 아이는 자기가 엄마 배 속에 있을 때, 엄마 아빠가 무슨 문제로 싸웠는지에 대한 기억을 털어놓기도 한다. 일반적으로 아이가 언어를 사용할 수 있을 때라야 기억도 가능하다고 생각한다. 이런 증언은 그런 속설을 뒤집어 버린다. '하루'의 경우와 같이 배 속 아기가 언어가 없는 시기의 기억을 5세경에 언어로 표현할 수 있었다는 것은 놀라운 일이다. 아이는 언어 체계를 갖추지 못하는 기간에도 언어적 형태로 기억할 수 있는 고태적 언어와 문법을 가지고 있다. 그러므로 갓 태어난 아기의 귀에 들려오는 엄마 아빠의 말은 처음 듣는 말이 아니다. 그것은 태중에서 엄마의 자궁벽을 통해 10개월 동안 계속 들어온 익숙한 말이다.

그렇다면 아기는 어떻게 이 모든 것을 기억할까? '하루'처럼 드물게 의식으로 기억하는 때도 있지만, 대부분의 아이는 몸으로 기억한다. 프랑스 철학자 모리스 메를로퐁티(Maurice Merleau-Ponty)는 『기억의 현상학』에서, '몸은 곧 무의식이다'라고 강조한다. 사람들은 보통 머리로 생각한다고 알고 있지만, 몸은 머리보다 더 통합적으로 생각한다. 누구나 경험해 봄직한 몸의 기억들을 떠올릴 수 있을 것이다. 외출하려고 집에서 이미 한참을 나와 있는데, 뭔가 두고 온 듯한 찜찜한 느낌 말이다. 특히 40대 중반을 넘어서는 기혼 여성들은 무의식화된 몸의 기억이 무엇인지 잘 안다. 늘 남편에게 순종하며 지내다가 그 나이가 되면 어느 순간부터 남편에 대한 억울한 감정과 함께 떠오르는 생생한 기억들 말이다. 그동안 잊고 잘 지내왔는데 마치 방금 일어난 일처럼 생생하게 몇몇 사건들이 떠오른다. 이와 같이 아이들도 배 속에서부터 지금까지 일어난 일들은 모두 몸에 담겨 무의식 세계에 저장되어 있다는 점을 기억하자.

배 속의 아이는 엄마의 목소리뿐 아니라 엄마의 마음마저 읽고 있다

배 속의 아기는 엄마 아빠의 이런저런 말들을 들어왔을 뿐 아니라 엄마의 마음까지도 읽어왔다. 여덟 살이 될 때까지 말이 없던 아이가 있었다. 한마디도 한 적이 없어 부모도 아이가 언어장애인 줄만 알았다. 여러 가지 검사와 상담치료 그리고 엄마 상담을 거친 결과, 아이는 장애가 없었고 스스로 입을 다물기로 선택했음이 밝혀졌다. 알고 보니 아이가 태중에 있을 때 엄마는 이 아이가 태어나기를 원치 않았다. 아이는 엄마의 배 속에서 엄마의 마음을 그대로 읽고 있었다.

아기는 태중에서 '마음'을 통해 엄마의 마음과 엄마 아빠의 대화를 알아들을 수 있다. 아기는 배 속에서 엄마의 심장 소리, 아기 자신의 심장 소리, 엄마의 혈액이 흘러가는 소리, 숨 쉬는 소리뿐만 아니라, 복벽을 통해서 엄마 아빠의 대화까지 다 듣고 있다. 미리암 슈제이는 갓 태어난 아기는 엄마의 목소리는 단번에 알아채지만, 아빠의 목소리는 듣고 네 시간이 지나야 '저 목소리가 아빠 목소리로구나'라는 인식을 하게 된다고 한다. 아기가 아빠의 목소리를 알아듣는 것도 그동안 자궁벽을 통해 아빠의 목소리를 꾸준히 들어왔기 때문이다. 아기는 이렇게 엄마와 아빠의 목소리를 확인하면서 태중에 있을 때의 자신과 태 밖에 있는 자신이 동일한 존재임을 확신하게 된다.

사람이 '살아 있는' 존재로서 자기 정체성을 세우기 위해서는 기본적으로 동일성을 가져야 한다. 즉 배 속에서의 '나'와 출생 후의 '나'의 동일성을 확인하는 것은 매우 중요하다. 왜냐하면 그 둘은 삶의 환경이 너무 다르기 때문이다. 엄마 배 속에서의 지고의 상태(인생 중 가장 행복한 상태)의 '나'와 출생 후 스스로 살아가야 하는 고통의 상태의 '나'는 너무도 다르지만, 엄마 아빠의 목소리를 통해 동일한 '나'임을 확인하게 된다. 배 속에 있을 때 꾸준히 들어왔던 엄마의 목소리와 출산 후의 엄마의 목소리의 동일성을 통해 아기는 자신의 존재 동일성을 확보한다.

슈제이가 산부인과 병원에서 관찰한 바에 따르면, 출산에 참여하는 아버지가 아내의 고통을 덜어주기 위해 손을 잡아줄 때, 아기는 아버지의 목소리를 따라 고개를 돌리며 아버지를 찾으려 한다고 한다. 그런 상황에서 아기는 산부인과 의사나 간호사의 목소리에는 전혀 반응하지 않는다고 한다. 목소리를 통해 태중에서 지각한 아빠 엄마와 태밖에서 지각한 아빠 엄마, 서로 다른 두 환경에서의 아빠 엄마가 각각 같은 존재임을 확인하게 되는 순간, 아기는 배 속에서의 자신과 출생 후의 자신 사이에 동일성을 확인하는 것이다. 아기는 이 동일성을 가지고 유아기 때의 나, 청소년기의 나, 성인기의 나, 중년기의 나, 노년기의 내가 늘 동일한 '나'로 살아가게 될 것이다.

여기서 동일성을 확인하는 것이 왜 중요한가 하는 질문을 던질 수 있다. 동일성은 일평생 '나'라는 정체성을 확보하는 데 필수적이다. 동일성이 확보되어야 흔들리지 않는 하나의 '나'로서 살아갈 수 있다. 하나의 '나'로서 동일성을 확보한다는 것은, 일평생 살아가면서 존재의 중심을 가지는 일이다.

캔버스에 원을 그리기 위해서는 먼저 컴퍼스로 중심을 찍어야 한다. 하나의 중심이 확보되면 지름이 다른 수많은 동심원을 그려낼 수 있다. 동일성을 확보한다는 것은 바로 컴퍼스로 중심점을 찍는 것이다. 하나의 중심점을 찍지 못하면 중심점이 다른, 여기저기 난잡하게 그려진 원들을 발견하게 될 것이다. 조현병, 편집증, 경계선 장애와 같은 정신증을 원으로 표현한다면 여기저기 수많은 원이 그려져 있는 상태와도 같다. 그러나 히스테리나 공포증, 강박증과 같은 신경증이나 자기애적 성격 장애는 중심점이 흔들리기는 하지만 범위를 크게 벗어나는 상태는 아닌 경우이다(그림 참조). 다음 장에서 시작하여 이 책의 끝까지 이어지는 내용은 바로 하나의 점을 가진 동일성을 확보해 가는 과정이 엄마와 아기 사이에 어떤 모양으로 전개되어 가는가를 보여준다.

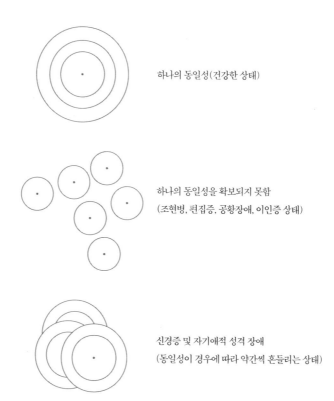

하나의 동일성(건강한 상태)

하나의 동일성을 확보되지 못함
(조현병, 편집증, 공황장애, 이인증 상태)

신경증 및 자기애적 성격 장애
(동일성이 경우에 따라 약간씩 흔들리는 상태)

엄마는 아기를 양육하고,
아기는 엄마를 양육한다

아기를 낳는 건 어떻게든 한다 해도, 아기를 양육할 생각만 하면
머리가 아파. 내가 아기일 때 엄마도 실패한 적이 많았을 거 아냐?
나도 그러면 어떻게 해?

많은 여성이 '우리 엄마보단 잘 해내야지' 하다가 더 크게 실패해.
그래서 양육의 시각을 바꾸는 거야. 내가 일방적으로
키운다고 생각하니까 힘든 거지. 서로가 서로를 키워준다고
생각을 바꿔봐! 아기가 태어나자마자 0세면, 엄마도 0세,
아기가 1세면, 엄마 노릇 하기도 1세!

　　　　●　　　●　　　●

〈아메리칸 셰프〉라는 영화에서 아버지가 열 살 난 아들에게 트위터를 배우는 중에 이런 대화를 주고받는다.

아들: 진짜 좋은 거 같아.

아빠: 뭐 하는 거?

아들: 아빠랑 노는 거.

아빠: 우리 맨날 놀잖아.

아들: 아니, 뭐라도 하면서 노는 거.

아빠: 평소에도 하잖아.

아들: 아니, 그런 거 말고, 이런저런 얘기 하면서 서로한테 배우는 거.

아빠: 넌 엄마 집에 있고 아빤 매일 바쁘니까 나가서 노는 거 좋아할 줄 알았지.

아들: 난 이게 재밌어, 뭐 알아가는 거.

부자간에 이런 대화가 이루어지기 전까지만 해도 아버지는 아버지고, 아들은 아들일 뿐이었다. 보통 아버지와 아들은 어머니와 딸보다 더 경직되어 있다. 남성은 수컷의 본능에 따라 어디를 가나 서열을 따지기 때문이다. 즉 남성은 누가 더 높은가를 살핀다. 남성의 세계에서는 서열 정리가 되면 관계는 순조로워진다. 한때 드라마 〈야인시대〉가 인기가 높았던 이유가 바로 서열을 정리해 가는 수컷들의 세계를 보여주었기 때문이다. 그 드라마가 방영된 지 십수 년이 지난 지금도 남자들은 유튜브를 통해 본 걸 또 보고, 또 보고 한다. 여성들은 이해할 수 없겠지만, 남성들은 그렇게 서열이 정리되어 가는 장면들을 보고 또 봐도 여전히 짜릿하게 느낀다.

가족 관계만큼 서열이나 자기 위치가 분명한 곳도 드물다. 신혼 초는 말할 것도 없고 자녀들이 아동기 때만 해도 남성은 확실하게 우위에 있다. 그런데 남성의 불행은 그 위치가 영원불변한다고 확고하게 믿는 데서 시작된다. 그러는 중, 중년기를 지나면서 어느새 견고하던 자신의 위치가 서서히 뒤로 밀려나고 있음을 피부로 느낀다. 아내의 발언권은 이미 남편의 권위를 넘어서 있고 자녀 중 내 편은 하나도 없으며 모두 제 엄마 편이라는 현실을 보게 된다.

그래서 오늘날 남성들은 열심히 가족을 위해 봉사해 오다가 갑자기 이혼을 당하기도 하고 아내의 졸혼 선언을 받아들여야 하는 지경까지 가는 경우가 많아지고 있다. 그런데 그렇게 되는 발단이 바로 남성의 이런 서열 의식에서 벗어나지 못하기 때문이라는 것을 자각하는 남성은 많지 않다.

남성들의 이러한 관점은 유교가 지배하는 사회에서 오랫동안 아무런 거부감 없이 받아들여졌다. 나는 베이비붐 세대로서 아버지에게 무조건 순종적이어야 했던 관습에 이끌려 권위에 저항하는 마음을 억압하는 것을 마땅하게 생각했다. 내가 힘들었던 것은 디지털 세대를 살아가는 자녀들이 나의 유교적인 가치관에 저항하여 그때마다 아버지로서의 권위가 위협받는다고 느끼는 것이었다. 그때 나는 세대 간 충돌을 역동적 관계로 바꿔낼 필요성을 자각하는 방향으로 마음을 바꿔야만 했다. 그리하여 나는 다음과 같은 결론은 얻게 되었다.

자녀를 양육한다는 것은 내 자녀로만 키우는 것이 아니다. 자녀들은 장차 아버지 또는 어머니가 되고, 한 아내의 남편이 되고, 한 남편의 아내가 되는 사람으로 양육되어야 한다.

그리하여 나는 딸과 아들들에 대해 객관적 시각을 가지게 되었고 자녀 각자가 지닌 다양한 모습을 볼 수 있게 되었다. 그 결과 예전보다 자녀들에 대한 이해의 폭이 넓어지고 자녀들도 함께 노력함으로써 세대 간 대화 단절을 면할 수 있었다. 내가 자녀를 통해 아버지의 역할을 배우고 전수해 줄 뿐만 아니라 나는 자녀들을 통해 '아들 됨'과 '딸 됨'에 대해 배우게 되었다. 내가 아들이었을 때 아버지는 너무 무서웠기 때문에 아들 됨, 자녀 됨에 대해 배워본 적이 없다. 이제야 나는 '아하! 아들(딸)이라는 느낌, 자녀 됨이 무엇인지'를 알게 되었다.

지금까지 나는 기껏 나의 아버지보다 더 나은 아버지가 되고자 노력해 왔을 뿐이다. 나는 그 정도로 '나도 나름 괜찮은 아버지'라는 자부심을 느꼈다. 이렇게 관점을 바꾼 결과 나는 청소년을 보내는 아들을 통해 나의 미성숙했던 청소년 시절을 키워내고, 청년의 자녀를 통해 나의 미진했던 청년기를 양육하게 되었다. 그리하여 지금은 자녀들과 갈등이 있을 때는 그냥 지나치지 않고 늘 직면해야 하는 고통 속에 산다. 그래서 자녀들을 통해 내가 경험하지 못한 '자녀 경험'을 할 수 있게 되었다. 아울러 자녀 안에는 나보다 나은 '아버지 됨'이 세워져 나가는 것을 보게 된다. 이렇게 보면 그 고통은 관계의 발달을 가져오는 것이기에 내가 아버지로서 기쁘게 감당해야 하는 고통이 아닐까.

가족 관계 안에서 무슨 문제라도 발생하면, 우리 가족은 그 문제를 해결할 때까지 끝까지 논쟁을 펼친다. 저녁에 시작한 다툼이 해결되지 않으면 아직 그 하루가 끝난 것이 아니다. 우리는 새벽이 될 때까지 싸운다. 내가 환갑을 맞았을 때 막내아들로부터 축하편지를 받았다. 그 편지 안에는 다음과 같은 내용이 있었다.

아빠에게 가장 고마운 것은 아빠와 나 사이에 무슨 문제가 발생하여 내가 싸움을 걸면, 아빠는 저와 끝까지 싸워주셨다는 점이에요.

자녀가 '내가 아빠에게 이 말만큼은 꼭 해야 되겠다'는 각오로, 큰마음 먹고 몸을 떨어가며 더듬거리면서 뭔가를 주장하고자 할 때가 있다. 그때 부모는 자녀의 미숙한 주장이 끝까지 전개될 수 있도록 맞서주면서 자녀가 걸어온 싸움을 완성시켜 줘야 한다.

〈아메리칸 셰프〉라는 영화는 아버지와 어린 아들이 서로에게 배우는 관계로 들어가면서 아버지와 아들의 관계가 역동적으로 발전해 가는 과정을 보여준다. 그 아버지도 자신이 아들의 나이에 아들답지 못했음을 자각하면서 '아들 됨'을 받아들이고, 장차 행세하게 될 '아버지 노릇'을 아들에게 가르친다.

영화 속 아버지는 요리를 잘하는 셰프였고, 아들은 생소한 도시에 도착하자마자 트윗 실력으로 손님을 미리 줄을 서서 기다리게 만드는 광고부장이었다. 그래서 푸드 트럭을 몰고 미국 전역을 돌아다녀도 어디를 가나 손님이 넘쳐났다. 아들은 아버지를 통해 세상을 배우고 학교에서 가르쳐주지 않는 아들 됨과 아버지 됨을 배운다. 아울러 아버지는 아들과 더불어 세상을 만들어가는 법을 새롭게 배운다. 이 얼마나 아름다운 부자 관계인가?

이러한 관계는 엄마와 아기와의 관계에도 그대로 적용된다. 세상에는 엄마이기만 한 사람이 없고, 자녀이기만 한 사람도 없다. 엄마는 아기 안에 있는 자신의 모습을 보고 아기는 엄마 안에 있는 아기 자신의 모습을 보게 된다. 이처럼 엄마는 아기를 양육하고, 아기는 엄마를 양육한다.

엄마는 자기가 받은 양육 이상으로
자녀를 양육할 수 있을까?

엄마는 자신의 엄마한테서 받은 양육 이상으로 자신의 자녀를 양육할 수 없다는 속설이 있다. 다시 말해서, 내가 엄마한테 받은 만큼 아기를 양육할 수 있다는 것이다. 그렇게 믿는 엄마는 그 정도밖에 해낼 수 없을 것이다. 이런 생각조차 못 하는 사람은 자신이 엄마로부터 받은 만큼마저도 자신의 자녀를 양육할 수 없다. 그런데 자신이 받은 양육 이상을 해낼 수 있는 사람이 있다.

내게 상담을 의뢰한 어떤 엄마는 어릴 때 자신의 엄마로부터 사랑과 공감을 받지 못해 늘 결핍감을 느껴왔다. 결혼하여 딸을 낳았는데 자신의 딸에게만큼은 좋은 양육을 제공하고 싶었다고 한다. 그래서 사랑과 공감을 주려고 애를 썼다. 그 결과 이 엄마가 봐도 아이는 사랑스럽게 잘 자라고 있는 것 같았다. 엄마는 딸이 이렇게 자라나는 모습을 보면서 자부심을 느꼈다.

내담자: 그런데 말이에요…… 저는…… 어쩌면 좋죠? 제가 어느 순간 끔찍한 생각을 하는 거예요. 내가 주는 사랑을 받고 자라고 있는 내 아이에게서 분명히 행복해하는 모습을 봤어요. 그런데 말이에요…… 제가 왜 이런 생각을 하는 거죠?

상담자: 무슨 생각이 들었기에 그렇게 말씀을 못 하시는 거죠?

내담자: 그 아이가 행복해하는 모습은 분명히 제가 바라는 것이었는데, 갑자기 내 안에서 끔찍한 충동이 올라왔어요. 그 충동을 참느라고 제가 별짓을 다 했다고요.

상담자: 무슨 충동이기에…….

내담자: 이 이야기를 들으면 저를 혐오하실 거예요. 이런 말을 제가 꼭 해야 하나요? 그런데 꼭 해야겠어요.

상담자: 그렇다면 꼭 지금 안 하셔도 됩니다. 나중에 하셔도 됩니다.

내담자: 지금 하겠습니다. 누워서 행복하게 웃고 있는 아기의 모습을 보는 순간 확 밟아버리고 싶은 충동을 느꼈어요.

상담자: 그 아이가 웃지 못하도록 고통을 주고 싶었던가요?

내담자: 아뇨. 그 순간 그 아이를 죽이고 싶었어요. 내가 너무나도 사랑하는 아이인데, 제가 그런 끔찍한 생각을 하게 됐어요. 저 정말 나쁜 엄마죠? 제가 왜 그런 이율배반적인 충동이 들었을까요? 저는 늘 아이를 사랑하고 있다고 자부해 왔는데 말이죠.

상담자: 네, 그렇군요. 지금 제가 어머니 마음을 이해했습니다. 어머니께서는 자신의 어머니로부터 받아본 적이 없는 사랑을 퍼부어 주셨고, 아이는 그 사랑을 잘 받았습니다. 그래서 어머니나 아이나 모두 행복한 것도 사실입니다. 만일 어머니께서 자신의 어머니로부터 사랑을 많이

43

받아서 내 안에서 넘치는 사랑을 줬다면 아까울 것이 없습니다. 그런데 내가 받은 사랑이 너무 적은데 그 사랑을 아기에게 다 쏟아붓고 나니까 내가 텅 비어버리는 겁니다. 그래서 순간적으로 억울함을 느끼는 사태가 발생하는 겁니다.

이 내담자는 사랑이 결핍된 자신의 내면 상태를 자녀에게 물려주지 않기 위해 무던히 애를 써왔다. 엄마가 자녀에게 원하는 사랑을 주기가 왜 쉽지 않은 것일까? 그 엄마의 내면은 자신의 엄마로부터 충분한 사랑을 받지 못한 결핍 상태였다. 그 결핍 때문에 엄마의 소망은 '내 자식만큼은 사랑을 넘치게 주겠다'는 것이었다. 그래서 자신 안에 그리 넉넉지 않게 남아 있는 사랑을 다 짜내어서 자녀에게 주고 보니 자신의 내면은 더욱 텅 비어갔다. 내담자의 끔찍한 생각은 '나는 받지 못한 그 사랑을 저 아이는 받고 있네'라는 무의식적인 억울함이 의식을 뚫고 튀어나온 것이었다. 그래서 내가 받은 사랑 이상을 사랑하기란 생각만큼 그렇게 쉬운 것이 아니다. 그렇다면 방법은 없는 걸까?

부모-자녀 관계는 수직적 + 수평적 관계다

아기가 0세일 때, 엄마도 엄마로서 0세이다. 아기가 한 살이면, 엄마도 한 살짜리 엄마가 되는 것이다. 아기가 갓 태어났을 때, 엄마는 무의식 속에 잠재되어 있던, 탄생 시점의 자신을 본다. 아기가 엄마를 볼 때, 아기는 엄마를 엄마로 보는 것이 아니라 자신으로 인식한다. 결핍으로 가득 찬 엄마의 손길을 기다리는 아기를 볼 때, 엄마 자신의 아기 때의 결핍을 본다. 그리하여 엄마는 아기에게 공감적인 품을 제공함으로써 엄마 자신의 결핍을 메울 기회를 얻게 된다.

엄마는 한 살의 아기를 보면서 자신이 한 살 때 돌봄을 제대로 받지 못했던 결핍을 보게 된다. 엄마는 자신의 아기를 잘 보살핌으로써 아기를 잘 양육할 뿐 아니라 엄마 자신의 한 살 때의 결핍을 메운다. 자녀가 아동기를 보낼 때 부모는 자신도 모르는 사이에 자신의 아동기 시절을 소환한다. 청소년이 된 자녀를 잘 양육함으로써 부모 자신의 청소년기를 돌보게 되고, 자녀는 부모로부터 받은 돌봄으로 잘 양육됨으로써 부모에게 좋은 것으로 되돌려줄 수 있다.

이처럼 엄마와 아기 사이의 양육은 양방향적이어야 한다. 스승과 제자 관계를 봐도 그렇다. 과거에는 스승은 가르치기만 하는 위치를 고수하고 제자는 배우기만 하는 수직적 관계만이 통용되었다. 하지만 스승은 제자에게서 배우는 게 없는 걸까?

나에게도 나를 보다 나은 선생으로 키워준 고마운 제자들이 있다. 그들이 오랜 세월 나를 믿고 가르침을 잘 따라준 결과, 그들이 훌륭한 상담자가 되어가는 것을 보게 되었다. 내가 오늘 이 시간, 어제보다 나은 선생이 된 것은 제자들을 키워낸 덕분이다. 또한 내가 어제보다 나은 상담자가 된 것도 많은 내담자를 치유해 온 과정에서 내담자들로부터 받은 귀한 선물인 셈이다.

이처럼 스승과 제자의 관계, 치료자와 내담자의 관계, 엄마와 유아의 관계 등은 서로를 키워내고 양육하는 관계이다. 그렇다고 이런 관계 안에 있는 모든 사람이 다 그런 효과를 가져오는 것은 아니다. 다만 서로를 양육하는 관계성은 이를 인식하는 사람들만의 것이다. 상담자가 내담자를 만날 때, 내담자 안에 있는 상담자를 발견하는 것이 기본적인 상담자의 자세이다. 내담자는 상담자 안에 있는 자신을 발견하게 되면서 치료의 진전이 일어난다. 내담자의 증상과 고통, 그리고 각종 희로애락 속에서 상담자의 증상과 고통과 희로애락을 발견함으로써 상담자는 자신의 인격을 내담자에게 빌려주게 되고, 내담자는 상담자의 인격을 가져가게 된다. 이것은 엄마와 유아 사이에도 똑같이 일어난다. 모든 인간관계가 그렇다. 타자 안에 있는 나를 발견하고, 내 안에 있는 타자를 발견해 가는 것이다. 이때 사람은 인격 발달과 성숙한 삶을 소망할 수 있게 된다.

따라서 이렇게 생각해 보면 어떨까.

엄마는 갓 태어난 자기 아기를 보는 순간, 갓 태어난 자신을 본다. 갓난아기의 온전함을 보는 동시에 그 온전함과 비교되는 엄마 자신의 갓난아기 때의 결핍을 본다. 엄마가 아기의 온전함을 따뜻하고 공감적인 품으로 잘 담아줄 때, 엄마 자신의 유아기 때 결핍을 양육할 수 있게 된다.

유교 세대의 부모가 자녀를 보는 관점은 오로지 수직적이었다. 즉 자녀는 교육의 대상이자, 훈계의 대상, 양육의 대상이었다. 디지털 시대에는 관점이 완전히 다른 부모-자녀 관계가 요구된다. 부모-자녀 관계가 수직적인 관계인 것은 맞지만, 수평적 관계가 동반되어야만 한다. 부모가 일곱 살 자녀를 양육하고 돌보면서, 동시에 부모 자신의 일곱 살 때를 돌보고 양육하며, 그때의 결핍을 채워주기도 한다. 물론 이것은 이렇게 인식을 하는 사람들한테만 가능한 이야기이다. 부모-자녀 관계가 이러할 때, 부모는 자신이 위로부터 받은 사랑 이상의 풍성한 사랑을 자녀에게 베풀 수 있다.

PART 2

아기는
엄마의 말을
다 듣고 있단다

: 말하기로 안아주기

아기에게 세상을 열어주는 첫 만남,
말하기: 상징적 탯줄 자르기

출산할 때 상상할 수 없을 만큼의 산통이 있다는데
그게 아기를 가지는 데 큰 두려움으로 다가오기도 해요.
배 속에 있던 아기가 어느 날 뿅! 하고 혼자 알아서
나왔으면 좋겠어.

아기는 만반의 준비를 한 후, 엄마를 보려고
세상에 나오기로 작정하는 거야.
아기가 엄마의 배 밖으로 나오는 과정은 마치
곡예사가 곡예하듯이 산도를 타고 나오는 건데, 그 과정에서
엄마나 아기는 엄청나게 고통스러운 것이거든.

그 고통을 엄마와 아기가 나눠 감당하는 거야.

그렇군요. 내 안의 아기가 나를 보려고 그 고통을 이기고
나오려고 한다고 생각하니 설레기도 하고 아무 의미 없이
산통을 겪는 것보다는 더 잘 이겨낼 수 있을 것 같아.
그래서 두 사람이 만날 때는 엄마와 아기 사이에
뭔가 세리머니가 필요할 것 같아.

엄마는 먼저 아기가 이 세상에 태어난 것에 대한 환영 인사를
해야 하겠지. 그리고 엄마는 아기에게 '네가 앞으로 어떤 세계에
어떻게 살아가야 할지' 소개를 잘 해야 할 것이고······.

●　●　●

　아기가 세상에 나오면 산부인과 의사가 반드시 해야 하는 절차가
'탯줄 자르기'이다. 아기가 엄마 배 속에 있을 때 탯줄은 두 사람을 하
나로 이어주던 연결선으로 매우 중요했지만, 출산 후에는 반드시 잘라
내야 한다. 탯줄 자르기를 통해 엄마와 자신, 나와 타자라는 존재론적
구분이 시작된다. 이런 물리적 탯줄 자르기 외에, 엄마와 아이 사이의

정서적 및 존재론적 분리를 위한 '상징적 탯줄 자르기'가 필요하다. 엄마는 이 '상징적 탯줄 자르기'를 통해 아기를 자신에게서 분리해 내면서 동시에 아기가 앞으로 평생 살아갈 세계를 열어준다.

상징적 탯줄 자르기

'상징적 탯줄 자르기'란 프랑수와즈 돌토가 제안한 것으로 그것은 엄마의 자녀를 향한 일종의 환영 인사와도 같은 것이다.

"아가야, 네가 내 딸(또는 아들)로 태어난 것을 환영한다."

이 단순한 인사가 어떤 효과를 가져오는 것일까? '상징적 탯줄 자르기'는 여러 가지 의미가 있는 상징적 선언이다. 그중 가장 중요한 것은 '상징적 탯줄 자르기'를 통해 아이가 아들로서 또는 딸로서, 남자로서 또는 여자로서 분명한 성 정체성을 가지고 살아갈 수 있도록 삶의 방향성을 제시해 준다는 것이다. 이 세계는 하나의 세계이지만, 엄연히 두 개의 세계로 존재한다. 하나는 남자의 세계요, 또 하나는 여자의 세계이다. 이 두 세계가 합쳐져서 하나의 세계가 되는 것이다.

'상징적 탯줄 자르기'에서는 무엇을 잘라내는 것인가? 아들에게는 여자의 세계를 잘라내어 주는 것이고, 딸에게는 남자의 세계를 잘라내어 주는 것이다. 아들이 남자의 세계로, 딸은 여자의 세계로 진입하는 것이 양육의 과정, 성장의 긴 과정 동안에 일어나야 할 일인 것은 사실이다.

현실에서 부모-자녀 간에 정서적인 존재 분리가 일어나지 않은 경우가 허다하다. 아기가 태어나는 순간 엄마 아빠는 이에 대한 예방 조치를 미리 해둘 수가 있다. 그것은 바로 '상징적 탯줄 자르기'이다. 신체적 탯줄은 잘랐지만, 심리적 탯줄 자르기가 안 되는 경우, 출산 후에도 엄마의 몸과 아기의 몸이 서로 겹친 채 고착되는 경우가 허다하다.

상징적 탯줄 자르기가 되지 않은 경우들

조현병 환자의 특징 중에 자신의 몸과 타자의 몸을 구분하지 못하는 증상이 있다. 공황장애, 이인증 또한 피부 경계가 모호해진 결과, 개체적 존재가 무너지는 끔찍한 현상으로 나타난다. '상징적 탯줄 자르기'는 아기가 아들로서 또는 딸로서, 인간 세계에 독립적 존재로 살아갈 수 있는 권리를 가질 수 있도록 길을 열어주는 역할을 수행한다.

딸로 태어났음에도 불구하고 부모의 소원에 맞춰 아들로 사는 경우, 또는 그 반대로 아들로 태어나서 딸로 살아가는 경우가 얼마나 많은가? 이렇게 뒤바뀐 정체성을 가지고 살아가는 자녀는 얼마나 혼란스럽겠는가? 상징적 탯줄 자르기를 기반으로 아들은 남자의 세계를, 딸은 여자의 세계를 만들기 시작하면서 각자 기본적인 성적 정체성을 가지는 데 6년 정도의 긴 기간이 걸린다. 이렇게 볼 때 '상징적 탯줄 자르기'는 남성이 살아가는 삶의 의미, 여성이 살아가는 삶의 의미를 각각 다르게 만드는 기원이 된다.

삶의 방향성을 선명하게 제시하는
상징적 탯줄 자르기

'상징적 탯줄 자르기'는 자녀가 앞으로 살아갈 삶에 대해 명확한 방향성을 제시해 주는 선언이다. 물론 '상징적 탯줄 자르기'로 성 정체성과 관련된 모든 문제가 해결되는 것은 아니다. 그것은 첫 단추를 끼우는 것에 불과하지만 첫 단추이기에 잘 끼워야 다른 단추가 제대로 끼워지는 것이다. 그다음 단추로서 엄마의 따뜻한 품과 공감적인 돌봄이 반드시 따라야 한다. 그러나 첫 선언을 통해 부모는 자녀에게 처음부터 모호한 인생을 살게 내버려 두지 않고, '네가 앞으로 살아가게 될 세상은 바로 이런 세상이야' 하고 앞으로 살아야 할 미래를 선명하게 열어준다.

만일 배 속에 있는 아기가 아들인 줄 알았는데 딸로 태어났다면, 그때는 어떻게 할 것인가? 그때는 그 상황을 그대로 읽어주고 바로잡는 형태의 환영 인사를 해줘야 한다.

"엄마와 아빠는 네가 아들인 줄 알았는데, 딸로 태어났네. 그러나 네가 딸로 태어난 것을 진심으로 환영한다."

아들을 원하는데 딸이 태어나서 서운한 마음에 아무 말도 안 하게 되면 아기는 모호함의 상태에 걸려 우울해질 것이다. 딸이 많은 가정에 딸로 태어났을 때, 아들이 없다고 부모가 딸을 아들처럼 키우는 경우가 간혹 있다. 상징적 탯줄 자르기로서 환영 인사는 자녀의 성 정체성 혼란을 사전에 막아주는 역할을 한다. 상징적 탯줄 자르기는 아기 스스로 선택한 성을 부모가 인정해 주는 의미도 포함된다. 그렇게 되면 아기는 처음부터 성적 경계의 모호함에서 벗어나 아들로서 또는 딸로서 자신의 고유한 삶을 살아가게 된다.

아기의 옹알이와 몸짓은
엄마에게 전하고자 하는 언어다

아기가 세상에 나오면 울기부터 하잖아요?
아기는 울음을 통해 의사전달을 하는 거겠지?

갓난아기일수록 엄마에게 의사를 전달하는 방식이 단순해.
울음, 웃음, 옹알이, 몸짓. 그런데 엄마와 아기는
두 몸 공동체이기 때문에 아기가 보내는 신호에
엄마는 자동 반응하게 되어 있어.
그래서 아기가 울면 엄마의 젖도 동시에 울지.
엄마의 중요한 역할 중 하나가 바로 아기가 보내는 신호를
엄마의 '말하기'로 바꿔주는 거야.

• • •

출산 후 탯줄을 잘라내야 하는 이유는 이제 아기는 자기 입으로 젖을 먹어야 하기 때문이다. 배 속에서는 탯줄을 통해 수동적 위치에서 받아먹었지만, 출산 후에는 아기가 능동적으로 입을 가지고 직접 젖을 빨아 먹어야 한다. 이 순간부터 아기는 스스로 주체적 위치에 있게 되며, 동시에 인간화의 첫걸음을 떼는 것이다. 이때 입과 혀는 젖을 먹기 위해 사용되는 것이지만, 장차 입은 먹기만 하는 것에 그치지 않고 말을 하기 위한 것으로 발달해 갈 것이다.

아기의 옹알이, 울음, 몸짓은
엄마의 말하기로 완결되어야 한다

탯줄이 거세되고 배꼽이 닫히는 순간 첫울음이 터진다. 이제 입은 탯줄을 대신하게 된다. 탯줄은 빨아들이기만 하는 관이지만 입은 빨아들일 뿐만 아니라 내뱉기도 하는 기관이다. 아기는 입을 통해 옹알이를 하고, 울음을 터뜨리며, 표정을 동반해 웃기도 하면서 급할 때는 비명을 지르기도 한다. 아기는 입으로 할 수 없으면 몸짓을 통해 자기 의사를 전달한다. 아기의 입과 몸의 여러 가지 신호와 기능들은 엄마의 '말하기'를 통해 표현되면서 의사소통의 차원을 높인다. 그리하여 아기의 옹알이, 몸짓, 울음, 고함 등은 엄마의 말하기로 완결되어야 한다.

입으로 말하기 이전 단계에서 아기는 자신의 의사를 옹알이와 울음과 몸짓으로 전달하고, 엄마가 아기 자신이 원하는 해결책을 가지고 응답해 주기를 원한다. 그 과정에서 엄마는 바로 해결책을 가지고 아기에게 들이미는 것이 아니다. 엄마는 아기가 보내는 여러 가지 신호를 해석해 내고 해석한 대로 해결책을 제시하기 전에 그 해석을 아기에게 '말하기'로 확인해 주는 것이 필요하다. 즉 아기가 보내는 여러 가지 신호를 엄마는 언어로 바꿔줘야 한다는 말이다. 이것이 엄마와 아기 사이에서 상호 전달되는 공감의 시작이다.

아기가 옹알이를 하면 엄마는 그 옹알이를 말로 바꿔준다. 그 과정을 통해 아기는 엄마의 언어를 배운다. 아기는 엄마의 말하기를 듣고 이렇게 생각할 것이다. '아하, 내가 한 울음(옹알이)이 바로 저런 뜻이로구나.' 아기는 눈앞에서 엄마가 사라져도 옹알이나 몸짓을 계속한다. 그것은 엄마가 사라져 버린 무서운 순간을 극복하는 방법이다. 즉 그동안 자신이 엄마와 주고받았던 옹알이와 엄마의 말하기 사이의 유익한 의미들을 기억으로 되살리면서 사라진 엄마를 환상 속에서 현존하게 하는 방법이다.

옹알이하는 이유, '나도 대화에 끼어들고 싶어요'

만일 아기가 옹알이를 잘 하지 않는다면, 거기에는 그만한 이유가 있다. 첫째, 배 속에 있을 때, 부부간에 대화가 없었던 경우, 둘째, 아기가 태어났지만 엄마가 우울증에 걸려 아기의 몸짓 옹알이에 반응해 주지 않는 경우, 셋째, 엄마 아빠 간에 지속적인 갈등이 있어 아기가 자신의 존재를 드러내기 힘든 상황 등이다.

돌토는 아이가 옹알이하는 이유로 엄마가 말하는 것을 배우고자 하는 동기를 꼽기도 하지만, 엄마와 아빠의 대화에 끼어들고자 하는 의도도 있음을 강조한다. 아기의 이런 의도를 엄마 아빠가 알아채지 못하고 둘만의 대화를 계속해 나가면, 아기는 엄마에게 장난감이나 그런 유사한 물건을 가지고 온다. 엄마는 아기가 그런 행동을 할 때는 '나도 대화에 끼어들고 싶다'라는 표현을 하고자 한다는 것을 알아채야 한다. 엄마는 이런 행동을 하는 아기에게 반응해 줘야 한다. '네가 지금 엄마 아빠한테 뭔가 이야기를 하고 싶은 거로구나. 아이 기특해' 또는 '지금은 엄마 아빠가 이야기하는 것을 좀 듣고만 있어주면 좋겠어'라고. 그리고 아기가 서운하지 않게 안아줄 필요가 있다.

아기는 엄마의 목소리를 아기 자신의 목소리로 안다

'엄마의 말하기는 곧 아기의 말하기이다.'

이 명제를 이해하기 위해 함께 다음의 실험을 살펴보자.

매트 리들리(Matt Ridley)는 『본성과 양육』에서 길버트 고틀립(Gilbert Gottlieb)이 실시한 오리 각인 실험을 다음과 같이 소개했다.

1960년대 초 길버트 고틀립은 일련의 실험을 통해 (새끼 오리가 어미 소리를 들으면서 각인되어 어미를 따라다니는 현상의) 그 과정을 탐구했다. 그는 물오리건 야생오리건 갓 부화한 새끼들은 자기 종의 소리를 선호하는 성향을 갖고 있음을 발견했다. 다시 말해, 새끼 오리들은 자기 종이 부르는 소리를 들어본 일이 없어도 그 소리를 제대로 알아듣는다. 그러나 고틀리프는 더 복잡한 실험을 통해 놀라운 결과를 얻어냈다. 그는 아직 알 속에 있는 새끼 오리의 성대를 수술해서 벙어리로 만들었다. 그러자 알에서 깨어난 후 새끼들은 같은 종의 어미가 부르는 소리를 선호하지 않았다.

고틀립은 기존의 오리 각인 실험보다 한 단계 발전된 실험을 통해 분명한 의도를 제시한다. 성대가 없어 소리를 내지 못하는 새끼 오리는 각인을 위해 마땅히 따라가야 할 어미가 부르는 소리를 왜 외면했을까? 고틀립이 내린 결론은 새끼 오리가 어미 오리의 소리를 인식하는 것은 부화하기 전에 자기 소리를 듣는 것으로 생각하기 때문이라는 것이다.

만일 이러한 실험을 아기에게 그대로 적용한다면, 아기에게 들리는 엄마의 목소리를 곧 자기 목소리로 듣고 있다는 뜻이 된다. 그렇다면 엄마가 아기가 보내는 신호를 언어로 바꿔주는 것은 매우 의미 있는 일이다. 특히 엄마가 아기의 신호를 정확하게 읽어주면, 아기는 엄마로부터 깊은 공감을 받고 있다고 느끼게 된다.

언어와 몸을 통한 반영

아기가 울면 건강한 엄마는 아기가 왜 우는지를 안다. 배가 고파서 우는지, 기저귀를 갈아달라고 우는지, 기분이 언짢아서 우는지. 그럴 때 엄마는 아기가 우는 이유를 말로 옮겨서 아기에게 설명해 줘야 한다. '그래, 우리 아기가 지금 배가 고파서 우는구나!' 또는 '응, 우리 아기! 기저귀 갈아달라고?' 하고 아기가 보내는 신호를 언어로 바꿔주는 것은 엄마의 중요한 역할이다. 그때 아기는 엄마의 목소리를 자신의 목소리로 인식하게 되고, 엄마의 말은 아기가 하고자 하는 말이 된다. 아기는 초기부터 이런 과정을 순조롭게 거치면서 엄마의 언어를 자신의 말하는 능력으로 바꾸어서 자신의 것으로 몸에 장착하게 되는 것이다. 언어가 반영의 역할을 하는 것이다.

엄마는 몸으로도 아기에게 생명을 반영한다. 미국의 어떤 부부가 쌍둥이를 출산했다. 둘째 에밀리는 건강했지만 먼저 태어난 제이미는 출산 후 몇 분이 지나도록 호흡을 하지 못하다가 20분 후 사망하게 된다. 엄마는 아이의 죽음을 애도하며 마지막 인사를 하기 위해 한 시간 동안 안아주었다. 그런데 이 아이가 기적같이 살아났다. 그 아기가 살아난 것은 바로 엄마의 심장 소리 덕분이었을 것이다. 엄마의 살아 숨 쉬고 있는 심장 소리는 죽은 아기에게도 마치 자신의 살아 있는 심장 소리로 느껴지지 않았을까 싶다. 엄마의 심장 소리는 죽은 아기의 몸에도 반영하여 아기 자신의 것으로 장착이 된 것이다. 엄마의 심장 소리는 죽은 아기의 몸에 공조현상(interpersonal synchronization)이 일어나 온몸에 피를 돌게 만든 것이다. 그 피는 폐에 산소를 공급하여 아기로 하여금 다시 호흡하게 했다. 이런 기적은 엄마의 몸과 아기의 몸은 하나의 몸적 공동체이기 때문에 가능한 것이다.

엄마의 말하기 부재는 언어 능력에 구멍을 낸다

어떤 아기이든 그 몸짓이나 표정은 하나하나가 모두 생생하여 생동감이 넘친다. 아기의 이러한 몸짓과 표정이 계속 살아 있는 생생함을 유지하려면, 엄마가 감탄의 시선을 보내야 하고 또한 공감적인 말하기로 지속해서 반영해 줘야 한다.

만일 엄마가 산후우울증에서 벗어나지 못한 상태라면 그 엄마는 아기의 이런 생동감을 반영하지 못하고, 아기의 옹알이, 울음, 각종 다양한 표정에 대해 반응하는 데 실패할 것이다. 그런 엄마는 아기의 상태를 살피지 못해 아기가 보내는 생생한 신호들을 먼 산 구경하듯, 또는 마치 사물을 대하듯 할 것이다. 아기가 이런 엄마를 경험하게 되면, 엄마의 시선을 제대로 받지 못할 뿐 아니라, 말하기에도 구멍이 난다.

슈제이는 『아기에게 말 걸기』에서, 아기는 말에 구멍이 나면 먼저 소화 기관에 문제가 발생하게 된다는 것을 경고한다. 토하거나 설사, 변비, 배앓이뿐만 아니라, 거식증을 발동하여 젖을 거부하는 일 또는 식욕이상 항진증으로 끊임없이 젖을 요구하는 일이 발생할 수 있다고 한다.

유아기에 엄마가 말을 해주지 않음으로써 발생하는 '말의 구멍'은 청소년기에 불쑥 올라와서 말의 부재의 큰 웅덩이가 있음을 보여주기도 한다. 이런 청소년은 말하기를 귀찮아하면서 누가 물어도 단답형으로만 말하게 된다. 그런 사람이 결혼하면 배우자와의 대화를 순조롭게 이어갈 수 있겠는가?

엄마의 말하기는
양육 실패를 바로잡는다

아빠, 모든 여자는 자라면서 걱정하는 게 한 가지 있어.

'내가 나중에 결혼해서 아기를 낳으면 잘 키울 수 있을까?' 하는 걱정.

물론 나도 그런 걱정을 하면서 자랐고……

만일 엄마가 아기를 키우는 데 실패한 것이 생각났다면

다시 돌이키는 방법은 없는 건가?

돌토가 그 부분에 대해 언급한 것이 있어.

엄마가 자신의 아기 양육에서 어느 부분을 잘못했는지

반성할 수 있다면, 그 잘못에 대해 아기에게 그럴 수밖에 없었던

상황을 설명하고 미안하다고 사과를 하는 거야.

엄마가 아기에게 그럴 수밖에 없었던 상황들을 잘 설명해 주고

사과를 하면 아기는 몸에 기록된 콤플렉스에서 풀려나게 되는 거야. 그런데 그렇게 풀려날 수 있는 유효 기간이 있어.

돌토는 갓난아기일수록 상태를 되돌릴 수 있는 엄마의 말하기가 효력이 크고, 그런 시도가 세 살까지 유효하다고 해.

● ● ●

돌토는 엄마가 약 일주일 동안 사라지는 경험을 하는 아기가 출산 후 7개월 미만인 경우와 7개월 이상인 경우를 구별해서 설명한다. 전자의 경우 아기는 엄마가 사라졌다 다시 나타나는 동안 자폐에 빠져들 수 있는 경우이고, 후자의 경우 아기는 사라졌다 다시 나타난 엄마를 죽음의 화신으로 본다고 한다. 그것은 사라지기 전 생생하게 살아 있던 엄마와 사라졌다가 다시 나타난 엄마와 연결이 안 되기 때문이다. 엄마가 사라지는 것이 어느 한계를 넘어서면 아기는 그 사라짐을 엄마의 죽음으로 경험한다. 아기는 엄마 안에 있는 자신의 모습을 본다. 그리하여 아기가 보기에 예전의 엄마 안에 있던 아기는 생생하게 살아 있었지만, 일주일 만에 다시 나타난 엄마 안에 있는 아기의 죽음을 본 것이다.

돌토는 출산 후 7개월 미만인 아기가 단 며칠 동안의 엄마의 사라짐으로 인해 죽음을 체험하면서 자폐가 될 수 있다고 경고한다. 7개월 미만의 아기는 엄마가 당장 눈앞에 보이지 않아도 어디엔가 존재한다는 것을 생각하지 못한다. 그래서 엄마가 사라지는 것은 아기에게 상처를 남기고 그 상처는 자폐로 빠져들게 한다.

이 시기의 아기는 엄마를 통해 외부 세계를 몸으로 상징화한다. 외부 세계를 상징화한다는 것은, 외부 세계를 아기 자신의 몸에 맞는 형식으로 받아들여 세계에 거주하며 살기에 친화적인 몸으로 만든다는 뜻이다. 7개월 미만의 아기는 엄마가 일주일 이상 사라지는 경험을 하게 되면 외부 세계를 향해 열어가던 몸을 닫게 되면서 외부로 향하던 에너지가 방향을 바꿔 자신 안으로 들어가게 만든다. 에너지가 이런 방향으로 가속화되면 몸은 굳어지고 아기는 자폐 상태로 들어간다.

엄마가 일주일간의 공백을 끝내고 아기에게로 돌아왔을 때, 엄마는 아기의 상태가 자폐 상태로 진입했음을 감지하게 된다. 건강한 엄마는 이때 자신의 실패를 인정하고 아기에게 자신이 그럴 수밖에 없었던 상황을 충분히 설명하고 아기에게 진정으로 사과를 한다. 그때 아기가 엄마를 예전의 엄마로 받아들이기 시작하면, 그동안 외부 세계를 향해 닫혔던 몸의 빗장을 서서히 풀면서 자폐 상태에서 조금씩 벗어나게 된다. 엄마는 아기가 자폐 상태에서 완전히 벗어나기까지 상황을 설명하는 말하기를 멈추지 말아야 한다.

엄마의 '말하기'가 멈추면 아기는 몸을 사용한다

아기는 엄마가 말하는 것을 자기가 말하는 것으로 지각한다. 그것은 아기의 여러 가지 신호들을 엄마가 말하기로 바꿔주기 때문에 가능한 것이다. 아기는 이런 식으로 엄마와 소통한다. 그런데 엄마가 아기에게 말을 하지 않으면 그동안 아기가 생기발랄하게 신호를 보내던 몸의 생생함은 시들어버린다. 아기가 엄마와 소통하지 못하면, 아기의 지각은 몸 안에 쌓이게 된다. 그 결과 아기 몸은 딱딱해지고 사물처럼 된다.

돌토는 이런 증상을 보이는 14개월 된 아기를 예의 주시한 바 있다. 그 아기는 다른 아이를 보자마자 다가가서 뽀뽀해 주고 몸을 만진다. 상대방 아이는 그 아기가 다가와 접촉하는 것을 귀찮아했지만 그 아기는 막무가내로 자신이 원하는 대로 행동했다. 둘 사이에 작은 폭력이 일어난 것이다. 어른들은 그것이 폭력이라는 것을 인지하지 못하고, 그냥 또래 아기들 사이에서 흔히 일어날 수 있는 일반적인 현상으로 치부한다. 이런 현상은 아이가 말해야 할 때 하지 못하는 경우, 또는 엄마와 말하는 관계가 형성되지 않았을 때 발생한다.

할아버지는 손주를 자신의 자식과는 다르게 느낀다. 정작 자신의 자녀에게는 엄격했고 권위적이면서 '~하지 말라'는 수많은 금지를 남발했던 아버지가 손주를 대하는 할아버지의 자리에 서게 되면, 이렇게 말한다. '눈에 넣어도 안 아프다'라고. 할아버지는 이런 말을 사랑스러움의 표현으로 사용한 것이 분명하다. 그러나 그 말을 돌토가 들었다면 이런 표현에 대해 '식인적 사고'라고 경고할 것이다. 돌토에 의하면, 두 살 반 이전 아이들은 엄마 아빠 외의 사람과 뽀뽀하는 것조차도 식인 행위로 받아들이기 때문이다.

돌토는 『아이가 태어나면』이란 책에서 그런 행동을 하는 14개월 아이의 행동에 대해 부모들에게 다음과 같이 경고한다.

저 봐라. 친구가 아주 어리구나. 네가 그러면(의미설명: 뽀뽀를 하면) 저 친구는 네가 자기를 먹어버리는 것으로 생각할 거야. 너도 아마 할머니나 이모가 뽀뽀해 줄 때 그렇게 생각한 적이 있었을 텐데. 그러니까 조심해. 저 꼬마 친구도 그래서 싫어하는 거야. 네가 이렇게 하는 걸 꼬마 친구가 좋아하지 않으니까 꼬마 친구의 엄마가 못 하게 하는 거야.

이런 사실을 깊이 숙고하는 엄마라면 자신의 아이들을 3세 이전에 어린이집을 보내야 할지 말아야 할지 판단하는 문제에 대해 그 답을 어렵지 않게 찾게 될 것이다.

어린이집에서건 유치원에서건 아이들끼리 만지고 빨아대고 하는 놀이는 좋지 않다. 이렇게 노는 아이는 엄마에게 당했던 것을 자기보다 약한 친구에게 다른 모양으로 반복하는 것이다. 엄마에게서 무슨 일을 당하는 것인가? 그것은 바로 엄마가 아기를 '말하기'로 안아주지 않고, 사물로 취급하는 것을 말한다. 유아기에 아기의 신호 보내기와 엄마의 '말하기'를 주고받기를 하지 못한 아이는 사물 취급을 당한다는 느낌으로 만져지고 조종당하고 뽀뽀당한다. 사물 취급을 당하는 아이는 그런 행위들을 자신을 먹기 위해 찜해두는 신호로 여기게 된다.

이런 아이가 성인이 되면, 의사소통을 위해 '말하기'가 불편해지고, 대신 몸으로 표현하는 것이 더 수월하게 된다. 한때 우리 사회에서 유행처럼 지나간 '미투' 사건을 일으키는 남자들은 이러한 유아기 배경을 가지고 있을 확률이 높다.

나는 첫 직장에서 선진 업무 교육을 위한 해외 연수 파견에 선발되어 1986년에 처음 미국 땅을 밟았다. 그곳에서 연수를 위한 일정 외에도 많은 교포를 만날 기회가 있었다. 오랜 세월을 이국땅에서 살아온 교포들은 당시 우리 사회의 사람들과는 많은 부분에서 달랐다. 그 당시에 생소하게 느꼈던 점이 있다면, 미국에서는 아기가 예쁘다고 안아준다거나 볼을 만진다거나 하면 성희롱으로 고소를 당한다는 것이었다. 그런 일이 지금은 우리 사회에서도 상식처럼 되어 있지만, 그때는 그렇지 못했다.

어떤 교포는 실제로 자신이 목격한 일을 나에게 전해줬다. 60대 노인이 손자뻘 아이의 고추를 만지면서 "내가 호로록할까?" 하며 던진 농담에 아이가 울음을 터뜨렸다. 그 노인은 그 아이의 부모에 의해 성희롱으로 고소당해 곤욕을 치렀다고 한다. 지금은 우리 사회에서도 이런 일은 일어나지 않는다. 시대를 막론하고 그런 식인적 표현이 어린 아이들을 얼마나 공포스럽게 만드는 것인가를 누구나 가늠할 수 있어야 한다. 그래야 나이가 어린 아이도 이 사회에서 하나의 온전한 인격적 존재로 당당하게 대우받게 된다.

엄마의 공감과 찬사로 자란 아기는
스스로 몸의 욕망을 다스린다

하인즈 코헛(Heinz Kohut)은 미국의 자기심리학자로서 돌토가 말하는 엄마의 '말하기'와 통하는 이론을 제공한다. 코헛에 의하면, 유아기에 엄마의 칭찬, 공감, 찬사를 잘 받은 아이는 성적 욕망과 공격성이 중립화된다. 바꿔 말해 성적 욕망과 공격성의 중립화가 이루어지지 못한 아이는 성적으로 조숙해지며 분노를 통제하지 못하게 된다. 그런 아이가 청소년이 되고 성인이 되면 모든 상황을 성적으로 판단하게 되고, 가는 곳마다 분노의 에너지를 발산한다. 이러한 상태는 '자기애적' 성격을 가진 사람의 주요한 특성이 된다.

　우리 사회에 자기애적으로 성화(sexualized)된 사람들이 많음을 보여주는 표지가 성을 상품화하고 성적 코드를 주입한 광고가 매우 잘 통한다는 점이다. 사람들의 자기애적 상태는 애완동물을 키우는 형태로 나타나기도 한다. 애완동물을 키우는 이유가 뭔가를 만지고 싶다는 심리적 작용 때문이라는 것은 일반적으로 쉽게 간과된다. 그리하여 온 가족이 애완동물을 키운다는 것은 그 가족은 서로 스킨십이 부족하다는 것에 대한 반증이기도 하다. 이 두 가지만 놓고 봐도, 우리는 이 사회에 자기애적 성격 장애가 얼마나 만연해 있는가를 알 수 있다. 엄마 아빠는 '아기에게 말하기'를 많이 시도해야 할 뿐 아니라, 스킨십을 많이 해야 한다.

　유의해야 할 것은 아기에 대한 부모의 스킨십은 다른 사람의 스킨십과는 다르다는 점이다. 아기에게 부모는 동일시 대상, 즉 닮아가고자 하는 대상이기 때문에 부모의 스킨십은 반드시 필요한 것이다. 또한 아기는 부모를 통해 성적 코드를 가져오기 때문에 부모의 스킨십은 아기의 성적 정체성을 세워준다. 그러나 조부모, 고모, 이모, 삼촌이 아기에게 가까운 관계라 해도 그들의 뽀뽀는 아기에게 부모의 뽀뽀와 다른 느낌을 준다. 아동기에 접어들면, 부모라 할지라도 신체 접촉은 동성 부모와는 무리가 없으나 이성 부모와는 조금씩 경계하여야 한다. 그러다가 청소년기가 되면 동성 부모도 자녀의 피부 경계를 확실하게 지켜 줘야 한다. 즉 내 자식이라고 해서 내 마음대로 해서는 안 된다는 말이다. 부모로부터 이런 존중을 받는 자녀는 세상에 나가서도 사람들로부터 존중을 받게 된다.

아이들이 옷을 다 벗고 노는 이유

어떤 남성 내담자는 자신의 어린 시절, 어른들이 없을 때 또래 남녀 아이들과 옷을 다 벗고 놀았던 적이 있다고 고백했다. 그는 나에게 "제가 왜 그렇게 놀아야만 했을까요?"라고 물어왔다. 그가 그런 질문을 하는 것을 보면, 그때 엄마한테 들키지 않고 은밀히 노는 것에 대해 당시 자신이 뭐가 잘못되었는가를 오랫동안 고민해 왔던 것 같다. 나는 그에게 두 가지 포인트를 짚어주었다.

첫째는 엄마와의 상호성이 있는 언어적 관계가 부재하기 때문이며, 둘째는 부모님 간에 일상적 대화의 부재 때문이라고.

첫째 원인은 유아기에 발생한 것이지만, 둘째 원인은 3~6세까지(정신분석학에서는 이 시기를 '오이디푸스 콤플렉스 시기'라고 부른다)로 확장된다.

이 내담자의 이야기는 어린 시절로 그치는 이야기가 아니다. 유아기 이래로 엄마 아빠 관계에서 '말하기로 안아주기'의 부재는 자녀에게 성적인 조숙함과 지나친 분노를 초래한다. 성적 조숙함은 분노의 에너지와 혼합되어 성적으로 늘 흥분되어 있고, 짜증이 많은 성격으로 자리를 잡아가게 된다.

여자아이가 말을 잘하는 이유는 혀가 길기 때문이다

돌토는 『아기가 태어나면』에서, 대개 여자아이는 남자아이보다 말을 훨씬 빨리 배운다고 주장한다. 돌토는 이 근거로 구강 구조를 언급하면서 여자아이가 남자아이보다 혀가 길다는 데서 원인을 찾았다. 돌토는 여자아이의 혀가 긴 이유를 여자아이는 음경이 없다는 데서 유추했다. 참으로 놀라운 통찰이다. 남자아이는 남근을 가지고 있는 것 자체만으로 존재감을 느낄 수 있지만, 여자아이는 남근이 없는 대신 긴 혀를 이용해 말을 잘함으로써 존재감을 느낀다.

돌토의 이러한 주장은 성인의 남녀 차이를 이해하는 데에도 도움이 된다. 중년기가 되면 남녀의 말하기 차이는 더 명확해진다. 중년 여성들이 모이면 서로 말을 이어가는 것이 끝이 없다. 별 의미도 없는 말을 주고받는 사이에 재미와 즐거움이 금방 증폭된다. 그래서 여자들이 모여서 이야기할 때는 술이 필요 없고 커피 정도면 충분하다. 그에 비해 남자들은 술이 없으면 말을 할 수가 없다. 여자는 술이 없어도 해야 할 이야기가 남아돌지만, 남성은 술 없이 맨정신으로 말을 길게 이어가는 구사 능력이 턱없이 부족하다. 이렇게 보면 남성이 여성보다 사회성과 관계를 맺을 수 있는 능력이 부족하다는 것을 알 수 있다.

남성이 사회생활을 오래 한다고 해서 사회성이 여성보다 뛰어나다고 생각하는 것은 큰 착각이다. 남자의 언어 능력은 공적으로는 업무와 관련된 사무적인 언어 구사력이다. 그것도 사회적 경력이 많을수록 세련되어 갈 뿐이다. 남성들은 공적인 관계 외에 사적으로 친해지려면 반드시 술에 의지하게 되고, 술이 약한 남성이 이런 자리에 끼게 되면 공격의 대상, 분노의 대상이 된다. 그래서 남성들은 술이 약한 남성에 대해서는 강제로라도 취하게 만들어야 대화를 할 수가 있는, 매우 비겁한 사교 전술을 구사한다.

게리 스몰과 지지 보건의 『아이브레인』에 의하면, 먼 조상들의 경우 남성은 발달한 우뇌 덕분에 시각과 공간 능력이 우수하여 사냥에서 유리했던 반면, 좌뇌가 발달한 여성은 언어 능력이 뛰어나 자녀 양육에 유리해 후손들이 더 많이 생존할 수 있게 되었다고 한다.

양육 실패를 바로잡는 엄마의 '말하기'

엄마들의 자녀 양육에 대한 두려움은 '내가 아기를 잘 키워낼 수 있을까'라는 질문에서 온다. 엄마들의 마음속에는 자녀 양육에서 '한번 실수는 돌이킬 수 없다'는 생각도 들어 있다. 자녀 양육 과정에서 엄마가 뭔가 잘못하고 있으면, 아기는 뭔가가 잘못되었다는 신호를 엄마에게 보낸다. 그래서 아기는 먹은 것을 토하거나 밤새워 운다거나 비명을 지른다. 아기는 심각한 상황에 부닥치면 자폐증 증상이나 소아 정신분열 증상을 보기도 한다.

어느 부모나 자녀 양육을 완벽하게 잘 해내지는 못한다. 실수를 덜할 수 있다면 다행스러운 것이다. 그렇다면 이미 저질러진 실수에 대해서는 어떻게 할 것인가? 평소에 자기 성찰을 잘 해온 엄마라면 이전에 아기에게 저지른 실수를 떠올리게 될 것이다.

어떤 엄마는 이렇게 생각할 수도 있다.

'이미 엎지른 물인데 나중에 기억해 뒀다가 유치원 다닐 때쯤 놀이치료를 시켜야겠다.'

이렇게 생각하는 엄마는 그래도 의식이 어느 정도 깨어 있는 엄마다. 그러나 독자들은 이보다 더 현명한 엄마가 될 수 있다. 돌토가 제시하였듯이, 양육 실패의 문제는 아기에게 엄마의 '말하기'로 풀어가야 한다. 아기에 대한 엄마의 실패나 문제 행동들에 대해 엄마는 그때의 상황을 아기에게 잘 설명하여야 하며 사과할 것이 있으면 사과를 하고, 용서를 구할 것이 있으면 용서를 구해야 한다.

돌토는 이런 방식으로 아기에게 남아 있는 문제를 해결하는 데 가장 잘 통하는 시기가 세 살까지라고 말한다. 왜 세 살인가? 세 살이 지나면 아이가 상징적 언어(사회적 언어)를 사용하기 시작하기 때문이다. 상징적 언어를 사용하기 전에 엄마는 아기에게 사회적 장벽 없이 심리적인 전이를 일으킬 수 있다. 그러나 아기는 상징적 언어를 사용하는 순간부터 엄마가 일으키는 심리적 전이에 대해 사회적 방어벽을 세운다.

세 살을 넘는다고 해서 '말하기'가 통하지 않는 것은 아니다. 세 살이 되면 아기와 엄마 사이에 뚫려 있어 에너지가 자연스럽게 이동하던 관에 언어적 방어벽이 높아지기 때문에 '말하기' 외에 각종 놀이로써 유아기 때의 실패를 수정할 수 있게 된다. 7세 이전의 아이들을 치료하다 보면, 아이들은 알지 못하는 말을 마구 해댄다. 그런 아이의 말뿐 아니라 그리는 그림이나 각종 놀이 및 행동들 속에는 가족관계에서 발생한 상처나 문제점들에 대한 수많은 정보가 들어 있다. 아이들의 말이나 그림, 행동들은 여전히 의미가 함축되어 상징화된 것들이다. 사춘기 이전의 아동기에도 아이들은 그림이나 놀이에서 내면의 결핍과 상처를 상징화하여 많이 드러낸다. 그러나 유아기로 내려갈수록 아기의 상징은 더 깊은 의미를 압축하고 있다. 그 말은 어릴수록 치료가 더 수월하다는 뜻이다.

생후 8개월 된 어떤 남자아이는 엄마가 자신의 시야에서 벗어나면 그냥 울어버린다. 아기는 생후 6개월만 되어도 엄마가 가끔 사라지는 것에 대해 어느 정도 견딜 수 있어야 하고, 그 이후 엄마가 조금씩 더 오랫동안 사라져도 아기는 괜찮아야 한다. 어떤 아기는 엄마가 잠시 화장실을 가도, 아기 바로 뒤에서 청소하고 있어도, 세탁기를 돌리러 가도 즉시 울어버린다. 그래서 아기는 엄마에게 껌딱지처럼 붙어 있고, 모든 일을 아빠가 다 한다. 나는 이 엄마와 상담을 하면서 '말하기로 안아주기' 방법을 가르쳤다. 그랬더니 신기하게도 아기에게 그 방법이 통하더란다. 그 엄마는 아기 앞에서 잠시 사라질 때 그냥 사라지는 것이 아니라 계속 이야기를 하는 방식을 취했다. '엄마는 멀리 간 것이 아니고 네 바로 뒤에서 청소하고 있어.' '지금 엄마는 아빠 밥상 차려주고 있으니 잠깐만 기다려줘.' 아기의 울음은 잠잠해졌고 하루하루 지나면서 엄마는 아기에게서 조금씩 더 멀어질 수 있었다. 아기는 주변 상황을 조금씩 이해할 수 있었고, 엄마와 거리 두기에 조금씩 적응해 갈 수 있었다.

말하기를 통해 엄마는 자신을
대상으로 제공하고 아기를 대상화시킨다

'말하기를 통해 엄마 자신을 대상으로 제공하고
아기를 대상화시킨다?' 아빠, 이 말은 좀 어렵게 들려.

말없이 서로 의사소통이 가능한 엄마와 딸이 있었어.
딸은 말로 표현해 본 적이 없어서 자폐 상태가 되어버렸지.
여섯 살이 되었는데, 그 아이는 말을 할 줄 몰라.
여섯 살이 되었는데도 엄마와 아이는 여전히 마음으로 주고받는
대화가 가능하니까 언어를 사용할 필요가 없는 거야.
즉 두 사람은 서로를 대상으로 경험해 본 적이 없는 거지.

• • •

　　프로이트에 의하면, 아기가 태어나서 자기 몸을 즐기는 단계가 있다. 프로이트는 그것을 '자체 성애 단계'라고 불렀는데, 그것은 아기가 누군가를 사랑할 수 있는 단계가 아니어서 자기 몸 자체를 사랑하는 단계라는 말이다. 아기가 탄생 후 3개월 정도 지나면 혼자서 몸을 뒤집기 시작한다. 그 후 아기는 자발적으로 기어 다니고 몸을 구르고 누워서 발을 손으로 잡아당기고 손가락을 빨고 하는 등의 행동을 한다. 아기는 몸 자체를 이 모양 저 모양으로 다루면서 몸의 쾌감을 얻는다. 자체 성애 단계란 바로 이런 현상을 가리킨다.

　　이러한 '자체 성애 단계'를 거치고 나면, 아기는 자기 몸에서 쾌락을 찾는 대신, 대상을 쾌락의 근원으로 삼는다. 그리하여 어느 순간부터 엄마의 코와 귀를 잡아당기고 엄마의 등에 업혀 다리로 엄마를 옭아매기도 하며 갑자기 엄마의 등을 축으로 삼아 몸을 곧추세워 벌떡 일어서기도 한다. 이 과정에서 엄마는 아기에게 자신을 대상으로 제공해 주고 아기는 엄마를 대상으로 사용하게 된다.

　　엄마는 아기에게 '말하기'를 시작하면서 자신을 아기에게 대상으로 제공하고 동시에 아기를 대상화한다. 즉 엄마가 아기를 하나의 존재로, 또는 개체로 인정한다는 것이다. 엄마가 아기에게 '말하기'를 시도하지 않으면 아기는 자신을 엄마의 대상 위치에 있을 수 없으므로 엄마와 아기는 모호한 관계, 즉 1심 2체로 살아가게 된다.

　　자기 몸을 즐기는(자기 쾌락) '자체 성애 단계'를 지나면 자아(아기)는 대상(엄마)과 관계를 맺게 되는데 그 이유는 아기는 대상(엄마)이 즐거움을 준다는 것을 알기 때문이다. 물론 지금까지도 엄마는 아기와 늘 함께 있었다. 다만 아기는 엄마를 대상으로 보지 못했을 뿐이다. 아기가 대상을 가까이 두려는 데에는 무의식적인 동기가 있다. 대상(엄마)이 즐거움의 근원이 된다는 것을 알게 되면서 대상을 자신 가까이 두고자 하는 가운데 아기의 자아 속에 대상을 합쳐보고자 하는 운동 충동이 일어난다. 이 운동 충동을 통해 아기는 소근육과 대근육을 움직이게 되며 그 과정에서 근육들은 자연스럽게 발달하게 된다.

대상 경험이 없어 자폐가 된 아동

엄마와 아기 사이에 '대상 제공'과 '대상화'의 의미를 알고자 한다면 다음의 사례를 보면 쉽게 이해될 것이다.

성주가 태어나자 엄마는 3개월 동안의 육아휴직으로 아기를 양육하였으나 산후우울증으로 매우 힘들어했다. 성주는 태어나면서 입술 근육에 문제가 있어 엄마의 젖을 빨지 못했고, 특수하게 제작되어 빨지 않아도 되는 우유병으로 수유했다.

두 살이 되어서야 겨우 걷게 된 성주는 까치발로 서서 걸었다. 그의 부모는 맞벌이였기 때문에 친할머니가 집으로 오셔서 성주를 돌봤다. 평소 무뚝뚝하고 몸이 편찮은 할머니는 성주를 돌보는 것이 귀찮을 뿐이었다. 성주는 저녁마다 퇴근하는 엄마를 기다렸지만, 평소 우울증으로 힘들어하는 엄마는 퇴근 후 집에 돌아와서도 성주를 그리 살갑게 대하지 않았다. 아빠가 직장에서 퇴근하여 돌아와도 성주는 아빠를 반기는 기색이 없었다. 가끔 아빠가 성주를 안아줘도 형식적으로 안아줄 뿐, 친밀감 있게 안아줄 줄을 몰랐다.

성주는 주변에 대상으로 여길 수 있는 사람을 아무도 발견할 수 없었다. 방 안에는 장난감이 많이 있었지만, 아빠의 강박증 때문에 가지고 노는 장난감이 아니라 깔끔하게 정리되어 있어야 하는 장난감, 항상 제자리에 있는 장난감이어야 했다. 장난감을 가지고 노는 순간 두 살밖에 안 된 성주는 아빠를 무서워했기 때문에 그에게 장난감은 눈으로만 감상하는 전시물에 불과했다.

놀라운 사실은 그 가족들은 대화가 없었다는 것이다. 부부가 퇴근하면 시어머니가 해놓고 가신 저녁 식사를 하면서 서로 기본적인 말 세 마디 이상 주고받은 적이 없었다. 엄마와 성주 사이에도 마찬가지였다. 뭔가를 요구할 때면 말을 하는 대신 엄마를 빤히 쳐다보고 있으면 엄마는 아이의 의도를 알아챈다.

성주가 일곱 살이 된 어느 날, 성주는 어쩌다 엄마와 함께 축구공을 들고 아파트 단지 안에 있는 조그만 운동장으로 나갔다. 운동장에는 동네 아이들이 여기저기서 이런저런 모양으로 놀고 있었다. 성주가 공을 가지고 나가자, 동네 아이들은 공 주변으로 몰려들었다. 문제가 생겼다. 서로 공의 의미가 달랐던 것이다. 동네 아이들은 성주가 공을 가지고 오는 것을 보자 함께 놀자는 의미로 받아들여 아이들이 성주 주변으로 우르르 몰려와 성주의 공을 노렸다. 관계성이 부족한 성주는 아이들이 자기 공을 빼앗아 간다고 생각한 것이다. 성주는 펄썩 주저

앉으면서 "내 공, 내 공" 하며 비명을 지르며 울었다. 결국 성주 엄마는 안타까운 마음으로 아이들에게서 공을 회수하여 성주를 데리고 집으로 돌아와야 했다. 성주는 엄마와의 대상화 경험 부족으로 대상성과 관계성에 구멍이 나 있었다.

성주는 '유사 자폐'의 증상을 가지고 있다. 그 자폐의 기원은 엄마의 우울증이었고, 엄마는 아이에게 말을 걸어본 적이 별로 없었다. 그뿐만 아니라 성주는 엄마 아빠 사이에 오가는 대화마저 들어본 적이 없었다. 성주의 언어 능력에 구멍이 난 것이다. 엄마와 성주는 말없이 서로 눈으로 의사소통하는 것이 편했다. 그것은 유아기 초기에, 엄마와 아기 사이에 주고받는 자연스러운 의사소통 방식이다. 그렇지만 엄마는 아기의 마음에서 전달되는 의사를 끊임없이 '말하기'로 바꿔줘야 한다. 엄마가 '말하기'를 포기한 결과, 아이는 일곱 살이 되도록 엄마와는 말 한마디 하지 않고도 아무런 불편함 없이 눈으로 자신의 의사를 전달하는 것이 일상이 된 것이다.

엄마가 아기에게 '말하기'를 멈췄기 때문에 자신을 성주에게 대상으로 제공하지 못했고, 아들은 '대상화' 경험을 할 수 없었다. 그 결과 다른 아이들(대상)과 함께 놀 수 있는 능력이 발휘될 수 없게 되었다.

엄마의 '말하기'로 대상화 경험을 한 아기는 건강하게 자란다

유아기 초기에 엄마와 아기는 하나로 융합되어 있다. 그래서 아기는 아직은 스스로 자신의 행동과 감정을 일치시키지 못한다. 외부에서 무슨 일이 일어나도 아기에게는 엄마가 있어야 하는 시기이다. 아기는 이런 융합 상태에서 엄마를 따라 하고 흉내 내고 모방하게 된다. 이때 엄마의 역할은 아기의 요구나 욕구, 동작, 표정, 각종 몸동작에 대해 언어화시켜 주는 것이다. 엄마는 아이가 보내는 여러 가지 신호를 '말하기'로 바꾸어 해석해 줘야 한다. 아이가 처한 상황에 대해 엄마가 공감적이고 세밀하게 언어화시킬 때 비로소 아이는 섬세한 감정과 명료한 사고 능력을 갖출 수 있는 토대를 마련한다.

엄마와 아기 사이에 주고받는 것, 그리고 아기가 엄마를 모방하는 것은 모두 아기 자신의 것으로 경험된다. 이런 과정을 통해 엄마는 아기를 '대상화'시키고, 아기는 엄마를 대상으로 경험한다. 위의 사례에서 엄마는 아들에게 '말하기'를 무시한 결과 성주는 엄마를 대상으로 경험한 적이 없게 되고 자폐 상태로 들어갔다.

아기는 출생 후 3~4개월 동안 누워만 있다가 어느 날 몸을 뒤집게 된다. 아기는 엎드린 채로 이리저리 기어 다니다가 때가 되면 벌떡 일어서게 된다. 아기가 이런 새로운 시도를 할 때마다 엄마는 박수 쳐주고, 칭찬해 주고, 공감해 줘야 한다. 이때 엄마는 반드시 언어화된 공감과 칭찬으로 아기에게 전달되어야 하며, 이런 과정에서 아기에 대한 엄마의 대상화가 일어난다.

대부분의 엄마는 자신의 아기를 대상화시키고 싶어 하지 않는다. 그래서 엄마들이 잘하는 말이 있다. "너는 백일(또는 돌) 때가 제일 예쁜데 여기서 더 안 자랐으면 좋겠다." 엄마의 이 한마디 때문에 아이에 따라서는 발달을 유보하는 일이 발생할 수 있다. 엄마의 사랑을 독차지하기 위해 어른이 되기를 포기하는 피터 팬처럼 말이다. 대상화를 포기하는 엄마의 한마디가 아이의 발달 욕구를 저해할 수도 있다. 엄마가 유아를 대상화한다는 것은 엄마가 아기를 자신의 소유물로 삼거나, 엄마의 자아실현 도구로 사용한다거나, 대리 만족의 대상으로 삼지 않겠다는 것이다.

PISA(국제학업성취도평가 프로그램)는 세계 각국의 15세 학생들을 대상으로 학업 성취도를 조사한다. 그 프로그램에서 한국 학생들은 최상위권의 성적을 내지만, 공부에 대한 흥미도는 최하위권이라는 기이한 현상을 보인다. PISA의 '왜 공부하느냐'는 질문에 대한 한국 학생들의 대표적인 답변은 '엄마를 기쁘게 하려고'이다. 이런 청소년들의 현주소를 반영하듯, 청소년 4명 중 1명은 우울증을 앓고 있고, 청소년 자살률이 세계에서 제일 높다(2014년 OECD 'Facebook').

이런 현상은 부모들이 자신의 자녀가 자기 존재를 위해 살게 양육하는 것이 아니라, 부모의 영광을 위해 살아가도록 만들어가기 때문에 발생한다. 말하자면 부모들이 자신의 자녀를 '대상화'하지 못하는 것이다. 그러나 엄마로부터 대상화를 경험한 자녀는 생애 출발점부터 어엿한 주체로 살아가게 된다.

태어나면서 포기되는 아이를 위해
엄마가 줄 수 있는 선물

가끔 TV에서 입양되어 외국에서 살게 된 사람이 성인이 되고서
한국에 들어와 생모를 수소문하여 만나게 되는 경우를
보게 되는데, 그때의 감동은 남다름이 있어.
그러면서도 저 나이에 꼭 생모를 찾게 만드는 동기가 뭘까 싶어.

존재의 뿌리를 찾고 싶은 거지. 다시 말하면,
자기 정체성을 확립하고 싶은데 자신의 인생 초기에 동일성이
끊어져 있는 자신을 발견하는 거야. 자신의 존재 기원을 모르면
아무리 좋은 삶을 살아도 기초 없이 지어진 집처럼
조금만 비바람이 불어도 지금까지 살아온 삶 전체가

흔들리는 경험을 하게 되는 것 때문이 아닐까 싶어.

• • •

외국으로 입양되어 좋은 환경에서 잘 자라 어른이 되어도 왜 자신을 버린 엄마를 꼭 찾고 싶어 하는 걸까? 그들이 자신을 버린 한국을 찾아 모국어를 잃어버린 죄책감의 표현인지 한국말을 더듬거려 가면서까지 '엄마'를 외치며 애타게 찾는 모습은 언제 봐도 눈물겨운 장면이다. 어떤 입양아는 자신을 버린 엄마를 만나 엄마가 만든 음식을 함께 먹는 것이 소원이라고 한다. 다음의 사례도 그런 유의 이야기를 담고 있다.

1971년 5월 서울의 한 경찰서 앞, 갓난아기가 바구니에 누워 울고 있었다. 그 아이가 진달래가 피던 계절에 발견되었다 하여 경찰들이 '김 진달래'라는 이름을 지어줬다고 한다. 9개월 뒤 아기는 스웨덴의 한 가정에 입양되었다. 그녀는 성장 과정에서 '나는 왜 생김새가 다를까?'라는 정체성 고민을 끊임없이 했다고 한다. 그녀는 오히려 스웨덴 사람과 다르다는 것을 자신의 정체성으로 삼았다고 한다. 그녀는 성장 과정에서 자신이 한국인이라는 궁금증을 세상에 대한 호기심으로 키워갔다. 그 결과 그녀는 스웨덴에서 국회의원직을 수행할 정도로 사회적 행보를 넓혀갈 수 있었다고 한다. 그녀의 이름은 예시카 폴피예르이다.

"어머니가 저를 떠난 것을 원망하지 않습니다. 그것은 저에게 새로운 가치이자 삶이었습니다. 저는 스웨덴에서 행복하게 살았습니다.”
그녀는 결혼하여 아이를 낳은 이후로 친어머니가 줄곧 생각났다고 한
다. 그녀는 “당신이 저를 키울 수 있는 여건이 됐다면 저를 키우고 돌
보셨을 거라고 생각해요. 꼭 만나고 싶어요”라고 말한다. 그녀가 하는
말을 들어보면, 자식을 잘 키워내지 못한 어떤 엄마도 자신의 자녀들
로부터 용서받지 못할 일이 없을 것 같다. 자신이 버려졌다면 분노를
해야 마땅한데, 오히려 자신을 버린 엄마를 용서부터 하고 무조건 보
고 싶다고 말한다. 이런 장면을 지켜보노라면 가슴이 찡하고 나도 모
르는 사이 눈에는 눈물이 고인다.

_ 출처: https://www.youtube.com/watch?v=NpjGrOG8tC4

그녀에게 절실한 것은 무엇일까? 아마도 그것은 자기 정체성을 찾
는 일일 것이다. 훌륭한 양부모 슬하에서 잘 자란 것, 국회의원이 되어
사회적 성공을 이룬 것만으로는 자기 정체성이 채워지지 않는 것일
까? 자기 정체성을 확립하기 위해서는 하나의 동일성이 필요한데, 그
녀는 존재의 기원을 이루는 부분에서 동일성이 끊겨 있다는 것을 발견
한 것이다.

자신의 ‘동일성’을 확보하지 못하니까, 자신의 사회적 지위가 아무
리 견고해도 뿌리 없는 수초처럼 여겨지는 것이다. 1장의 동일성에 관
한 두 번째 그림처럼 자신의 삶에서 안정된 동심원을 그려내지 못하는
것이다. 그 동심원을 그려나갈 동일성의 흔적을 찾을 수 있는 단서로
주어진 유일한 것은 ‘김 진달래’라는 이름뿐이었다. 그것도 엄마가 아
닌 경찰이 지어준 이름에 불과했다. 남이 지어준 이름이라 할지라도

'김 진달래'라는 이름은 자신이 한국인이라는 동일성을 지킬 수 있는 마지막 교두보였다.

태어나면서 포기되는 아이에게도 희망은 있다

이런 상황에 처한 아이는 마땅히 받아야 할 권리를 누리지 못하게 된다. 그(녀)는 산후우울감을 엄마와 공유하는 기회조차 얻지 못하고, 태어나자 당당한 주체가 되는 심리적 탯줄 자르기의 효과를 얻지 못하고 만다. 그는 세상에 나오는 기쁨 대신 우울과 버려지는 고통을 첫 감정으로 받아들여야 한다. 처음부터 엄마가 사라지는 경험을 해야 하고 버려지는 불안을 스스로 감당하는 아기는 자기 앞에 놓인 잔인한 현실을 받아들여야만 한다.

사랑의 결실이 아닌 존재로 엄마의 배 속에서 잉태되었다면 그 아이는 어떤 느낌을 가질까? 『당신의 어린 시절이 울고 있다』의 저자 다미 샤르프는, 그런 느낌은 마치 도저히 도망칠 수 없는 좁은 공간 안에 원치 않는 사람과 아홉 달 동안 함께 지내는 것과 같다고 말한다. 원치 않는 엄마의 배 속에 있는 동안, 엄마가 느끼는 온갖 불편함, 불안, 거부당함 등을 아기는 엄마 배 속에서 홀로 겪어내야 한다. 이런 상태에 처한 엄마의 마음은 음주와 흡연, 우울, 원치 않는 임신을 시킨 남성에 대한 분노, 현실 비관 등으로 가득 차게 된다. 그렇게 되면 배 속 아기는 태어나기도 전에 엄마의 이런 감정들을 몸에 각인한다.

정신적으로 남달리 힘겹게 살아가는 내담자의 엄마가 그 자녀를 임신했을 때의 상황에 대해 내가 직접 물어 확인한 적이 있다. 엄마들의 증언은 참담했다. 임신 중 남편의 폭력을 경험하기도 했고, 어떤 엄마는 배 속 아기에 대한 남편의 저주를 경험했다. 또 어떤 엄마는 남편에게 임신한 배를 발로 차인 적도 있다고 한다. 어떤 엄마는 자궁 내의 느낌이 이상하여 산부인과 초음파로 확인한 결과 아기가 자궁 안에서 탯줄을 목에 감아 위태로운 지경까지 이르렀던 적이 있다고 증언했다. 이런 증언은 자녀들이 현재 남달리 힘겨운 삶을 사는 데에는 엄마 배 속에서부터 겪은 나쁜 경험이 어느 정도 연관이 있음을 짐작게 한다.

그들은 엄마 배 속에서 간접 경험한 세상을 매우 위태로운 곳이라고 각인했다가 별로 나오고 싶지 않은 세상으로 나와야 하는 순간, 각자 나름대로 어려움을 드러낸 것이다. 그 내담자들이 정신적으로 힘들게 살아가는 것은 배 속의 상황이 현실에서 그대로 반복되었기 때문이다. 그렇다고 해서 배 속에서 그런 경험을 한 모든 사람이 정신적으로 힘들게 살아가게 되는 것은 아니다. 그러나 배 속에서 나쁜 경험을 했던 아기가 태어나서도 환영받지 못하였거나 태어나자마자 방치되어 엄마의 따뜻한 품을 경험하지 못했다면 아기는 생존의 위협을 받아 불안에 휩싸이게 된다.

이런 아이라 할지라도 희망은 있다. 갓 태어난 아기의 무의식과 몸(사실은 몸이 무의식이다)은 이런 상황을 이미 감지하고 있다. 아기는 배 속에서 자신이 엄마의 돌봄을 제대로 받지 못할 것이라는 점을 인지하여 출생 후에는 비상 체계를 가동한다. 비상 체계란 바로 '모성 원형'이다. 엄마가 나를 지켜주지 못할 때, 아기 자신 안에 있는 '내면의 엄마'를 끄집어내어 자신을 돌보게 한다. 이것이 바로 '모성 원형'이다.

위기 상황을 돕는 내면의 엄마: 모성 원형

모성 원형은 개인의 존재 너머에 있는 차원에서 오는 힘을 끄집어낸다. 아이는 엄마가 사라진 경우와 같은 위급한 상황에서 모성 원형을 끄집어내어 사용할 수 있다. 즉 아이 스스로가 자신의 양육자가 되는 것이다. 사람이 나쁜 양육 환경에서 자랐다고 하여 다 나쁜 결과를 가져오는 것은 아니다. 그렇게 나쁜 환경을 극복하여 오히려 더 나은 삶을 열어가는 일이 발생하는 것은 성장 과정에 바로 이런 의외의 변수가 있기 때문이다.

폴피예르처럼 엄마로부터 버려진 아이라 할지라도 그 아이가 가지고 있는 이 의외의 생명력은 새로운 삶의 가능성을 열어간다. 폴피예르의 내면의 엄마는 생모보다 더 좋은 양어머니를 불러들이는 형태로 자신을 도왔다.

'2011년 코리아 갓 탤런트 시즌 1'에서 준우승을 차지한 최성봉은 세 살 때 보육원에 버려졌다가 심한 구타를 피하기 위해 다섯 살 때 보육원을 탈출해 대전의 유흥가에서 살았다. 건물 계단과 공중화장실에서 잠을 잤고 음식 쓰레기를 뒤져 굶주림을 면했으며, 나이트클럽에서 껌과 음료수를 팔았다. 어느 날, 그는 나이트클럽에서 들은 성악가의 노래를 들으면서 성악가의 꿈을 가졌다. 그 후 그는 여러 음악가를 찾아가 가르침을 청했지만 번번이 거절당했다고 한다. 나중에 박정소라는 스승을 만나 16세 때 성악으로 예고에 진학할 수 있었다. 길바

닥에 버려진 다섯 살 아이를 살려낸 것은 그 아이의 내면의 엄마, 모성 원형이다.

평범한 가정에서 자란 소년이라면 이런 모성 원형을 경험할 필요가 없다. 보통의 아이들은 부모 슬하에서 따뜻한 돌봄과 공감을 받으며 응석받이가 되어 나이에 맞게 균형 있는 삶을 살아가면 된다. 그들에게는 자신을 돌봐주는 부모가 있기 때문에 남달리 조숙할 필요도 없고, 남들보다 좀 느리게 자라도 아무 상관이 없다. 이들이 모성 원형을 끄집어낼 필요가 없는 이유는 그들에게는 실제 엄마가 있기 때문이다. 최성봉의 경우처럼 너무 어릴 때 모성 원형을 사용하면 위기 상황에서 벗어날 수는 있지만 그런 상황이 종료된 후에는 오랫동안 모성 원형을 사용한 대가로 후유증을 앓게 된다. 실제로 최성봉도 이명 현상과 같은 신체적 정신적 치료를 받고 있다. (위키백과 '최성봉' 참조)

포기되는 아이에게 엄마가 해줄 수 있는 선물

아기를 떠나보내는 엄마는 아기를 포기할 수 있어도 아기가 엄마를 떠나 살아갈 삶까지 포기해서는 안 된다. 자신으로부터 아기를 떠나보내는 일은 슬픈 일임에 틀림없지만, 엄마는 아기에게 보다 나은 삶의 가능성을 열어준다는 데에 희망을 걸어야 한다. 아기를 떠나보내는 여러 복잡한 상황들이 있겠으나, 여기서는 이 장의 주제인 '말하기'와 관련된 사항만 설명하고자 한다.

입양아들이 성인이 되어 생모를 찾는 이유는 자신의 존재 기원을 알고 싶어서다. 과거에는 가난 때문에 자신의 아기를 포기할 수밖에 없었지만, 지금은 아기를 포기하는 사정이 다르다. 그것은 강간, 미혼모 등 부적절한 관계에서 태어난 아이인 경우가 대부분이다. 그러므로 엄마가 그 아이를 다시 보게 되는 상황은 기대할 수 없다. 그래서 이러한 출산은 일종의 '비밀출산'이 된다.

슈제이는 『아기에게 말 걸기』에서 '비밀출산'에 대해 다음과 같은 의견을 제시한다.

먼저 비밀출산은 가족의 비밀로 남겨진다. 가족의 비밀은 세대에 걸쳐 전해지지만 적절하게 표현되지 못하기 때문에 가족관계 안에서 깊은 틈새를 만든다. 가족의 비밀은 수선이 불가능한 구멍으로 남는다. 비밀 출산으로 태어나는 아이는 존재의 기원이 없는 상태로 남겨질 수 있다. 이런 아이는 성인이 되어도 자신의 기원에 대한 질문을 가지게 되고 그 질문에 답해줄 수 있는 이야기를 찾고 싶어 한다.

사람이 태어나면 이름을 얻고 누구의 자녀로 불리고 주민등록번호를 부여받으면서 자신도 모르는 사이에 사회의 일원이 되고, 동시에 한 국가의 국민으로서 권리를 획득하게 된다. 사람은 태어남과 동시에 자신도 모르는 사이에 '상징적 존재'가 되면서 존재의 기원이 이 사회에, 그리고 자신의 가정에 뿌리내린다.

그러나 엄마에 의해 포기된 아이는 처음부터 자신의 존재 기원을 세우지 못하여 사회적 상징성이 배제된 상태에서 삶을 시작한다. 그 아이는 모성 원형을 사용하여 위기 상황을 모면하게 되지만, 입양되어 잘 살아가는 중이라 할지라도 언젠가 정체성의 위기가 찾아온다. 어떤 지각이나 꿈, 어떤 사건, 또는 영감 등을 통해서 그동안 잘 살아온 삶의 뿌리가 뽑혀 있다고 느끼게 된다. 지금까지 잘 살아온 삶은 마치 수중에 떠 있는 집에서 사는 느낌, 궁궐 같은 집이 갑자기 황무지 같은 느낌, 무중력 상태에 떠 있는 느낌 등이 찾아드는 날이 온다. 미리암 슈제이는 『아기에게 말 걸기』에서 다음과 같이 말한다.

> 신생아가 그의 삶의 첫 순간들 안에서 자신의 존재감을 느끼게 해주는 이 요소들—냄새, 따스한 온기, 어머니의 목소리와 모국어, 어쩌면 아버지의 목소리, 가족의 분위기, 가족 이야기들—이 영원히 상실된다면, 그것들은 되찾아져야만 한다……. 이는 비밀의 구덩이 속에 빠지는 일 없이 성장할 수 있어야만 한다.

아버지는 그가 태어난 것을 알지 못하며, 그의 행동은 사랑으로 이루어진 것은 아니었지만, 엄마는 아기에게 그가 다른 가족 안에서 더 나은 사랑을 찾기를 바라고 있다는 사실을 말해줄 수 있다. 그리고 엄마는 아기에게 처음 태어날 때의 상황을 말해줄 수 있다. 엄마는 "너는 천장이 뚫어질 정도로 크게 울었고, 이튿날에는 잠을 잘 잤단다" 그리고 "너를 엄마가 키우지 못해서 미안하다"라고 아기에게 진정성 있는 용서를 구해야 한다.

그 후 엄마는 '너를 사랑할 수 있고 행복하게 만들어줄 수 있는 새로운 엄마가 있는 가정에서 네가 자랄 수 있도록 내가 너를 떠나보내야 한다'는 사실을 아기에게 알려줘야 한다. 엄마가 이렇게 함으로써 아기는 '말의 고아'가 되지 않을 수 있다. 그리하여 아기는 자신의 존재 기원을 잃지 않게 되고, 생모와 양부모 사이에서 전혀 다른 국면에서도 동일성을 유지할 수 있게 되는 것이다.

만일 엄마가 마음의 여유가 있다면, 아이가 나중에라도 원하면 언제든지 생모를 찾을 수 있도록 주소와 전화번호를 적은 편지를 남겨둘 수 있다. 그것이 그대로 아이에게 전달될 수 있도록 아이의 사설 입양기관에 위탁해 달라고 요청할 수 있다(『아기에게 말 걸기』). 이런 '말하기' 절차를 밟아 떠나보낸 아이는 자기 정체성을 확립하는 시기가 와도 이미 한 번도 동일성이 끊어진 적이 없으므로 생모를 다시 찾을 이유가 없어진다.

엄마는 아기의 이름을 지어줄 수 있다. 비록 입양 후 다른 이름으로 변경될지라도 생모가 지어주는 이름은 아이에게 많은 의미를 남길 수 있다. 슈제이는 『아기에게 말 걸기』에서 "이름이 새겨지지 않은 신생아는 미확인 비행물체(UFO)와 다른 바가 없다"고 말한다. 폴피예르는 김 진달래라는 이름을 가지고 있다. 그 이름은 그녀가 경찰서 앞에 버려졌을 때 경찰관들이 진달래가 피는 5월에 발견했다 하여 지어준 이름이다. 그녀는 자신의 이름을 기억하면서 이름도 얼굴도 알지 못할 그 경찰관들에게 감사하는 마음을 가질 것이다. 하물며 자신을 낳아준 엄마가 지어준 이름이라면 어떻겠는가? 그 이름 하나만 가지고도 자신을 고통스럽게 떠나보내야 했던 엄마의 존재를 품고 살아갈 수 있다.

아이는 생모를 만나지 못하더라도 이렇게 주어진 이름 하나로 자신의 존재 기원에 관한 많은 상상력을 동원하게 되면서 동일성 유지를 위한 노력을 하게 될 것이다. 이런 아이는 자신의 과거에 더는 발목 잡히는 일 없이 미래를 향해 삶을 열어갈 수 있다.

PART 3

아기는 엄마의 품이
세상이고 우주란다

: 품으로 안아주기

아기의 몸은
우주 탄생의 비밀을 담고 있다

아빠, '아기는 어디서 오는 거야?' 하는 궁금증은
모든 아이가 다 가지고 있는 수수께끼 같은 것인가 봐.
그러면 어른들은 '다리 밑에서 주워왔다'라거나
아니면 '하늘에서 떨어졌다'라고 얼버무리잖아?
그렇게 얼버무리는 답변이 틀린 말이 아니라는 생각이 들어.

그렇지. 엄마 다리 밑에서 나왔으니
'다리 밑에서 주워왔다'라는 말이 되고, 아기의 몸이
우주의 물질로 만들어졌으니 하늘에서 떨어진 거지.
'사람은 별에서 왔다'는 어느 천문학자의 말이 생각나네.

　　　　　●　●　　●

　　우주가 '대우주'라면, 인체는 '소우주'이다. 이 말은 프랑스 현대 철
학자 앙리 베르그송의 『물질과 기억』에 나오는 "물질적 우주 전체의
표상이 분자적 운동의 이미지 안에 포함되어 있어야만 할 것이다"라는
말을 쉽게 푼 표현이다. 아래의 그림에서 볼 수 있듯이 실제로 우주의
모습은 '춤추는 인간의 모습'이다.

　　토마스 칼라일은 "우주에는 하나의 성전이 있는데 그것은 인간의
몸이다. 인간의 몸에 손을 댈 때 우리는 성소를 만진다"라는 말을 남겼
다. 프랑스 근대 철학자 파스칼은 『팡세』에서, 우주는 물 한 방울로 사
람을 죽일 수 있지만, 인간은 우주보다 귀하다는 말을 남겼다. 성경에
도 인간에 대해 '천하보다 귀한 존재'라고 기록되어 있다.

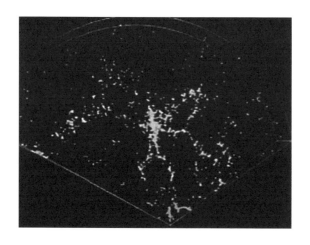

이처럼 인간과 우주의 관계는 생각보다 매우 밀접하다. 인간을 이해하기 위해서는 우주와의 관계를 알아야 한다. 인간과 우주와의 관계는 단순히 유비적 관계성으로 이해되는 것에 그치지 않는다. 사람과 우주와의 관계 안에는 존재 기원의 문제뿐 아니라 현실적인 문제가 복잡하게 얽혀 있다. 인간의 탄생에 대한 이해는 바로 우주의 탄생과 관계가 있음을 기억하자.

사람의 몸은 우주에서 왔다

사람은 어디서 오는가? '사람은 별에서 왔다.' 이것이 정답이다. 정자와 난자가 만나 하나의 생명이 시작하는 순간은 천지 창조가 이루어지는 순간, 또는 빅뱅이 일어나는 순간과 유비적으로 일치한다. 우리의 인체를 이루는 기체와 티끌(창세기에서는 '흙'이라 번역되어 있다)의 원료가 되는 원소들은 우주 나이 태초 1초에서 3분 사이에 만들어진 것이다.

천체물리학자 이석영 박사는 아기가 잉태되어 몸을 만들어가는 동안 엄마가 보태주는 것은 아무것도 없다고 말한다. 우리의 인체를 이루는 요소들, 즉 수소, 탄소, 산소, 헬륨 등은 우주 탄생 초기에 만들어진 것이다. 그래서 이석영 박사는 『빅뱅 우주론 강의』에서 "우리 몸이야말로 우주 탄생의 비밀을 알고 있는 최후의 증인인 것이다"라고 말한다. 이렇게 볼 때 우리의 몸의 나이는 우주의 나이와 같은 136억 년이 된다. 우주는 우리 몸의 오랜 고향이다. 우리의 몸의 요소들은 태초의 우주가 만들어질 때부터 지금까지 계속 있어오던 중, 어느 순간 '나'

가 된 것이다.

그렇다면 우주가 자녀 양육과 무슨 관계가 있는가? 이석영 박사의 말은 우주와 우리를 밀접하게 연결해 준다. 우리의 몸은 우주에서 왔기 때문에, 우주의 한 부분일 수밖에 없다. 파스칼이 『팡세』에서 '우주는 물 한 방울로 우리를 죽일 수 있다'라고 말할 만큼 인간은 연약한 존재이다. 인간이 우주의 한 부분에 불과하다면 우리의 존재는 얼마나 미미한가? 그런데 파스칼의 뒷말, '인간은 우주보다 귀하다'라는 말은 우리가 더는 우주 안에서 미미한 존재기 아님을 시사한다. 그러나 파스칼은 이 두 가지 상반된 개념을 이어주는 더 이상의 설명을 하지 않는다. 우주 안에서 미미한 존재를 우주보다 귀한 존재로 만드는 재주는 바로 자녀를 양육하는 엄마의 몫이다. 엄마의 양육 태도에 따라서 자녀는 미미한 존재가 될 수도, 귀한 존재가 될 수도 있다.

엄마의 품은 아기를 우주적 존재에서 지구적 존재로 만든다

아기는 우주를 구성하는 요소를 가지고 태어나서 우주의 한 부분이 된다. 이때 아기는 우주 주파수를 가지고 있다. 그러므로 그야말로 티끌 같은 존재에 불과하다. 그래서 우주의 한 방울의 물에 압도될 수밖에 없다. 그러나 사람은 이렇게 살 수는 없다.

독일의 우주 물리학자 슈만(O. S. Schumann)은 지구 대기권에서 평균 7~10헤르츠의 주파수대의 공명이 유지되는 것을 발견했다. 슈만은

1952년부터 게재한 일련의 논문을 통해 '지구의 주파수'로 대기권은 평균 7.83헤르츠를 유지한다고 발표했다. 이 주파수는 그의 이름을 따서 '슈만 공명(Schumann's Resonance)'이라고 불린다. 그것은 인디언들이 훨씬 오래전부터 이를 '어머니 대지의 심장 박동 소리'라고 불러왔던 것과 동일한 것임에 틀림없다.

아기는 태어날 때만 해도 몸을 구성하는 우주의 요소들 때문에 우주의 주파수를 가지고 있다가 엄마의 품을 통해서 지구 주파수로 변환된다. 엄마의 품에 안길 때 심장 박동 소리가 바로 7.83헤르츠이다. 아기의 몸에 진동하는 주파수가 변환되는 과정을 거치면서 아기는 더는 우주 요소적 존재가 아니라, 지구와 공명하는 지구적 존재가 된다. 이런 과정을 통해 아기는 우주적으로 미미한 존재가 아니라 엄마의 품을 통해 성전과 같은, 나만의 '고유한 존재'가 된다.

아기가 우주 요소적 존재로 있을 때는 우주의 파편들을 보유하고 있는 존재에 불과하다. 그러나 지구적 개체로서 '고유한 존재'가 된다는 것은 소우주로서 피부를 경계로 한 인격적 개체 안에 거대한 우주를 담아내는 존재가 된다는 말이다. '우주 요소적 존재'와 '고유한 존재' 사이에는 엄청난 차이가 있다. 우주 요소적 존재로 있을 때는 그 자체가 신성하지만, '고유한 존재'가 되면 그는 인간화되고 세속화된다. 그 결과 그는 특별한 삶을 살 필요 없이 평범한 삶을 살아갈 수 있는 능력을 갖춘다.

천재나 자폐는 우주적 존재로서 남아 있어 그 자체로 신성하다. 그들은 세속화되지 못해 평범한 인간으로 살아갈 수 없는 사람들이다. 천재와 자폐가 어떻게 서로 옆자리에 있을 수 있는가? 천재와 자폐는 신성성을 공유한다. 천재는 보통 사람과 함께 어울려 놀 수 없는 존재론적으로 외로운 존재가 된다. 그 외로움은 자폐에 가깝다. 자폐는 최소한 하나 이상의 특별한 천재 성향을 가지고 있다. 자폐 스펙트럼에 속하는 아스퍼거 증후군을 가진 사람은 특출한 IQ와 특별한 재능을 두드러지게 나타낸다. 천재는 남들보다 크고 위대한 재능을 가지고 있지만, 자신의 존재 크기를 훨씬 넘어서는 것이기 때문에 아무리 위대한 업적을 남겨도 자기만족이 없다. 업적을 남긴다는 것은 개인의 사명을 다한 것이 아니라 우주적인 신성한 사명을 다했을 뿐이다. 반면 평범한 시인은 미세한 것 안에서 우주만큼 큰 의미를 찾아낸다. 평범한 사람의 삶의 의미는 자신의 존재가 담아낼 수 있는 만큼의 우주를 품고 사는 데에 있다. 특출하게 사는 사람과 평범하게 사는 사람, 누가 더 행복한가? 당신은 당신의 아이가 어떤 삶을 살기 원하는가?

조각나 있는 아기의 몸은
엄마의 품 안에서 하나의 몸이 된다

아빠, '공황장애'를 앓고 있는 친구가 요즘 더 심해졌다네.

이런 생각이 든대. '어! 언제부터 내 몸에 팔이 붙어 있었지?'

그러다가도 어느 날 몸이 로봇처럼 움직이는 느낌이 들고,

길거리의 사람들이 인형들이 왔다 갔다 하는 것처럼 보이곤 한대.

아마도 그 친구는 퇴행이라는 심리적 현상으로,

생각은 현재 시점에 있지만, 몸의 상태는 유아기로 돌아간 것 같아.

그 친구는 공황장애로 시작되었다가 이인증으로 넘어간 것 같네.

● ● ●

조각난 아기의 몸은 엄청난 불안을 가져온다

갓 태어난 아기의 몸은 마치 퍼즐처럼 수많은 조각으로 구성되어 있다. 이석영 박사의 말대로 아기의 몸은 엄마에게서 받아 오는 것이 아니라 태초의 우주에서 가져온 여러 요소의 파편들로 구성되기 때문에 세상에 나올 때 아기의 몸은 조각나 있는 상태, 또는 파편화된 상태이다.

당신은 아기가 이 상태를 어떻게 느끼는지 짐작해 본 적이 있는가? 아기는 자신의 몸을 가지고 홀로 우주 한가운데 떠 있는 느낌이다. 이 상태에서 아기는 얼마나 불안하겠는가? 아기는 그 불안 때문에 운다. 이 불안은 광활하고 텅 빈 우주에 홀로 있는 공포스러운 느낌이다. 그래서 아기는 꼼짝할 수가 없다. 그래서 아기는 한동안 스스로 움직일 수 없도록 누워 있게 된다. 이것이 우주 안에서 아기가 '홀로 있음'의 불안을 견뎌내는 방법이다.

당신은 아기의 불안이 이러하다는 것을 내가 어떻게 아는가를 궁금해할 것이다. 이것은 내가 이인증 환자들을 치유하는 과정에서 발견한 것이다. 이인증이란 사고 능력은 현재 나이 수준인 데 반해, 몸은 유아기로 내려가 있는 사람이 겪는 증상이다. 이인증 환자가 겪는 끔찍한 불안과 무시무시한 공포는 유아기에 이미 경험했던 것이다. 이인증 환자가 겪는 대표적인 증상이 바로 몸이 파편화되는 불안이다. 이인증 환자에게 이런 증상은 어느 날 갑자기 찾아온다. 어느 날 몸의 느낌이 예전 같지 않아서 팔을 양쪽으로 쭉 뻗어보니, 팔이 어디서 와서 내 몸에 턱 붙어버린 느낌이라 내 몸 같지 않고 부자연스럽다. '이 팔이 언제 내 몸에 붙었지?' 하고 의심하는 것이 이인증이다. 이런 느낌은 이인증 환자가 이미 유아기에 경험했다. 이때 느끼는 불안이 바로 유아들이 겪는 불안이다. 유아는 이런 상태에서 6개월을 지낸 후에야 비로소 파편화되었던 몸을 하나의 몸으로 만들어낸다.

엄마가 제공하는 따뜻한 품은 하나의 몸으로 만들어준다

건강한 엄마는 이처럼 불안에 떨고 있는 아이에게 정서적으로 따뜻한 품을 제공한다. 그 순간 불안에 떨던 아기에게 엄마는 품어주는 우주가 된다. 건강한 엄마는 아기가 느끼는 이 불안을 구체적으로 알지 못해도 아기를 위해 자신이 할 일이 무엇인지 잘 안다. 만일 당신이 정서적으로 건강하지 못하다면, 건강한 아기로 키우기 위해 이 글을 읽고 그대로 실천해야 한다. 건강하든 그렇지 않든 당신이 아기를 위해 마땅히 해야 하는 것은, 아기를 따뜻한 품으로 안아주는 것이다. 엄마가 아기를 제대로 안아주지 않으면 아기는 나중에 '엄마는 나를 사랑하지 않는다'라고 기억할 것이다.

엄마가 정서적으로 따뜻한 품을 제공한다는 것은 공감하는 마음으로 안아주는 것(holding)과 아기가 젖을 원할 때에 맞춰 젖을 주는 것, 그리고 제때 기저귀를 잘 갈아주는 것 등 아기의 요구사항들을 알아차려 잘 응해주는 것을 포함한다. 나는 내 선생님으로부터 어떤 내담자가 '가을이 되어 찬바람이 쌩하게 불면 갑자기 우울해진다'라고 말하는 것을 들은 적이 있다. 그것은 자신의 유아기에 엄마가 기저귀를 제

때 갈아주지 않아 차가워질 때의 불쾌감이 가을 찬바람이 불 때마다 우울감으로 채색되는 심리적 현상이다.

아기에게 좋은 품을 제공하는 엄마는 아기의 조각난 몸을 하나의 몸으로 모아주는 접착제 역할을 한다. 유아기에 아기는 엄마와 신체적으로 많이 접촉해야 한다. 어른들은 엄마가 아기를 너무 많이 안아주면 '손 탄다'라고 말한다. 어떤 산모 이야기로는 산부인과에서도 똑같은 이야기를 하더란다. '손 탄다'는 것은 새롭게 피어나는 생명에 대한 어른들의 시기심이다. 오늘날 산부인과 제도의 문제는 아기가 태어나자마자 엄마와 분리시켜 관리한다는 점이다. 산모가 아기를 조금이라도 더 안아줘야 하는데 시간을 재고 있는 간호사가 '손 탄다'라고 아기를 빼앗아 가버리더란다. '그렇게 아기를 자꾸 안아주면 손 타서 나중에 어떻게 감당하시려고 그러시냐?'고 반문하더란다. 오늘날에는 산부인과 병원과 산후 조리원이 이렇게 시댁 역할을 한다.

아동교육학자인 셀마 프라이버그는 『마법의 시간 첫 6년』에서, '접촉의 결여는 양심이 자리 잡는 인간성 안에 큰 구멍을 뚫어놓는다'라고 경고한다. 아기는 길들이는 대상이 아니라 마음껏 안아줘야 하는 대상이다. 엄마가 아기를 안아주는 것은 아무리 강조해도 결코 지나치지 않다. 단, 엄마는 아기를 공감적으로 따뜻한 마음으로 안아줘야 한다.

정신은 몸 어디에 있는가?

우리의 정신은 신체의 어느 부분에 있을까? 이 질문은 철학자나 심리학자, 신학자뿐 아니라 보통 사람들도 다 해보는 질문이다. 어떤 사람은 머리에, 어떤 사람은 심장에, 좀 지식이 있는 사람은 내장에 있다고도 한다. 정신은 이 세 장소 모두에 있을 뿐 아니라, 몸 전체에 퍼져 있다. 그렇다고 정신이 처음부터 몸 전체로 퍼져 있었던 것은 아니다. 정신이 몸 전체로 스며들기 위해서는 초기 1년의 양육 중에 중요한 과제가 수행되어야 가능하다. 그 과제 중 가장 중요한 것은 바로 엄마의 '안아주기(holding)'이다.

엄마는 아기에게 '안아주기'를 잘함으로써 아기는 '정신과 몸의 통전'을 성취한다. 건강한 엄마는 잠자는 아기를 들어 올릴 때, 물건 들어 올리듯이 그냥 훅 들어 올리지 않는다. 양손을 아기 밑으로 살포시 넣어서 '너를 들어 올린다'라는 예비 동작을 주며 조심스럽게 들어 올린다. 왜냐하면 엄마는 아기의 정신과 신체가 아직 느슨하게 연결되어 있음을 알기 때문이다. 만일 누군가가 자는 아이를 아무런 예비 동작 없이 훅 들어 올린다면, 얌전히 자던 아이가 놀라 자지러지게 비명을 지른다. 그 순간 아기는 느슨하게 연결되어 있던 정신과 몸이 확 분리되는 경험을 한 것이다. 심한 경우 이런 분리는 경기를 일으키게 만들수 있다. 그 정도면 그 순간 아기는 정신과 몸의 분리되는 끔찍한 공포를 경험하게 된다.

갓 태어난 아이의 몸은 산산조각이 나 있는 상태이기 때문에 더더욱 조심스럽게 다뤄야 한다. 엄마가 제공하는 따뜻한 품은 아기의 정신과 신체 사이의 협응력을 높일 뿐 아니라 상호 간 통전이 잘되게 해준다. 그리하여 엄마의 품은 아기의 정신이 몸속 깊숙이, 모든 세포·장기·기관 구석구석까지 잘 스며들어 정신과 몸이 함께 움직일 수 있게 만드는 역할을 한다. 유아기에는 몸과 정신의 통전이 얼마나 잘 이루어지느냐가 건강의 척도라고 말할 수 있다. 엄마의 따뜻한 품을 경험한 아이는 몸과 정신의 통전이 잘 이루어져서 몸이 가는 대로 정신이 함께 움직인다. 정신과 몸이 견고하게 결합되어 있으면 아기는 그만큼 생생한 활력을 유지할 수 있다.

만일 몸과 정신의 협응력에 문제가 생기면, 먼저 운동신경이 떨어져서 생각이 많아지고 몸을 움직이기 싫어한다. 심신 협응력 문제가 심각한 아이는 체육 시간에 '좌향좌!' 하면 '우향우' 하고 '우향우!' 하면 '좌향좌' 한다. 정신은 지시대로 움직이고 싶지만, 몸이 반대로 움직인다. 이런 아이는 공을 차는 중에도 공 따로 발 따로 논다. 사람들 중에는 버스같이 편치 않은 차를 오래 타면 꼭 멀미를 하는 사람이 있다. 몸은 마구 흔들리는데 몸과 정신 사이에 협응력이 떨어지면 정신과 몸이 따로 놀기 때문에 구토를 하는 것이다.

엄마라는 타자, 아기 내면의 내적 실재가 되다

요즘 지구 밖에 다른 생명체가 있느냐는 의문이 많이 제기된다. 지구와 다른 별의 차이가 무엇일까? 중학교 생물 교과서에서 배우는 내용이지만 이 설명은 매우 설득력이 있다. 지구 밖의 별에는 단세포밖에 없지만 지구에서는 단세포가 다른 단세포가 들어오는 것을 수용하는 사건이 일어났다고 한다. 그 결과 단세포가 다세포로 분열하면서 생명이 탄생하게 되었다고 설명한다.

원래 내 안에 다른 것이 들어오면 적으로 간주하여 공격을 하게 되어 있다. 세포 안에 다른 세포가 들어오면 무조건 싸우게 된다. 어느 순간 이러한 갈등이 공존하면서 갈등에서 발생하는 힘은 에너지로 전환됨으로써 생명 현상이 일어나는 특이점이 발생한다. 그리하여 그 생명은 다세포가 되고 세포 분열이 계속적으로 일어나면서 사람과 같은 정신적 존재로까지 진화할 수 있었다. 과학에서는 단세포 안에 들어간 다른 세포를 바로 '미토콘드리아'라고 부른다.

우리의 신체 안에 30조 개의 세포가 있고, 세포 하나마다 100개 내지 3000개의 미토콘드리아가 있다고 한다. 세포 내에 미토콘드리아가 많을수록 사람은 건강하다고 한다. 윤상석 프리랜서 작가는 〈사이언스타임스(The Science Times)〉에서 "심장근육세포나 신경세포같이 에너지를 많이 필요로 하는 세포일수록 미토콘드리아의 수가 많다. 근육세포는 미토콘드리아가 많을수록 오랫동안 지치지 않고 움직일 수 있어 지구력이 좋아진다. 또한 운동을 많이 할수록 근육 세포 안에 미토콘드리아의 수가 늘어난다. 미토콘드리아는 다이어트와도 연관이 있다. 우리 몸에 미토콘드리아가 많을수록 기초대사량이 높기 때문이다. 기초대사량이 높을수록 흡수한 영양소를 에너지로 소비하는 양이 많아 많이 먹어도 상대적으로 살이 덜 찐다. 따라서 다이어트에 성공하려면 운동을 열심히 해서 근육 세포 안의 미토콘드리아 수를 많이 늘려야 한다"고 말한다.

이처럼 생명 현상은 세포 안에 타자(미토콘드리아)를 받아들임으로써 가능하게 되었다. 마찬가지로 유아가 하나의 인격체가 되기 위해서는 엄마를 내 안에 존재하는 타자로 받아들여야 한다. 이를 위해 생후 약

6개월간 엄마와 아기는 하나의 몸, 하나의 정신으로 움직인다. 그러는 중에 엄마는 아기의 몸에서 빠져나와 남편의 아내로서, 그리고 아기의 엄마로서 두 가지 역할을 한다. 이때 아기는 한때 한 몸으로 움직이던 엄마의 몸을 놔주면서 그동안의 엄마의 몸에 대한 경험을 내면에 상징화한다. 그리하여 아기의 내면 안에는 '내적 실재' 또는 '내적 대상'으로서 엄마가 존재하게 된다.

아기는 왜 이렇게 엄마라는 타자를 내면화하고 내적 대상으로 만들어내야 하는가? 그것은 바로 이 아이가 앞으로 일평생 외부에 존재하는 많은 타자를 만나야 하기 때문이다. 아이가 외부의 사람을 지각하고 관계를 맺을 수 있게 되는 것은, 내면의 내적 대상을 외부로 투사함으로써 가능하다.

이런 관점에서 보면, 자폐증을 설명하기가 쉬워진다. 자폐아는 이런저런 이유로 엄마를 타자로 받아들이지 못해 내면에서 상징화할 수 없게 된다. 돌토가 말했듯이, 자폐아는 엄마를 내면 안의 '내적 대상'으로 만들어내지 못하게 되고, 그 대신 자신의 몸을 상징화한다. 내 안에 타자를 받아들인 적이 없는 단세포처럼, 자폐아는 외부의 어떤 사람이나 사물과 마음으로 만나는 접촉이 불가능하다. 자폐증자는 외부 세계를 몸으로 지각할 수 있는 감각이 없다. 그에게 외부는 소외되었고, 자기도 소외되어 있다. 자폐증자는 상징화하여 내면화한 타자가 없으니 외부에 있는 사람에게 투사할 것이 없다.

아기는 엄마 품에서
아무 생각 없이 머물 수 있어야 한다

아빠, 누구나 자기 아기는 소중하잖아?

엄마는 유아기의 아기를 어떻게 키워야 잘 키운다고 말할 수 있지?

건강한 엄마라면 아기에게 저절로 집중하게 되어 있어.

신비하게도 정신뿐만 아니라 신체의 리듬, 몸의 모든 기능까지

아기에게 몰두하게 되어 있어. 아기는 엄마의 따뜻한 품만 있으면

만사형통이지. 아기가 엄마 품 안에서 아무것도 하지 않는 상태로

아무런 생각 없이 한없이 머물 수 있도록 해주는 것,

그것은 유아를 키우는 엄마가 발휘해야 할 매우 중요한 능력이야.

일차적 모성 몰두

갓난아기는 온종일 거의 잠만 잔다. 그러나 엄마는 아기의 일거수일투족을 민감하게 감지한다. 아기가 울면 그 울음이 무엇을 의미하는지, 기저귀를 갈아달라고 우는 건지 젖을 달라고 우는 건지, 엄마는 딱 알아챈다. 깊은 밤, 아빠는 세상모르고 자고 있어도 아기가 조금만 움직여도 엄마는 자동으로 깬다. 엄마와 아기는 정서적으로 하나로 연결되어 있기 때문이다.

엄마와 아기의 이러한 정서적 연결은 아기가 태어나기 전부터 시작된다. 아기를 품은 엄마는 아기를 낳기 약 2~3주 전부터 비현실적인 상태로 바뀌기 시작한다. 정서적으로 건강한 엄마일수록 비현실성의 정도는 빠르게 진행한다. 예전에 없던 민감성이 두드러져 성격이 날카로워진다. 직장을 다니는 엄마라면, 현실에서 유능하던 직무도 빨리 놔버리고 싶어진다. 사고력이 급격하게 퇴보하면서 현실 판단 능력이 떨어지고 감정적 반응이 많아진다. 엄마의 관심 초점이 오로지 곧 태어날 아기를 향해 점점 '미친 상태'처럼 진입해 가는 것이다. 아기가 세상에 나올 때쯤 되면 산모는 외부 상황을 완전히 차단하고 아기에게만 집중할 준비를 한다.

아기가 태어났다. 아기는 엄마의 존재를 흡수하는 블랙홀과도 같고, 엄마는 그 블랙홀을 3주 전부터 이미 감지해 왔다. 두 사람은 유아 안에서 존재가 겹치면서 '융합'된다. 이 '융합' 상태에서는 아기가 아무 말을 못 해도 이미 엄마는 알고 있다. 아기는 엄마만이 알아들을 수 있는 수많은 신호를 보내면서 이런저런 요구를 한다. 아기는 울음, 미소, 시무룩한 표정, 생생한 몸짓 등으로 엄마에게 지시한다. 당분간 엄마는 자신의 주체를 아기에게 반납한다. 엄마는 아기의 생명이 요구하는 신호에 맞춰 민감하게 반응한다. 이런 상태를 도널드 위니캇은 '일차적 모성 몰두'라고 부른다.

80년 전 위니캇이 '일차적 모성 몰두'라는 용어를 언급하기 전부터 우리의 옛 부모들은 이를 이미 알고 있었다. 서양력이 들어오기 전부터 '삼칠일' 또는 '세 이레'라 하여, 21일 동안 집 앞에 금줄을 쳐서 이웃의 출입을 금했고 심지어 가족들도 출입을 삼갔다. 강원도 지방에서는 친할아버지도 삼칠일이 지나야 아기를 첫 대면할 수 있다. 금줄이 해제되면 일가친척 마을 사람들은 실이나 돈을 가져와 아기를 대면하였으며, 외가에서는 할머니가 찰떡, 시루떡, 누비포대기, 핫저고리를 해오기도 한다.

우리의 전통 문화에서 삼칠일은 엄마가 아기에게만 집중할 수 있는 최소한의 기간이었다. 이 기간에 아기는 엄마와 아빠만 만나게 되고, 시기심에 차 있는 시어머니조차도 이래라저래라 할 수 없었다. 삼칠일은 매우 짧긴 하지만 한국식의 '일차적 모성 몰두' 기간이다. 위니캇이 말하는 '일차적 모성 몰두'는 짧게는 3개월 길게는 6개월까지 지속한다.

산모가 고통 속에 겪는 산통을 아기를 낳고 나면 쉽게 잊어버리듯이 '일차적 모성 몰두'의 상태 역시 엄마들은 자신이 그런 상태였다는 것을 기억하지 못한다. '일차적 모성 몰두'는 특별한 엄마들이 아닌 '보통의 헌신적인 엄마'의 통상적인 경험이다. 산모는 이런 상태에 돌입함으로써 아기가 처한 심리적 상황을 직접 느끼게 되고, 아기의 욕구에 부응해 줄 수 있게 된다.

이것이 보통 엄마의 통상적 경험이라 할지라도 엄마의 "일차적 모성 몰두 능력을 인식하는 것은 고도로 정교한 능력에 속하는 것"(위니캇, 『소아의학을 거쳐 정신분석학으로』)이다.

그렇다면 이 기간에 엄마와 아기 사이에는 어떤 일이 일어나는 것일까? 엄마의 진정한 능력은 아기가 '통합되지 않은 상태'에 충분하게 머물 수 있는 안전한 베이스 임무를 수행하는 데서 판가름 난다.

통합되지 않은 상태에 머물기

유아에게 첫 1년은 절대적 의존 기간이다. 즉 그 기간에 아기는 엄마를 절대적으로 필요로 한다는 말이다. 절대적 의존기의 두 가지 과제가 있다. 첫째는 '인격화'이며 둘째는 '통합'이다. 인격화는 위에서 언급한 '몸과 정신의 통전'이라는 과제의 성취를 핵심 내용으로 한다. 그 결과 몸은 생생해지고 생기발랄해진다. 통합은 조각난 몸을 하나의 몸으로 만드는 것이다.

아이 몸의 통합이 성취되기까지 엄마 품에서 '통합되지 않은 상태'에 충분히 머무는 것이 필요하다. 조각난 몸은 빠르게 통합되는 것이 아니라 그 아기가 가지고 있는 생체 시계의 흐름에 맞춰 서서히 통합되어 가는 과정이 필요하다. 이런 상태로 충분히 머물기 위해서는 엄마의 따뜻하고 안전한 품이 준비되어 있어야 한다. 아기는 아무 생각

없이도 엄마의 품에서 깊이 잠들 수 있고 눈을 떠서도 엄마만 바라볼 수 있는 상황이 필요하다. 아기는 자신을 공감적으로 돌봐주는 엄마만 있으면 부족할 것이 없다. 이 시기의 아기는 비록 몸이 조각나 있어도 그 몸을 충분히 즐기고 다른 외부의 자극을 받지 않은 상태에서 엄마의 품을 누리면서 엄마에게 집중한다. 아기가 엄마에게 집중하는 만큼 엄마도 아기에게 집중해 주는 것이 마땅하다.

처음 3~6개월은 일차적 모성 몰두 기간이면서 동시에 아기가 엄마의 존재를 흡입하는 기간이다. 엄마와 아기는 존재론적으로 서로 융합되어서 아기가 원하는 만큼 엄마의 존재 안으로 들어가 충분히 머물 수 있어야 한다. 이 말의 의미는 그 반대의 경우도 성립한다. 엄마는 아기가 원하는 만큼 아기의 존재 안에 머물 수 있어야 한다. 이 기간에 아기는 존재의 깊은 심연을 경험한다. 존재의 심연을 경험한 사람은 자신의 내면이 두렵지 않다.

통합되지 않는 상태에 머물러 존재의 깊이를 경험하지 못한 사람은 다른 사람이 내 안에 들어오는 것도 힘들고, 내가 다른 사람 안에 들어가는 것도 힘들다. 이런 사람은 연애할 때도 '너, 내 안에 있어'라는 말을 들으면 기뻐야 하는데, 오히려 두렵다. '저 남자가 내 안에 들어오면 어떻게 하지?'라는 생각이 들면서, 어느 날 남자를 아무 예고도 없이 확 밀어내게 된다.

통합하기 위해 통합되지 않은 상태에 아기가 원하는 만큼 머물 수 있게 되면서 향후 삶의 존재 가능성의 높이와 깊이와 너비와 길이의 폭을 넓힌다. 즉 앞으로 살아갈 삶의 내용을 담을 수 있는 그릇을 만드는 것이다. 몸-정신의 통전이라는 인격화는 통합되지 않은 상태에서 서서히 통합되어 가는 과정과 동시에 성취되어 가면서 몸 안에 있는 모든 세포, 모든 조직, 모든 기관 등을 하나의 통합된 유기체로 만들어간다.

아기가 아무런 생각 없이 아무 짓도 하지 않고도, 엄마 눈치 보지 않고도, 바깥 상황 신경 쓰지 않고도 엄마 품 안에서 마냥 존재할 수 있는 상태로 머물 수 있는 것! 이것은 아기에게 절대적으로 필요하다. 이때 엄마 역시 아무런 기대 없이 눈치 주지 않고 아기에게 따뜻하고 안전한 품을 제공해야 한다. 가장 중요한 것은 이 순간, 엄마 자신이 아기에게 가장 좋은 것을 주고 있다는 자기 신뢰를 가지는 것과 아기의 존재 자체를 존중해 주는 것이다.

통합되지 않은 상태를 경험한 그녀

그녀는 '내면의 나'가 튀어나올까 봐 무섭다. 위기에 처한 사람 안에서 '내가 너를 지켜줄게'라는 내면의 음성을 들었던 적이 있는데, 그게 그렇게 무섭더란다. 그녀는 아무리 아파도 내시경 검사를 못 한다. 수면 내시경에 빨려드는 느낌에 대한 두려움을 가지고 있기 때문이다. 그녀가 무서워하는 이유는 뭔가에 '너무 깊이' 내려가는 느낌 때문이다. 그녀는 지하철을 타는 것도 힘들어한다. 지하철을 오래 타면 갇혀 있는 것 같은 기분이 들면서 나중에는 몸을 옥죄는 느낌으로 발전하다가 엄청난 두려움이 엄습해 온다. '이러다가 내가 죽는 것은 아닌가?' 하는 두려움에 다음 역 정차를 기다렸다가 문이 열리는 순간 튀어나와 외부의 공기를 쐬고 나서야 다시 내려가서 나머지 구간을 타고 올 수 있었다. 지하철을 탈 때마다 매번 일어나는 것은 아니었지만 빈번히 일어나는 사건이었다.

나는 상담 중에 그녀가 그렇게 느끼는 이유를 발견할 수 있었다. 그녀는 딸 부잣집에서 아들을 기다리는 중에 다섯째 딸로 태어났다. 그녀가 태어났을 때 엄마는 그녀를 쳐다보지도 않고 머리맡에서 버려둔 채 3일 동안을 지냈다. 그녀는 3일 동안 아무것도 먹지 못한 채 문안차 찾아온 외할머니에게 발견되기를 기다려야 했다. 이 여성은 초기에 엄마 품을 경험하지 못했다. 그리하여 그녀는 안전한 엄마 품에서 존재의 깊은 심연을 경험한 적이 없게 된 것이다. 그래서 그녀가 가장 무서워하는 것은 '깊이 내려가는 것'이다. 심지어 큰 빌딩 지하 주차장에 주차할 때도 한 층씩 내려가야 하는 상황을 매우 힘겨워한다. 지하 주차장으로 내려가는 중 그녀는 공황 발작을 경험한 적도 있었다.

그녀는 깊이 내려가는 것에 대한 공포만 있는 것이 아니다. 높은 곳에 올라갔을 때의 공포와 넓은 곳으로 나아갔을 때 사람들 속에 섞일 때도 공포가 왔다. 일반적 용어로 고소 공포증, 광장 공포증이 이에 해당한다. 특히 사람들이 많은 곳에 들어갈 때 마음으로 극도의 긴장 상태에 들어가서 자신을 안에서 꽉 붙들어 매지 않으면 몸이 해체될 것 같은 공포도 여러 차례 겪었다.

통합되지 않은 상태와 조숙한 통합

아기가 자신을 하나의 유기체로, 하나의 인격으로, 하나의 개체로 통합하기 위해서는 아이러니하게도 엄마의 품 안에서 '통합되지 않은 상태'를 충분히 경험해야 한다. 엄마라는 안전한 품 안에서 아기가 아무 생각 없이 널브러져 잘 수 있고, 전혀 눈치 보지 않고 엄마 품을 자기 공간으로 사용할 수 있는 상태, 이 상태에서 아기는 '통합되지 않은 상태'를 경험한다.

오늘날 유아가 이런 상태를 경험한다는 것은 쉽지 않다. 엄마가 보기에 아기가 '통합하기 위해' '통합되지 않은 상태'에 충분히 머물기라는 것은 모순으로 보인다. 그래서 많은 엄마들이 바로 이 부분에서 실패한다. 아기가 통합되지 않은 상태를 충분히 경험하지 못한 채, 엄마의 실패로 아기가 통합을 해버리는 경우가 있다. 엄마의 실패란 기다림의 실패이자 아기의 존재를 무시하는 실패이다.

실패한 엄마 중에는 자신이 이루지 못한 소망, 남편을 통해 성취하지 못한 자아실현 등을 아기에게 투사하여, 지금까지 아무도 해주지 못한 그것을 이 아기가 성취해 주리라 기대하는 경우가 있다. 엄마의 이런 소망과 기대와 욕망은 엄마와 융합 상태에 있는 아기에게 그대로 전달되어서 아기는 자기 자신의 존재로 구조화되지 못하고 엄마의 욕망과 소망을 내면화하면서 자신을 통합하게 된다. 이렇게 되면 이 아이는 자기 자신을 위해 살아가는 것이 아니라 엄마의 욕망을 충족시키며 엄마를 기쁘게 하는 것을 인생의 목표로 삼아 살아가는 엄마의 꼭두각시가 된다.

그리고 그 반대의 상황도 발생한다. 엄마가 자신이 낳은 아기를 안아주는 것이 당연하지만, 아예 안아주지 않거나 안아주는 것이 부족하면 아이는 '통합되지 않은 상태'에 머물 수 있는 물리적, 심리적 공간을 가질 수 없다. 그때 아기가 할 수 있는 것은 그 상태에서 자아를 빨리 '통합'해 버리는 것이다. 그 결과 아기는 조숙한 통합을 해야 하는 운명에 처한다. 조숙하게 통합이 일어나면, 너무 어린 나이에 현실이 들어오는 것이다. 이 경우, 아이는 지능을 발달시킬 수 있으나 감정과 감각을 발달시키지 못하게 된다. 그런 아이는 계산 능력과 기억력에서 탁월해지지만, 감정을 잃어버리거나 감각이 무뎌진다. 그런 상태에서 그는 세상의 다양성을 경험하기 힘들게 되고, 세계의 복잡성을 이해하지 못해 세계를 단순화시켜 단편적 차원으로 환원한다. 그는 문화적으로 예술적으로 상징화된 세계를 경험하기 어렵다. 그는 지능을 많이 사용하는 방향으로 경쟁력을 키우는 데 탁월해진다. 그가 유능하게 잘하는 것은 높은 기억력과 계산 능력이며, 그는 그것을 가지고 어디를 가나 시험을 잘 쳐서 높은 점수를 얻는다. 그가 사회성 부재로 친구 만들기를 어렵게 여기는 것은 그리 고통스럽지 않다. 왜냐하면 그는 친구가 왜 필요한지를 모르기 때문이다.

통합되지 않은 상태에 머문다는 것의 의미
　: 고독할 수 있는 능력

위니캇은 '통합되지 않은 상태'의 경험을, 중요하지 않은 존재로 있을 수 있고, 고독을 즐길 수 있는 능력의 전조로 보았다. 나이가 60이 넘어가면 사람들은 공통적으로 '공허하다' '허무하다' '외롭다' 등의 말을 많이 한다. 그 사람의 외로움은 '깊이 사유할 수 있는 능력'의 부재에서 온다. 외로움은 고독할 수 있는 능력의 부재이기도 하다. 자기 앞에 대상이 없으면 자신이 공허해지고 허무해지며 보잘것없어진다. 그래서 외로운 사람이 나이가 들면 술친구를 찾는다.

그러나 고독이란, 대상 없이도 내면의 사유와 존재를 즐길 수 있는 상태를 말한다. 고독할 줄 아는 사람은 내면 안에 '자기 사랑(self-love)'이 어느 정도 차 있는 사람이다. '자기 사랑'이 부재하면, '자기애적인 상태(narcissism)'가 되어 늘 외부에 있는 타자의 인정과 찬사와 시선이 필요하기 때문에 혼자 있으면 외롭다. '자기 사랑'이 충만하여 고독할 줄 아는 사람은 자기 안에 수많은 타자가 있다. 그는 자아와 내면의 타자와의 관계를 성숙시킬 수 있는 능력을 갖추어간다. 그래서 고독할 줄 아는 사람은 어떤 상황에서도 자족한다.

고독의 능력을 갖추기 위해 꼭 내면의 세계만 필요한 것은 아니다. 자신을 중심으로 그때그때 필요한 사람을 주변에 둘 수 있고, 또한 그 사람들 주변에 내가 머물 수 있어야 한다. 고독을 아는 자는 나이가 들어가면서 좋은 사람일수록 가까이하거나 친밀하게 지내지 않는다. 그는 좋은 사람은 적절한 거리를 둬서 서로 실망하는 일 없이 보다 길게 인생 여행을 함께 가는 길을 택한다.

우리나라에 유명한 철학자 세 분이 친구 관계로 있었다. 김형석 교수, 김태길 교수, 안병욱 교수가 바로 그분들이다. 나이 70대를 넘어가면서 김형석 교수가 김태길 교수에게 이런 제안을 했다고 한다. "우리 세 사람, 이제 살 날이 얼마 남지 않았으니 외롭지 않게 더 자주 만나고 더 친밀하게 지냅시다." 김태길 교수는 "아닙니다. 우리가 너무 친밀해지면, 누군가는 먼저 떠날 텐데 그때는 너무 슬프지 않겠습니까? 저는 반대합니다"라고 답했다고 한다.

통합되지 않은 상태
: 엄마의 천국과 지옥을 경험한다

아기는 엄마 품에서 통합되지 않은 상태에 깊이 머물게 됨으로써 존재의 심연을 경험한다. 존재의 심연이란 얼마나 깊은 곳인가. 예수 그리스도가 십자가에서 죽은 후 사흘 동안 무엇을 했을까? 예수는 존재의 심연으로 내려갔다. 그곳은 곧 천국과 지옥이다. 예수는 천국에서 그리고 지옥까지 내려가서 복음을 선포했다. 물론 지옥에 있는 자가 복음을 들었다고 해서 구원을 받는 것은 아니다. 단지 복음은 선포되지 않은 곳이 없다는 것을 보여주는 대목이다. 이렇듯 아기는 엄마의 품 안에서 존재의 심연, 천국과 지옥까지 내려갔다 온다. 갓난아기가 왜 거기까지 내려가는가? 그곳에는 엄청난 에너지(사랑의 에너지와 공격성 에너지)가 있기 때문에, 아기는 통합되지 않은 상태에 머물면서 앞으로 평생 살아가는 데 필요한, 정제되지 않은 원유 같은 에너지를 획득한다.

그렇다면 아기가 경험하는 존재의 심연은 과연 어디인가? 바로 엄마의 내면세계 안에 있는 천국이자 지옥이다. 엄마의 천국에는 지금까지 살아오면서 비축해 놓은 좋음, 행복, 선함, 기쁨과 희열이 있지만, 엄마의 지옥에는 그동안 살아오면서 느낀 절망과 고통, 실망과 낙심, 불안과 공포, 우울과 편집 그리고 분열이 있다. 아이는 존재 심연을 경험함으로써 좋은 것을 좋은 것으로 볼 수 있고, 나쁜 것에서 나쁜 것을 볼 수 있게 된다.

이 경험을 통해 아이는 대상 사용 능력을 갖추기 위한 기본틀을 갖추게 된다. 사람이 이 대상 사용 능력을 갖추게 되면, 좋은 대상에게서 좋은 것을 보게 되는 것은 물론, 나쁜 사람에게서도 그 사람의 좋음을 끄집어낼 줄 알게 된다. 반대로 대상 사용 능력을 갖추지 못하면, 좋은 대상에게서도 나쁜 것을 끄집어내서 좋은 사람을 나쁘게 경험한다. 상대방이 아무리 좋은 것을 줘도 그 사람은 그 좋은 것을 좋은 것으로 받지 못하고 나쁜 것으로 비껴버린다. 이른바 '밥 팔아서 똥 사 먹는' 꼴이다.

통합되지 않은 상태에 충분히 머물게 됨으로써 엄마의 좋음의 세계(천국)를 경험한 것으로 인해, 그 아이는 앞으로 살아갈 세상에서 좋음과 선함과 즐거움과 기쁨과 밝음을 언제든 찾게 된다. 동시에 그 아이가 엄마 존재의 지옥을 경험함으로써 앞으로 살아갈 세상이 주는 쓴맛, 고통, 절망, 소외, 결핍, 악, 상처를 견디고 인내하는 가운데 그것을 삶의 에너지로 바꿔내는 능력을 갖추게 된다. 그리하여 그 아이는 아무리 지옥 같은 곳에 있어도 그 안에서도 천국 같은 공간을 만들어낸다. 유아기에 이런 '통합되지 않은 상태'에 충분히 머물지 못한 현대인은 고갈된 에너지를 충전하기 위해 여러 모양으로 이 상태로 내려가려고 애쓰고 있다.

퇴행: 통합되지 않은 상태를 경험하기 위해 내려가기

나를 찾아오는 내담자 중에는 퇴행하는 사람들이 꽤 있다. 그중에는

40대 기혼 여성도 있고, 명문대를 다니면서 학업뿐 아니라 동아리 활동과 다양한 대인관계를 잘 소화해 낸 활달한 20대 청년이 갑자기 퇴행하여 급격하게 어린아이처럼 되어서 찾아온 경우도 있다. 어떤 고3 아이는 시험을 치는 중에 갑자기 퇴행하여 집으로 직행한 후로 학교에 간 적이 없다.

사례 1: 고3 때 찾아온 위기

상담을 위해 내게 처음 왔을 때 그는 고3이었다. 초등학교 때는 우등상을 많이 탄 경력이 있고, 중학교 때는 전교 10등에서 20등 사이를 오가던 우등생이었다. 고3에 진학했을 때만 해도 아무런 문제가 없었다.

문제는 고3 첫 모의고사 때 발생했다. 1교시 시험지를 책상 앞에 놓고 펜을 들어 답안지에 이름을 쓰는 순간, 느낌이 이상했다. 이름을 쓰려는 순간 손이 말을 듣지 않아 글씨가 삐뚤빼뚤해졌다. 그래서 쓴 이름 위에 여러 차례 선을 덧입혀서 이름이 굵게 써졌다. 문제를 풀기 위해 문제지를 찬찬히 들여다보고자 했으나 갑자기 문장이 눈에 들어오지 않았다. 글자를 읽어보았으나 평소에 잘 읽어냈던 지문이 읽히지 않았다. 주어와 술어 사이에 있는 단어들이 연결성을 가지지 못한 채 서로 상관없이 각각 따로 노는 것 같았다. 글자만 읽을 수 있을 뿐 의미가 파악되지 않았다. 그동안 많은 시험을 치러왔기 때문에 웬만한 문제는 그냥 읽기만 해도 답이 척척 보이던 때도 있었다. 이날은 그때와는 달랐다. 짧은 문장조차 의미 없이 서 있는 문자들 모음에 불과했다. 그에게 의식과 무의식의 연결성이 끊어진 것이다.

누구나 자신이 명료한 의식을 가지고 살아간다고 생각하지만, 그 의식은 무의식의 지원을 받아야 일상생활을 명료하게 이끌어갈 수 있다. 프로이트는 의식이 '2차 과정'이라면, 무의식의 작용은 '1차 과정'이라고 했다. 누군가와 대화를 하거나 글을 읽으면서 의미를 파악하고 판단을 내려야 할 때 의식과 무의식 상호 간에 협력이 필요하다. 이때 '1차 과정'을 담당하는 무의식은 단어와 단어 사이, 또는 말과 말 사이를 연결해 줌으로써 의식 차원에서 실행되는 '2차 과정'을 통해 말 또는 글의 의미가 파악된다. 만일 이 '1차 과정'이 제대로 작동하지 않으면 정신은 '분열' 상태가 될 수 있다. 증상으로는 '조현병'이라는 진단을 받겠지만, 상태의 근본적인 면을 살펴보자면 그 학생은 과거 어린아이였던 상태로 '퇴행'한 것이다.

'퇴행'을 하면, 자신이 살아가야 하는 현실과 과거로 내려간 심리적 상황 사이에 많은 시간 간격이 생긴다. 그는 고3의 나이를 떠나서 갑자기 아기가 되었다. 그는 왜 이런 상태로까지 퇴행했을까? 그는 일생 중 가장 결핍이 많았던 시기, 존재의 구멍이 나 있던 시기로 내려갔다. 그는 고3의 나이에 벌써 자기 스스로 존재할 수 없을 만큼 에너지의 고갈을 겪게 된 것이다. 그는 더 이상 앞으로 나아갈 에너지가 없었기 때문에 결핍이 있는 시기로 내려간 것이다. 퇴행자는 그곳에서 유아기에 엄마의 품이 제공하는 공감 부족으로 통합하지 못해 오랫동안 조각나 있는 존재, 상처, 결핍 등을 모아 쓸 만한 에너지로 만들어 현실로 돌아온다. 이제 현실의 나이로 살아가게 될 뿐만 아니라 보다 나은 미래를 꿈꿀 수 있게 된다. 퇴행자가 이런 과정을 효과적으로 겪어내기 위해서는 이 과정을 이해하고 유아 상태에 함께 머물러줄 상담자가 있어야 하며, 일상에서 유아기의 엄마 역할을 해줄 사람이 필요하다.

유아기에 상처를 입었다고 해서 누구나 다 유아기로 퇴행하는 것은 아니다. 유아기에 결핍이나 상처가 없는 사람은 거의 없다. 사람이 살아가는 중에 심각한 1차 충격, 2차 충격이 발생했을 때, 또는 작은 충격의 지속적인 누적으로 마음이 견딜 수 있는 한계를 넘어서면 현실을 놔버린다. 그리고 유아기 엄마와의 관계 결핍으로 구멍 나 있는 곳이나 엄마로부터 상처받은 지점으로 내려간다. 만일 그가 아빠와의 관계라도 좋았더라면 1·2차 충격이 왔어도 급작스러운 퇴행을 피할 수도 있었을 것이다.

자녀가 엄마와 경험하는 시간 개념과 아빠와 경험하는 시간 개념은 다르다. 자녀가 엄마와 경험하는 시간이 과거와 현재에 걸쳐 있는 것이라면, 아빠와 경험하는 시간은 현재와 미래에 걸쳐 있다. 그래서 그가 엄마와의 관계에서 결핍이 있었다 하더라도 부성적 권위의 영역에 머물러 있었다면, 미래의 목표를 세울 수 있고 남다른 이상을 세워 자신만의 꿈을 키워 나갈 수 있었을 것이다. 그런데 그의 아빠는 그렇지 못했다. 아빠가 출근하는 시간에 엄마는 자녀들을 다 깨워서 아빠에게 출근 인사를 시켰고, 퇴근 시간에도 자녀들은 아빠를 맞이할 수 있도록 늘 대기 상태에 있어야 했다. 그런 환경에서 살아가는 자녀들은 탄력성 있는 자아를 가지고 살아가기 힘들다. 그래서 그의 누나는 사춘기가 시작되면서 반항적인 성격을 갖게 되었고 대학 졸업 후 아빠와는 대화가 단절되고 서로 반목하는 관계가 되었다. 누나의 반발심은 갈수록 커져갔고, 아빠의 권위로는 다스릴 수 없는 상황에 처하자 자연스레 아빠의 시선에서 벗어날 수 있었다. 그러나 착한 아들이자 말 잘 듣는 모범생이었던 그는 스스로 억압하는 정도가 한계를 넘어서면서, 누나처럼 위로 터진 것이 아니라 아래로 내려가는 퇴행의 형태를 취한 것이다.

사례 2: 유아기에 엄마 품을 잃은 40대 여성

그녀는 내게 확인하러 왔다. "내가 지금 죽었나요, 살았나요?" 그녀는 5년 전 공황장애를 앓은 적이 있지만 3년 전에 겨우 나았다고 했다. 그런데 내게 왔을 때, 그녀는 공황장애와는 다른 상태였다. 그녀는 공간 개념과 시간 개념이 깨져 있었다. 그녀의 공간 개념은 매우 제한적이어서 오직 지금 눈앞에 보이는 것만 인식할 수 있을 뿐 뒤에 뭐가 있는지에 대해서는 어떤 느낌도 가질 수 없었다고 한다.

상담자: 지금 집에 대해 상상할 수 있나요?

내담자: 아뇨, 전혀 상상이 안 돼요.

상담자: 지금 남편이나 자녀들의 얼굴을 머릿속에 떠올릴 수 있나요?

내담자: 아뇨. 직접 보면 알 수 있을 것 같지만 지금은 가족의 얼굴이 그려지지 않아요.

상담자: 여기 올 때는 어떻게 왔는지 그 길을 기억할 수는 있나요?

내담자: 아뇨, 기억이 잘 나지 않아요. 집에서 상담실을 향해 출발한 사실과 지금 여기 도착한 사실밖에 기억나지 않아요. 그 과정이 연결이 안 되니까 마치 제가 집에서 이곳까지 순간이동을 한 느낌이에요.

상담자: 그럼, 집에 어떻게 돌아가죠?

내담자: 지난번 상담 끝나고 그냥 몸이 가는 대로 가니까 집에 가게 되더라고요.

상담자: 그래도 집과 상담실이 그리 멀지 않아서 다행이군요.

내담자: 그렇죠. 요즘은 집에서 멀리 떨어진 곳은 갈 수가 없어요. 집이 화곡동인데 한번은 친구들과 마포로 가게 되었어요. 영등포쯤 지날 때 마구 불안해 당장 내려달라고 했어요. 계속 더 갔으면 저는 죽은 목숨과도 같았을 거예요.

그녀의 시간에서 오늘과 내일의 개념이 없어졌다. 날짜를 알려면 달력을 봐야 하고 시간을 알려면 시계를 봐야 한다. 그녀는 조금 전에 달력을 봤는데 금방 날짜를 잊고 다시 달력을 봐야 했다. 그러다가 잠시 뭔가를 생각해 볼까 해서 누우면 관련된 자료들이 순식간에 필름이 빨리 감기듯이 획 하고 지나간다. '나'가 주체가 되어 생각하는 것이 아니라, 생각이 '나' 안에서 획 지나가 버리는 것이다. 그 순간 그녀는 자신이 하는 생각에 시간 개념을 부여할 수 없었다고 한다.

그러면서도 그녀는 시간 개념이 갑자기 확 들어오면 어떡하나 하고 겁이 난다고 했다. 나는 그녀가 시간 개념이 깨져서 힘들다고 하면서 시간 개념이 들어올까 봐 겁이 난다는 마음을 잘 이해할 수 없었다. 이야기를 들어보니 그녀는 지나친 결벽증을 가지고 있었다. 하나님 앞에서 지은 죄와 가족들 앞에서 떳떳하지 못한 허물들이 생각나 죄의식과 수치심에 시달렸다. 그녀는 시간 개념이 들어오기 전에는 자신의 허물과 죄 그리고 부끄러운 부분을 마치 남의 것인 양 이야기할 수 있었지만, 시간 개념이 들어오면 부끄러워서 견딜 수 없을 것 같다고 했다. 그리고 그녀는 미래를 생각하면 머리가 시리고 따갑다가 잠시 후에는 배까지 쓰리다고 한다. 골이 흔들려서 특히 숨골이 아프다고 한다.

그녀에게 무슨 일이 있었던 것일까? 그녀의 엄마는 혼자 아기를 낳았는데 딸이라는 사실을 확인한 후, 이불로 아기를 덮어 머리맡에 버려두었다고 한다. 가족 중에 엄마 외에는 아무도 아기가 태어난 줄 몰랐다고 한다. 그런 상태로 아기는 하룻밤을 지냈다. 다음 날 아침, 아빠가 이상히 여겨 이불을 벗겨 보니 그 안에서 아기가 새근새근 자고 있더란다. 그때 아빠가 "당신, 지금 애를 죽일 셈이냐?"면서 아기를 끌어안았다. 그 엄마에게 이 아기는 태어나서는 안 되는 존재였다. 아기는 태어나면서 엄마로부터 버림받았다는 사실을 알았다. 그래서 태어나면 누구나 우는 울음을 그 아이는 이틀 동안 참아야 했다. 그리고 그 아이는 숨은 공간에서 쥐 죽은 듯이 숨 쉬어야만 했다. 그녀는 지금도 조금만 움직여도 늘 숨이 차온다.

그녀는 처음부터 엄마의 품을 잃었다. 그래서 그녀는 존재의 좌표를 정할 수가 없었다. 시간이라는 X축과 공간이라는 Y축으로 정해지는 존재의 위치를 찾지 못했다. 당시 그녀는 지금이라도 그때 존중받지 못한 자기 존재를 찾기 위해 유아기로 퇴행하는 중이었다. 그녀는 시간과 공간을 회복하는 데 3년이 걸렸고, 그 이후 그녀는 어린이집 교사로 생활하고 있다. 그녀는 3세 이전의 아이들을 돌보는 교사로서 아이들을 돌보는 중에도 돌봄을 받지 못했던 그 시절의 자신을 돌보는 경험을 하는 것 같아 기쁘다고 했다.

두 사례에 대한 정리

성경에 '잃은 양' 비유(눅 15:3-7)가 나온다. 어떤 목자가 들판에서 양

100마리를 돌보고 있었다. 목자는 그중 한 마리를 잃어버렸다는 사실을 알게 된다. 그때 목자는 잃은 양을 찾으러 가야겠다고 결심한다. 그런데 목자가 그 결심을 실행하기 위해서는 더 큰 희생을 각오해야만 했다. 왜냐하면 목자가 한 마리의 양을 찾기 위해서는 아흔아홉 마리 양을 우리 안에 안전하게 보호하는 것이 아니라 '들에 버려두고' 가야 했기 때문이다. 목자가 한 마리 양을 찾기 위해 아흔아홉 마리의 양을 '들에 버려두고' 간다는 것은, 그 아흔아홉 마리의 양도 한 마리 길 잃은 양처럼 사자나 늑대의 밥이 될 수 있다는 더 큰 위험을 감수하는 것이었다. 바로 그런 상황에서 목자는 한 마리의 잃은 양을 찾으러 나선 것이다.

이때 목자에게 한 마리 잃어버린 양은 100마리 중 한 마리가 아니었다. 목자는 양을 수치화하여 머릿수를 세는 삯꾼 목자가 아니었다. 매일 아침, 그는 양 우리에 가서 한 마리 한 마리 이름을 부르고 머리를 쓰다듬으면서 우리 밖으로 이끌어 내는 '참목자'였다. 양은 목자의 목소리를 알고, 목자는 양의 이름을 알았다. 그래서 목자에게 한 마리 양은 나머지 아흔아홉 마리 양만큼 중요했다. 목자에게 잃어버린 양은 마치 마지막 퍼즐 한 조각과도 같았다. 들에 버려진 아흔아홉 마리 양도 목자에게 서운한 마음이 없다. 왜냐하면 내가 길을 잃을 때도 나의 목자는 똑같이 나를 찾으러 올 것이기 때문이다. 100마리 양 각자가 퍼즐 게임의 마지막 퍼즐일 수 있는 것이다.

그런 점에서 퇴행하는 사람도 마찬가지다. 누구나 과거에 뭔가를 두고 왔거나, 채우지 못한 결핍을 남겨두었거나 상처가 있으면 반드시 그 시점으로 돌아가고자 하는 욕망이 생기는 법이다. 왜냐하면 바로 그 지점에 나의 삶의 근본이 되는 챙기지 못한 에너지와 감정이 남아 있기 때문이다. 이때는 본인도 힘들지만, 그가 퇴행하는 삶을 지켜보는 가족, 특히 부모가 너무 힘들다. 퇴행하는 사람은 유아기에 충분히 하지 못했던 것을 지금 그대로 해야 하기 때문에, 가족은 그가 온종일 누워 잠만 자는 것과 유아적으로 행동하는 것을 지켜봐야 하는 고통을 겪는다.

어떤 중3 퇴행자는 스스로에 대해 말하기를 "나는 침대와 한 몸이 되었다"라고 한다. 나는 퇴행자의 부모에게 지금 그 아이가 하고자 하는 바를 다른 가족 눈치 보지 않고 실컷 할 수 있도록 철저하게 배려해 주라고 당부했다. 나는 그 학생이 충분히 퇴행할 수 있도록 다니던 학원이나 과외도 다 끊고 최소한의 목표를 '중학교 졸업하기'에 두라고 부모에게 제안했다. 또한 그 학생에게는 졸업을 위한 최소한의 수업일수를 채우는 것만은 놓치지 말 것을 당부했다.

퇴행 모드로 내려가는 현대인

퇴행자가 처한 상황을 가족이 이해하지 못하면, 퇴행자는 그저 게으르고, 공부하기 싫어서 잠만 자는 것으로 오해받게 된다. 이는 본인도 원하는 상황이 아니지만 그렇다고 본인이 몸을 주체적으로 움직일 수 있는 것도 아니다. 잃은 양을 찾아와야 하듯이 누군가에게 퇴행이 찾아오면 그는 반드시 과거로 내려가서 머물다 올라올 수밖에 없다. 퇴행자의 이러한 상황을 이해하지 못해 적절한 조치와 배려를 제공하지 않으면, 그는 오랜 세월 동안 그 상태에 머물러 있을 가능성이 높다.

퇴행 현상은 유아기에 엄마의 품에 편히 머물 수 있는 권리를 박탈당한 사람에게 나타난다. 엄마 품에 편안하게 머문다는 것은 '아무 생각 없이'라는 조건이 붙는다. 그런 상태가 바로 '통합되지 않은 상태'에 머무는 것이다. 이런 '통합되지 않은 상태'에 머무는 것을 방해하는 요인으로는 다음과 같은 것들이 있다.

- 아빠가 아기에게 집중하는 엄마를 지켜주지 못해 시댁의 시기심에 노출되어 아기를 품는 엄마의 마음이 편하지 못한 경우
- 유아가 함께 있는 공간에서 부부싸움을 자주 한 경우
- 엄마 외의 사람이 양육한 경우
- 1세 미만 아기를 플래시카드 단어게임 등과 같은 조기 교육에 노출시킨 경우
- 첫 3개월 동안 엄마가 일차적 모성 몰두를 경험하지 못한 경우
- 아이의 첫 1년 중 엄마가 우울증에서 벗어나지 못한 경우
- 원치 않는 아이라는 이유로 출생 직후 며칠 동안 엄마가 외면한 경우
- 아기에게 젖은 잘 먹였지만, 정서적 공감이 부재한 경우
- 자녀가 초중고 학업에서 자신의 능력을 필요 이상으로 당겨서 쓴 경우

퇴행으로 이끄는 사유는 이 밖에도 수도 없이 많다.

부모로서 기억해야 할 것은 자녀의 퇴행은 지금보다 나은 삶, 그리고 자신의 '고유한 존재'를 찾기 위한 모험을 감행하는 것이라는 사실이다. 퇴행하는 당사자도 '그동안 엄마가 나의 유아기에 제공한 품으

로 지금까지 잘 살았지만, 그 품의 유효기간이 다 끝났구나'라고 생각하는 것이 마땅하다.

생애 첫 1년의 양육이 아이의 평생을 좌우한다. 그렇다고 완벽한 양육을 제공해 줄 수 있는 엄마는 세상 어디에도 없다. 그래서 많은 엄마가 자신의 자녀에 대해 죄책감을 안고 산다. 하지만 자녀가 스스로 '퇴행'이라는 심리적 기제를 통해 지금까지의 삶을 정리하고 새로운 삶을 살겠다고 하니 이 얼마나 고마운 일인가!

퇴행을 끝내고 다시 현실로 돌아올 때, 당사자는 퇴행 이전의 상태보다 여러 면에서 월등히 좋은 상태가 된다. 거기에는 그럴 만한 이유가 있다. 그동안 그는 자신의 에너지와 감정을 과거 유아기에 두고 와서 현실을 제대로 살 수 없었다. 퇴행한 결과, 과거에 머물러 있던 에너지와 감정을 회수하고 돌아오게 되면서, 자신의 뒷덜미를 잡는 과거가 사라진 것이다. 게다가 과거로부터 회수한 에너지를 현실에서 사용할 수 있으니, 예전보다 훨씬 생생한 삶을 살 수 있게 된 것이다.

현대인들은 돈과 시간을 들여서라도 자발적으로 '퇴행 모드'로 들어가려 한다. 일에 지친 사람은 가능한 한 긴 휴가를 가고자 한다. 휴가를 통해 1년 묵은 찌꺼기를 버리고 싶은 것도 있지만, 모든 일상을 내려놓고 평소 안 하던 '멍 때리기' 상태로 들어가고 싶은 것이다. 그때 TV 시청이나 핸드폰 사용, 게임 등은 금물이다. 이것은 바로 '통합되지 않은 상태'로 돌아가 유아기의 엄마 품을 재경험함으로써 에너지를 충전하고자 함이다.

요즘 청소년 중에는 위에서 언급한 퇴행의 마지막 요인, 즉 '자신의 능력을 너무 당겨서 쓴 경우'에 해당하는 퇴행이 늘어나는 추세다. 어릴 때부터 잘한다는 칭찬을 과하게 받은 아이가 인정받기 위해 계속 더 잘해야 할 것 같아 자신의 능력 밖의 것까지 사용한다거나 미래에 사용할 능력까지 미리 가져와 사용하는 경우다. 이런 아이는 대개 자기 규모로 살지 못할 뿐 아니라 자기 나이에 맞지 않게 조숙한 삶을 산다.

20년 전, 옆집에 살던 아이는 다섯 살 때부터 천재라고 소문이 나서 어린 나이에 TV 출연하여 서울대생과 기억력 시합을 했을 정도로 뛰어났다. 또래 친구들과 놀이터에서 즐거운 비명을 지르면서 모래를 뿌리며 마구 뛰어놀아야 할 초2 때도, 그 아이는 어린 나이에 서울대생과 시합을 한 명예를 지키기 위해 학원에 가야 했다. 그것도 중학생 수학 반으로 말이다. 바로 이런 아이가 자기 한계에 도달했을 때 퇴행을 하게 된다. 이런 퇴행은 평범하게 사는 삶, 자기 규모에 맞게 사는 삶, 나이에 맞게 사는 삶을 살게 만들어줄 것이다. 그 아이의 진정한 행복을 위해 퇴행은 꼭 필요하다.

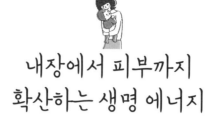

내장에서 피부까지
확산하는 생명 에너지

'통합되지 않는 상태'를 마음껏 누려야 통합이 된다고
말씀하셨는데, '통합된다'는 건 무슨 의미가 있는 거야, 아빠?

통합이 되고 인격화가 되어야 하나의 개체로서 존재하는 시작점을
찍는 거야. 이때 중요한 것은 피부지. 갓 태어날 때 내장에 있던
에너지가 피부까지 퍼지면 하나의 개체가 되는 거야. 이건 요즘
확산되어 가는 왕따, 우울증, 공황장애와 이인증 등을 유아기에
미리 막을 수 있는 중요한 단서를 제공해 주는 거야.
이건 내가 세운 가설인데 실제 치료에서 나름대로 치료 효과를
얻고 있어. 내 상담실에서는 그런 가설이 현실이 되고 있지.

• • •

뇌, 장, 몸에서 무슨 일이 일어나고 있나?

아기가 태어나면 배가 불룩하다. 엄마 배 속에 있는 아기는 탯줄을 통해 엄마로부터 영양 공급을 받는 동안 내장이 존재의 중심이 되어왔던 것이다. 그래서 아기는 엄마 배 속에 있는 동안 내장을 통해 생각하고 느낀다. 아기가 아닌 일반 사람은 어느 기관을 통해 '생각'을 하는 것일까? 일반적인 답은 '뇌'이다. 틀린 답은 아니지만 유일한 정답이 될 수는 없다. 뇌가 생각하는 기관이긴 하지만 모든 생각이 뇌에서만 나오는 것은 아니다. 많은 생각이 몸과 내장에서도 나온다.

누구나 이런 경험을 몇 번 해봤을 것이다. 외출 준비를 하고 집을 나섰지만, 현관문을 빠져나오는 순간부터 뭔가 찜찜하다. 예전에도 그런 경험을 한 적이 있으므로 머리로 생각을 짜내지만 아무 생각이 나질 않는다. 주차장까지 나와 차 문을 열려고 주머니를 뒤지는 순간 깨닫는다. '아하! 내가 차 열쇠를 놓고 나왔구나!' 뇌는 생각을 못 해냈지만, 이미 몸은 알고 있었다. 몸은 뇌가 생각하기 전부터 벌써 생각하고 있었다. 몸은 생각만 하는 것이 아니라 감정까지도 느낀다. 먼저 모든 감각이 몸의 곳곳에 붙어 있어 그때그때 느끼는 감각은 감정을 자극한다. 내가 좋아하는 베토벤의 교향곡 9번 〈합창〉을 듣는 중 어느 부분에 이르면 틀림없이 몸에 전율이 온다. 그 전율은 그 부분의 연주가 청각을 통해 몸으로 들어오는 순간, 남모를 감정을 일깨우면서 살의 떨림을 동반하는 감동을 자아낸 결과다.

'내장이 생각한다'는 것이 무슨 말인가 이해하기 힘들다고 말하는 사람도 있을 것이다. 몸의 여느 부분과 마찬가지로, 뇌는 생각만 하는 것이 아니라 감정도 느낀다. 그렇지만 사람의 감정은 80% 이상이 내장에서 만들어진다는 것은 널리 알려진 상식이다. 도파민, 세로토닌, 가바 등은 뇌에서 만들어지지만, 내장 내에 있는 미생물에 의해서 훨씬 더 많은 양이 만들어진다. 이렇게 미생물은 뇌와 내장을 연결하고 하나의 축을 형성한다. 그리하여 사람이 스트레스를 받으면 두통과 동시에 장이 아프고 예민해지면서 짜증까지 난다.

사고적 측면에서 뇌는 구체적인 사고를 하지만 현실성 있는 사고라기보다는 환상의 형태로 사고한다. 위니캇이 드는 예를 보자. 다섯 살 난 아이가 속의 불편함에 대해 질문을 받을 때 자신의 내면세계를 이렇게 표현한다.

"제 안에 스페인 사람과 영국 사람이 서로 칼싸움을 하고 있어요."

또 네 살 난 아이는 속의 불편함에 대해서

"배 속에 작은 사람이 접시를 두드리고 있다."

고 말한다. 위니캇은 아이들의 이런 사고는 젖 먹는 시기에 장애가 발생하여 지금까지 내장에 문제가 있음을 암시하는 것이라고 본다.

내장이 떠올려 주는 환상과 기억

그림을 그릴 때 사물을 직접 보지 않고 상상해서 그리는 그림이라면 그 상은 뇌의 상상력으로 만들어진 것이다. 만일 어떤 사람이 붓을 잡자마자 자신도 모르게 어떤 그림을 그려냈다면, 그것은 내장에서 올려 준 상이다. 어떤 주제에 대해 눈을 감고 상을 떠올리는 심상 작업을 한다고 치자. 뇌는 상상력을 통해 여러 가지 상을 그려낼 것이다. 그런데 눈을 감자마자 상상력과 무관하게 마치 드라마처럼 자신 안에서 상이 저절로 떠올려진다면 그 상은 바로 내장이 떠올려 준 '내장 환상'일 가능성이 높다. 이러한 두 가지 상은 또 다른 차이를 가진다. 전자가 의식이 떠올려 준 것이라면, 후자는 무의식이 떠올려 준 것이다.

나는 상담을 할 때 내담자의 일상에서 일어난 일들을 다루기도 하지만, 무엇보다 내담자의 '꿈'을 분석하는 것을 중요하게 생각한다. 내담자의 꿈을 통해 일상에서 일어난 일들의 무의식적 동기와 원인을 밝혀 나가는 분석 과정은 상담자나 내담자 모두에게 매우 즐거운 일이다. 상담자와 내담자 사이에 주고받는 대화는 의식에 속한 것이지만, '꿈 분석'을 통해 내담자는 자신의 무의식 세계를 알아가게 되고 동시에 사고와 감정이 확장되어 가는 경험을 하게 된다. 그런데 낮에도 꿈을 꾸는 내담자가 있었다. 그는 눈을 뜨고 거리를 활보하는 중에도 상들이 이야기를 구성하는 움직임을 본다. 때로는 내담자 자신 안에서 피에로가 뛰어다니기도 하고, 피터 팬이 날아다니기도 한다. 남들은 눈으로 볼 수 없는 장면을 그 사람은 마음으로 뚜렷하게 본다. 이 상이 나타날 때는 현실 안에서의 상황보다 더 사실적으로 느껴진다. 이런 상들이 바로 '내장 환상'에 해당한다.

뇌의 상상력이 의식에 속한 것이라면 몸의 환상과 내장 환상은 무의식에 속한다. 내장 환상으로 내려갈수록 무의식 세계는 깊어진다. 그 깊이는 곧 시간의 깊이이기도 하다. 어떤 환상은 성인이 되어도 아동기나 유아기의 기억까지 떠올려 주는 경우가 있다. 엄마 배 속에 있을 때의 기억 또는 자신이 탄생할 때의 기억이 있는 경우 그 기억은 바로 내장에 기록해 놓은 기억이다. 그 시기에는 에너지가 내장에서 작동되었기 때문에 그런 기억이 기능히다.

내장 환상은 전능 환상, 그리고 '나는 있다(I am)'

내장 환상은 장차 창조적인 상상력과 주관적 판단을 만들어내는 원동력이 된다. 내장 환상이 만들어내는 첫 작품은 바로 '전능 환상'이다. 그러면 '전능 환상'은 또 무엇인가? 아기가 울면 엄마는 젖을 아기의 입에 가져다 놓는다. 아기는 누가 가르쳐주지 않아도 본능적으로 그 젖을 빤다. 아기는 이렇게 생각한다. '내가 이렇게 우니까 젖이 내 입에 들어오는구나.' 그래서 아기는 배가 고프면 그 기억을 되살려 울음으로 신호를 보낸다. 정서적으로 건강한 엄마는 아기가 배가 고플 때의 울음과 기저귀를 갈아달라고 울 때의 울음의 차이를 안다. 아기가 배가 고플 때 보내는 신호와 다른 상황에서 보내는 신호를 구별해서 보내기 때문이다.

아기가 보기에 '내가 울면 자동으로 젖가슴이 이미 입술에 와 있다'. 아기는 수백 번 수천 번 똑같은 일을 반복적으로 겪게 되면서 다음과 같이 생각한다.

'내가 젖가슴을 창조했다.'

이것이 바로 위니캇이 '전능 환상'이라 부르는 것이다. 전능 환상 체험을 통해 아기는 자신을 창조자의 반열에 올려놓는다. 아기가 '전능 환상'을 경험했다는 것은 엄마가 아기가 창조자의 반열에 설 수 있도록 헌신적으로 적응해 주었다는 말이 된다. 어른의 시각으로 보면, 아기가 착각하는 것이지만 엄마는 헌신적으로 그러한 착각에 적응해 준다. 엄마의 헌신을 경험한 아기는 성인이 되어가는 과정에서 누군가에게 헌신할 기회를 갖는 것에 보람을 느낀다. 이러한 경험은 좋은 친구를 이상화하여 둘만의 우정을 나눌 수 있게 만들고, 이성을 만나 연인이 되어가는 과정에서 상대방에게 자신의 모든 것을 내어줄 만큼 아낌없이 헌신하게 한다.

이 시기의 경험은 자녀로 하여금 평생을 사는 동안 객관적 세계, 사실적 세계, 물리적 세계의 한계를 뛰어넘어 창조적으로 능력을 발휘할 수 있게 해준다. 유아기에 아이는 엄마의 젖가슴과의 관계를 통해 전능 환상을 경험하면서 허구적 영역을 창조한다. 이런 아이는 아동기에 놀이의 세계, 동화의 세계, 인형의 세계, 만화의 세계로 어렵지 않게 진입하여 오랫동안 머문다. 그 사람은 성인이 되어가는 과정에서 예술, 문학, 종교, 공상 과학 같은 사실적 차원 너머에 있는 영역에도 문을 두

드린다.

전능 환상을 충분히 체험한 결과, 아기는 최초 형태의 '자기 정체성'을 획득한다. '자기 정체성'이란 바로 '나는 있다(I am)'를 획득하는 것이다. 이것은 1장에서 그림을 통해 언급한 '동일성'의 획득이다. 아이는 이 '동일성'을 획득함으로써 하나의 개별적 존재로 일평생 살아가게 될 삶을 주체적으로 열어갈 수 있는 중요한 틀을 만든 것이다. '나는 있다'의 획득을 통해 아기는 자발적 몸짓과 창조적이고 생생한 삶을 살아가게 되면서, 장차 허무하고 공허한 삶을 어렵지 않게 피해갈 수 있게 될 것이다.

내장에서 피부로

내장 환상이 전능 환상 체험을 거쳐 '나는 있다'라는 동일성이 확보되면서 자아 형성이 본격적으로 시작된다. 그 결과 피부 경계가 세워진다. 아기와 엄마는 두 존재로서 그동안 하나의 존재처럼 움직였지만, 아기는 탄생 후 1년이 되는 시점에서 인격화(몸과 정신의 통전)와 통합이 이루어지고, 동일성을 확보함으로써 하나의 개별적 존재로 살아가게 된다.

이때 아기는 '피부 경계'라는 명확한 자기 한계 안에서 자기 존재로 살게 된다. 피부 경계를 세웠다는 것은 여러 가지 의미가 있다.

첫째, 초기에 신체가 파편화된 상태에서 신체 통합이 일어났다.

둘째, 피부를 경계로 '내 안의 것'과 '내 밖의 것'을 구별한다.

셋째, 에너지가 내장에서 발산하기 시작하여 온몸으로 퍼져나간다.

넷째, 에너지 또는 존재가 피부 밖으로 나가는 것을 막아준다.

다섯째, 피부는 자신의 인격 경계로서 타인의 침범을 막아준다.

아기가 태어날 때 내장에만 몰려 있던 에너지는 탯줄이 제거되면서 서서히 온몸으로 퍼져나간다. 이 과정에서 엄마의 따뜻한 품은 내장에 있는 에너지를 안전하게 아이의 몸 전체로 퍼져갈 수 있도록 확산시켜 주는 중요한 역할을 한다. 최종적으로 에너지는 피부까지 퍼져 피부를 경계로 하여 '내 안에 있는 것'과 '내 밖에 있는 것', 또는 '나'와 '나 아닌 것'을 구별한다.

앞에서 언급한 몸-정신의 통전 과정은 피부 경계가 세워지면서 마무리된다. 이제 정신은 온몸의 구석구석 퍼져 모든 세포에 스며든 것이다. 이로써 아기의 몸은 개별 존재로서 하나의 존재 단위가 되어 유한한 존재로 자기 한계 안에서 살아가게 된다. 건강하다는 것은 이처럼 내장과 피부 사이에서 에너지가 잘 순환되는 것을 의미한다. 이런 관점에서 보면, 아이들의 태열, 아토피 등은 엄마와의 심리적 교류에 이미 문제가 발생했다고 볼 수 있다.

PART 4

감각 발달이
중요하단다

: 몸으로 안아주기

엄마의 따뜻한 품,
아기의 감각을 통합하다

아빠, 사람의 몸은 소우주라는 말이 있잖아. 그렇다면
아기를 잘 품는다는 것은 하나의 우주를 만드는 것이겠네?
몸이 우주가 된다면 무서운 일이 될 수도 있겠는데…….

그래서 아기가 엄마의 품 안에서 감각 발달이 제대로 발달한다는 것이
중요한 거야. 감각이 발달함으로써 거대한 우주처럼 살지 않고,
한 개인으로, 또는 '나 자신'으로 제한해서 사는 것으로
존재 의미를 찾고 삶의 만족을 얻을 수 있는 것이거든.

●　　●　　●

엄마의 따뜻한 품에서 아기의 감각은 자연스럽게 발달해 간다. 건강한 엄마는 유아 초기부터 아기의 감각이 정상적으로 발달한다면 그 아기는 최소한 자폐를 면할 수 있다는 사실을 인지하고 있다. 그리하여 엄마는 아기에게 좋은 품을 제공하려고 노력하고, 그 결과 아기는 '감각'을 획득하게 된다. 아기는 감각을 발달시켜 가면서 자연스럽게 시간 개념과 공간 개념을 가지게 된다.

아기는 태어나면서 몸에 생체 시계를 지니고 나온다. 그래서 아기가 젓을 먹고자 하는 시간이 엄마가 생각하는 시간과 다르다. 엄마의 시간 개념은 시계로 표시되는 물리적 시간이다. 아기가 엄마의 품을 통해 감각을 획득해 가면서 몸의 생체 시계는 차츰 물리적 시간에 가까워진다. 같은 원리로, 엄마의 품은 아기의 공간 개념에도 변화를 준다. 아기는 우주에서 몸을 가지고 왔기 때문에 우주적 공간 개념을 가지고 있다가 엄마의 품을 통해 한 개인이 지닌 몸의 한계 내에서의 공간 개념, 즉 지구적 공간 개념을 가지게 된다.

촉각의 발달: 피부 접촉과 사랑

사람이 태어나서 가장 많이 하는 것, 나이가 들면서 줄어드는 것, 늙으면서 점차 사라지는 것, 그것은 바로 피부 접촉이다. 촉감은 인간이 가진 오감 중 으뜸 되는 감각이다. 약 106개의 화학 원소로 만들어진 인간은 피부 접촉을 통해 뇌에 자극을 주고받으며, 뇌 작동에 필요한 화학물질을 생산해 낸다. 그리하여 피부 접촉이 원활하지 못하면 뇌에서 화학물질을 생산해 내지 못해 '접촉 결핍증'에 걸리게 된다. 장 자크 루소(Jean Jacques Rousseau)도 '존재의 의미는 피부의 느낌에 있다'고 말함으로써 피부 접촉의 중요성을 강조하였다.

헝가리 출신의 정신분석학자인 르네 스피츠(René Spitz)는 1940년 대에 전쟁고아들을 돌보는 국립병원 의사였다. 그 병원에서는 원인 모 를 병으로 죽어가는 아기들이 너무 많았다. 나중에 그 병은 '마라스무 스(Marasmus)'라고 명명된다.

어느 날 멕시코에서 겨울 휴양을 보내던 스피츠 박사는 예기치 않은 발견을 하게 된다. 그가 휴양지 근교의 한 고아원을 방문하였는데, 그 고아원은 헝가리 병원에 비해 위생적이지도 않았고 고아들에게 영양 을 공급하는 환경도 형편없었다. 그러나 아이들은 모두 행복해 보였 다. 아이들이 혈색이 좋고 건강미도 넘쳤으며, 우는 아이가 별로 없었 다. 그래서 그는 그 보육원에 몇 달간 머물면서 아이들을 관찰하게 되 었다. 그 결과 그는 그 아이들이 건강한 이유를 발견하게 된다. 그것은 바로 이웃 마을의 아낙네들이 매일 보육원에 찾아와 아이들을 안아주 고 이야기를 들어주고 노래를 불러주곤 했기 때문이었다. 스피츠 박사 는 그 연구 결과를 『생후 일 년(The First Year of Life)』이라는 책에 실었 고, 미국 정부는 이 연구 결과를 보고 보육원을 없애고 입양제도로 바 꾼다.

아기가 피부 접촉을 통해서 받는 것은 바로 사랑이다. 피부 접촉이 결핍된 아기는 자신이 엄마로부터 사랑을 받지 못했다고 생각하게 된 다. 유아기에 엄마와의 피부 접촉은 의사소통을 넘어서서 엄마와 아기 사이의 사랑을 주고받는 행동이다. 그래서 사람이 어떻게 사랑하고 어떻게 사랑받는가의 태도는 바로 유아기에 엄마와의 피부 접촉이 이루어지는 정서적 상태에 의해 크게 좌우된다. 유아기에 피부 접촉 결핍을 경험한 사람은 나중에라도 그 사랑의 결핍을 메우고자 할 것이다. 그런 사람은 정서가 없는 사랑, 성적인 사랑에 집착하는 형태로 피부 접촉의 결핍을 채우고자 한다. 즉 유아기의 피부 접촉 결핍이 사춘기 이후 문란한 성적 행각으로 이어질 수 있다는 말이다. 엄마와 유아 간의 피부 접촉은 어느 정도의 절대적인 양이 요구되며, 피부 접촉을 할 때 주고받는 사랑의 질 또한 중요하다.

그리하여 될 수 있으면 엄마와 유아 간에 살과 살이 맞닿는 횟수가 많을수록 좋다. 엄마가 아기를 자주 목욕시켜 주고, 자주 안아주고, 아기가 잘 때도 팔베개를 해주는 것이 필요하다. 아기가 울 때 엄마는 그 아기를 먼저 안아주고 볼 일이다. 자녀가 성장하면 안아주기의 형태는 달라져야 할 것이다. 아동기, 사춘기가 된 자녀가 울거나 억울한 일을 당해 서러움이 북받칠 때 또는 우울해 보일 때 엄마는 자녀를 무조건 안아주는 것이 필요하다. 이때의 안아주기는 '허그(hug)'가 될 것이다. 부부간에도 아내가 울면 남편은 먼저 '안아주기'부터 하는 것이 좋겠다.

청각 발달: 엄마의 목소리

아기는 전혀 알지 못하는 미지의 세계로 내던져지는 불안을 가지고 세상으로 나온다. 아기는 안전이나 돌봄이 보장되지 않은 위험한 세상에서 어떻게 살아갈 것인가 하는 불안을 가지고 있다. 그 불안은 학자에 따라 여러 가지 이름으로 불린다. '분리 불안', '출생 불안', '근본적 불안', '실존적 불안', '박해 불안' 등이 그 이름들이다. 아기가 태어나면서 믿는 구석이 하나 있다면 엄마 배 속에서 늘 들어왔던 엄마의 목소리일 것이다. 엄마의 산도를 곡예하듯 타고 나와서 세상에 던져졌을 때 배 속에서 듣던 엄마의 목소리를 확인하게 되면 아기가 느끼는 불안의 강도는 훨씬 낮아진다. 이처럼 아기가 세상에 나와서 엄마와 맺는 첫 관계는 바로 엄마의 목소리를 확인하는 일에서 시작한다.

탄생 후 실존적인 불안을 어느 정도까지 최소화할 것인가는, 아기가 엄마 배 속에 있을 때 엄마의 목소리를 어떻게 경험했는가에 따라 달라질 것이다. 배 속에서부터 엄마 아빠가 좋은 관계를 유지하면서 우호적으로 주고받는 이야기를 많이 들었다면 밖에서 듣는 엄마의 목소리는 상당한 안정감을 가져다줄 것이다. 만일 배 속에서부터 부모가 싸우는 소리를 많이 들어왔다면, 엄마의 목소리는 아기의 출생 불안을 줄이는 데 크게 역할을 하지 못할 것이다.

어느새 아기는 엄마 목소리를 다른 사람의 목소리 그리고 주변에서 들리는 모든 소리로부터 차별화시킨다. 아기에게 필요한 것은 오직 엄마일 뿐이다. 아기는 오직 엄마만 있으면 밖에서 전쟁이 나건 태풍이 불건 아무 상관 없으므로 엄마를 독점적으로 경험한다. 엄마 목소리를 다른 소리와 구별하는 아기의 능력은 성인이 되어서도 자신이 원하는 일에 집중하기 위해 주변 소리를 백색 소음으로 만들게 된다. 그렇게 되면 그 사람은 세상의 잡음과 소음에도 압도되지 않고 자신의 존재에 집중하여 자신을 보호하는 능력을 갖추게 된다.

엄마의 구별된 목소리를 경험하지 못하는 아기는 세상의 모든 소리를 다 들으면서 살아가게 된다. 심지어는 다른 사람들 귀에는 들리지 않는 소리까지 듣고 사는 사람도 있다. 환청과 현실 소리를 구별하지 못하는 사람들이 바로 그러하다.

시각 발달: 엄마의 시선

유아기에 엄마와 아기 사이의 바람직한 관계는 서로가 존재론적으로 융합되는 관계이다. 위에서 언급한 '일차적 모성 몰두'도 두 사람이 하나의 존재로 살아가는 경험을 가능케 한다. 엄마와 아기의 '하나 됨'의 경험은 자폐증과 소아 우울증을 막는다. 융합 관계에 있는 엄마와 유아는 서로의 존재 안에 깊이 들어가 서로를 탐구한다. 위에서 언급한 '통합되지 않은 상태'에 머물 수 있으려면 이런 융합 관계를 경험하는 것이 필수적이다. 이러한 관계 경험을 시작으로 아기가 탐구 대상으로 삼는 엄마는 장차 학교로, 타자로, 사회로, 세계로, 우주로 확장될 것이다. 엄마와 융합 관계에서 아기가 터득하는 것은 꿰뚫어 보는 능력, 즉 '통찰 능력'이다. 이것은 어떻게 가능한가?

아기는 엄마와의 눈 맞춤을 통해 엄마와의 유대 관계를 형성한다. 그것은 장차 사회적으로 인간관계를 형성하는 능력을 갖추는 데 필수적인 것이다. 아기는 엄마와 눈 맞추고자 하는 마음이 간절하다. 아기는 엄마와 눈을 맞추면서 엄마로부터 존재하는 데 필요한 근원적 에너지를 빨아들인다. 엄마와의 눈 맞춤을 많이 경험한 아기는 나중에 대인 관계에 어려움이 없다. 엄마와 눈 맞춤을 많이 한 아이들은 기본적으로 자존감이 높고 공감 능력이 높다.

만일 엄마가 아이와 눈을 맞춰주지 않으면 아이가 장차 사회적 관계 능력을 형성해 가는 데 심한 손상을 겪는다. 엄마와의 눈 맞춤 경험이 적은 아이는 자존감이 낮고 매사에 자신감을 가지기가 힘들다. 이런 아이들이 느끼는 기본적인 감정은 '수치심'이다. 수치심은 엄마와의 애착 관계 부재로 인한 존중받지 못함에서 오는 정서이다.

미각과 후각 발달: 엄마의 젖 맛과 엄마의 냄새

엄마의 냄새와 엄마가 제공하는 젖 맛은 서로 연결되어 있다. 아기는 엄마의 젖 맛을 엄마의 냄새로 기억한다. 성인이 되어서도 엄마의 젖 맛을 기억하는 사람이 있다. 그 사람은 '아직도 혀끝에 엄마의 젖 맛이 느껴진다'라고 말한다. 대개 이런 사람은 기억력이 좋고, 음식에 대한 심미안을 가지고 있다. 그래서 이런 사람은 유명한 맛집을 찾아다니며 이리저리 혀를 굴려가며 미각으로 그 음식이 가지고 있는 특별한 맛을 분석해 낸다. 그리고 집에 가서 요리 재료를 사서 그가 미각으로 분석해 낸 자료를 가지고 실험적으로 요리해 보면 대개 원래 음식의 맛에 근접한다. 그 사람의 경우처럼, 맛의 심미안을 가지고 있는 것은 유아 때에 엄마가 젖을 잘 줬다고 기억하기보다는 '엄마가 나를 사랑하였다'라는 기억 덕분이다.

유아기 아기에게 엄마의 사랑이란 무엇일까? 갓 태어난 아기는 한

동안 '나밖에 모르는 상태'에 머물게 된다. 심리학 용어를 빌리면, 아기는 '자기애적 상태'에 머물러 있는 것이다. 그래서 가족은 아기가 여러 가족 구성원 중 하나일 뿐이라고 생각하기 전에 아기가 '나는 이 가정의 주인공'이라는 위치에서 자기애적인 상태에 충분히 머물 수 있도록 적응해 줘야 한다. 아기가 울면, 모든 사람이 달려와서 '이 아기가 왜 우는가?'를 고민해야 한다. 아기는 이런 주인공 경험을 충분히 할 수 있어야 한다. 그러나 아기에게 엄마는 다른 가족과는 다른 위치에 있다. 아기는 어떤 상황에서건 엄마만 있으면 되는 그런 배타적 위치에 엄마를 둔다. 아기는 엄마를 그러한 배타적 존재로서 구별하게 되는데, 엄마만의 고유한 냄새와 젖 맛이 그 기준이 된다. 아기에게 엄마의 목소리 외에는 모두 백색 소음에 불과하듯이, 엄마의 냄새와 젖 맛 역시 마찬가지이다.

사람의 미각으로 그동안 단맛, 신맛, 쓴맛, 짠맛 등 네 가지가 인정되었다. 최근에 일본 과학자들이 우마미(umami), 즉 감칠맛을 추가하였다. 네 가지 맛이 맛의 기본 요소들이라면 감칠맛은 이 맛들과는 다른 차원에 있다. 이 감칠맛이 어떠한 맛인가는 음식을 먹어본 경험 주체에 따라 다를 것이다. 명절날 고향 집에 내려가서 맛보는 생선전, 잡채, 토란국, 송편 등 소박한 밥상도 어머니의 손길이 닿는 순간 진수성찬이 되면서 감칠맛을 내게 되는 것이 아닐까?

요즘 사람만큼 배우지도 못하고 연로하셔서 몰골이 상하여 보잘것없어 보이는 어머니라 할지라도 그 어머니의 살아 계심은 자식들이 각박한 세상을 능히 감당해 내는 힘의 원천이 된다. 어머니의 존재가 특별한 것은, 어릴 때부터 누구와도 바꿀 수 없는 배타적 존재로 경험해 왔기 때문이다. 그러한 배타성은 엄마의 젖 맛과 냄새를 통해 아기의 몸에 배어든다. 사람은 바로 이 힘으로 살아간다. 그래서 위기에 처하여 애를 쓸 때 사람들은 '엄마 젖 빨던 힘을 동원한다'라는 말을 한다.

모든 감각은 통합되어야 한다

앞에서 언급한 바와 같이, 천문학자들은 우리는 태초의 멀고 먼 별에서 왔다고 말한다. 사람은 '우주적 존재'로 태어난다. '우주적 존재'라 하니 대단하게 들릴지 몰라도 거대한 우주 속에서 내 몸의 존재는 우주 안에 하나의 점으로도 찍을 수 없을 만큼 미미할 뿐이다. 그러나 엄마의 품 안에서 '지구적 존재'가 되는 순간, 사람은 각자가 우주의 중심이 된다. 각 존재의 중심이 지구의 중심을 향하면 지구의 중심은 태양의 중심으로 향하고, 태양의 중심은 북극성의 중심을, 북극성의 중심은 은하계의 중심을, 은하계의 중심은 은하단의 중심을, 은하단의 중심은 전 우주의 중심을 향하게 되는 것이다. 우주적 존재가 지구적 존재가 된다는 것은, 우주적으로 볼 때 보잘것없는 존재가 우주의 중심이 되는 소중한 존재가 된다는 뜻이다.

아기가 존재의 중심을 잡는 순간은 바로 엄마의 품 안에서 감각이 통합되는 순간이다. 인간은 육체에 갇힌 존재가 아니라, 감각이 통합됨으로써 하나의 완벽한 개체로서 존재하게 된다. 감각의 통합은 인간의 정신을 '나'라는 개체 밖으로 벗어나지 못하도록 든든하게 지켜주는 경계를 정해준다. 그렇게 되면 사람은 자신의 존재 규모만큼 살아가면 될 뿐, 우주적으로 거대하게 살아갈 필요가 없다. 그래서 사람은 특별하게 사는 것보다 평범하게 살아가는 것이 필요하다.

돌토는 사람의 감각 기관은 모두 구멍으로 이루어져 있음을 강조한다. 피부의 땀구멍을 비롯해 코, 입, 귀, 눈 등 모든 감각 기관은 구멍을 가지고 있다. 아기는 그 구멍을 통해 부모와 각종 정보를 교환하는 망을 구성한다. 감각 기관 간에 교환되는 것은 눈 맞춤, 윙크, 스킨십, 키스, 대화, 호흡뿐 아니라 감정, 부드러움, 따뜻함, 소통하는 기쁨 등이다. 또한, 감각은 인간 상호 간의 정서적 교감뿐 아니라 의사소통을 위한 기본을 이루는 것으로서, 모두 구멍 대 구멍의 만남으로 이루어진다.

감각이 잘 통합될 때 거기서 온전한 감정이 나온다. 그래서 영어 feeling이라는 단어 안에는 '감정'과 '감각'의 의미가 다 들어 있다. 그러나 이 둘은 분화되어야 한다. 그래서 이 둘은 몸에 견고하게 장착되어 있어야 한다. 감각은 각각 구멍을 통해 작동하지만, 감정은 온몸에 퍼져 있다. 감각과 감정은 개인의 몸을 지키는 최후의 교두보이다. 이 둘(감정과 감각)은 그 사람의 정신과 신체를 결합하는 접착제 역할을 한다.

만일 감각이나 감정에 문제가 발생하여 정신과 신체의 결합이 풀려버리면 정신은 피부 경계를 뚫고 외부 세계로 퍼져나가 버린다. 그때 당사자는 엄청난 공포를 느낀다. 그때는 바로 개인 신체의 주파수인 7.83헤르츠의 지구 주파수가 우주의 주파수로 바뀌는 순간이다. 어떤 내담자는 이런 상태의 경험을 다음과 같이 말한다.

"내 방이 우주선이 되어 있는데, 그때 방문을 연다는 것은 마치 외부에는 깜깜한 우주 공간밖에 없는 우주선의 문을 여는 것과도 같다."

　엄마가 아기를 따뜻한 품으로 품어준다는 것은, 엄마가 홀로 있는 아기가 느끼는 바로 이런 공포를 담아낸다는 것이다. 이처럼 따뜻한 엄마의 품에서 아기는 감각을 얻고, 그 감각을 통합하며, 그 감각을 바탕으로 감정을 찾아내는 일련의 과정을 경험한다. 그리하여 그 아기는 지구 위에서 평범하게 살아갈 수 있는 한 '사람'이 되는 것이다. 감각의 통합이 형성되어 피부 경계가 세워질 때, 그 한 '사람'은 우주의 중심이 되는 개별적 존재로 사는 것이다. 그러나 피부 경계가 무너져 하나의 개체적 사람으로 한계를 지키지 못하게 되는 순간, 그 사람의 인격은 외부로 흩어지면서 외부 세계에 의해 압도된다. 그때 그는 죽음의 공포를 경험한다. 그러나 그런 공포는 다행히도 사람을 죽일 수 있는 것은 아니다. 이인증 환자가 느끼는 공포가 바로 이러하다.

통합된 감각은 살의 진동으로 반응한다

　엄마의 품 안에서 아기가 감각의 통합을 이루었다면 이제 그 아기는 하나의 개체적 존재가 되었다. 엄마가 지구를 살아가는 인류의 일원이 되었듯이, 이제 아기도 동일한 자격을 가지고 지구를 살아가게 된다. 감각은 감정과 직접적으로 연결되어 있다. 엄마가 세계에 대해서 느껴 온 모든 감정은 아기가 엄마 품에서 만들어낸 통합된 감각을 통해 들어올 것이다. 아이는 아름다운 꽃을 처음 본다 할지라도 아름답다고 느끼게 될 것이고, 겨울을 지나 봄이 오면 온몸이 자연 속에서 생명이 피어나는 것을 보고 벅차오르는 감격을 느낄 수 있다. 누가 가르쳐주지 않아도 아동은 붉은색을 보면 흥분하고, 푸른색의 바다를 보면 차갑게 느낄 것이다. 좋은 음악을 들으면 감동하고, 감동적인 영화를 보면 몸이 전율하는 것을 스스로 느낄 것이다.

이에 대해 가장 잘 설명해 주는 사람이 바로 프랑스 철학자 모리스 메를로퐁티이다. 그는 이러한 현상을 '살의 떨림'이라는 개념으로 설명한다. 아기가 아동이 되어 무서운 개를 만나면 처음 보는 개라 할지라도 아이는 머리카락이 쭈뼛 서고 온몸이 굳고 겁에 질려 울게 된다. '저 개는 무섭다'라고 판단하기 전에 아이의 몸이 먼저 진동을 일으켜서 사태를 파악한다.

나나 무스쿠리의 샹송을 처음 들을 때 가사도 모르고 제목도 모르며 누가 부르는지조차 몰랐지만, 내 몸은 그 음악에 반응하고 있었고, 살이 진동하면서 지각하고 있었다. 미술 전시회에서 밀레의 그림이 내 몸에 전달하는 몸의 진동과 프리다 칼로의 그림에서 느껴지는 몸의 진동은 분명히 달랐다. 이런 것을 볼 때, 무엇을 보고 나의 의식이 인식하기 전에 먼저 내 몸이 먼저 지각하고 있었음이 틀림없다. 세상의 모든 것이 나의 감각을 통해 지각되고 나의 감정은 바로 거기서 나온다.

이런 일을 가능케 하는 것은 바로 엄마의 품에 있을 때 아기가 감각 하나하나를 열어가고 감각들을 통합해 가면서 엄마가 외부 세계에 대해 오랫동안 경험해 온 감각 및 감정들을 심층 학습한 결과, 어느새 엄마가 가지고 있던 감각과 감정이 아기의 몸에 쑥 들어와서 이미 거주하고 있기 때문이다. 아기는 엄마의 품을 통해 감각을 통합하여 지구 주파수에 맞추면서 이 땅에서 온전하게 살아갈 수 있는 하나의 개별적 존재가 된다. 이제 이 아이는 외부 세계를 느끼고 지각하는 감각을 통해 몸과 정신에서 파생되는 다양한 문화적 채널을 만들어갈 수 있게 될 것이다.

천재성과 평범함

아빠, 세상에는 남달리 탁월한 사람이 있잖아.
한때는 그런 사람이 부럽기도 했는데 요즘은
굳이 그럴 필요가 없겠다는 생각이 들어. 왜냐하면, 천재들이
과연 행복할까 하는 생각을 해보게 되었거든.

맞는 말이야. 한 번 사는 인생 중에 특별해지고 싶은 것은
누구나의 바람일 거야. 하지만 나이가 들수록 드는 생각은,
'행복은 평범한 일상에서 온다'는 거야.

● ● ●

아기가 감각을 발달시켜야 하는 이유는,

첫째, 자기 몸에 대한 책임 때문이다(무한한 능력을 자기 몸의 한계로 제한하기 위함).

둘째, 자기 밖에 있는 물리적 세계에 대한 지각능력을 확보하기 위함이다.

셋째, 자기 자신에 대한 이해와 타인에 대한 이해를 잘 하기 위함이다.

몸의 감각을 넘어서는 그림 천재들

사례 A-1: SB(유튜브: 〈외계 세상을 그리는 미친 창의력…〉)

〈세상에 이런 일이〉 프로그램에 나온 SB는 매우 복잡한 구조물을 그림으로 그린다. 그는 두 눈을 감고 외계와 접촉한다. 영감이 떠오르는 데에는 오랜 시간이 걸리지 않는다. 그는 눈을 감은 지 1분도 안 되어 펜을 자유자재로 움직이더니 순식간에 자신이 교신하는 외계 생명이 사는, 매우 복잡한 구조를 가진 집을 뚝딱 그려낸다. 그의 말에 의하면, 그의 그림은 우주에 있는 외계와 교신을 하여 그들이 보여주는 건물과 생명체를 그린 것이다. 그가 그린 건물 그림은 지구상에서는 볼 수 없는 초정밀 외계 건물이다. 또 그가 그린 어떤 복잡한 기계 같은 그림은 외계인들이 눈물을 흘리는 장치를 묘사한 것이다.

SB가 그린 그림 중에는 〈개미들의 반란〉이라는 제목의 그림도 있다. SB는 그 그림을 그리면서 놀이터에서 놀던 아이들이 기어가는 개미를 잡아 다리를 자르고 머리를 동강 내는 등 약한 곤충을 괴롭히는 장면을 떠올렸다고 한다. SB는 개미 편에서 그런 아이들에게 복수하고자 벌과 동맹을 맺어 반란을 일으키는 개미 복합체라는 기계의 형상을 그렸다. 그 그림은 이에 대해 외계에 있는 개미들이 그런 인간들에 대한 복수를 꿈꾸고 있다는 이야기를 담았다.

사례 A-2: BJ(유튜브: 〈우주를 보는 소년의 미스터리〉)

〈영재발굴단〉PD가 BJ의 집으로 들어가 보았다.

"집 안에 들어가자마자 놀라운 광경이 펼쳐졌다. 복잡한 기계부품으로 그려진 정밀한 로봇부터 거실 벽면을 가득 채운 다양한 모양의 우주선들, SF 영화의 한 장면 같기도 하고, 로봇 장난감의 단면도 같기도 한데……"

"이 그림이 다 뭐냐"는 질문에 BJ는 "제 머릿속에 있는 우주를 보고 그렸어요"라고 대답한다.

머릿속 TV에서 본 모습을 직접 그렸다는 것이다. 너무 정밀하여 보기 힘들어하자 BJ가 PD에게 돋보기를 준다. 돋보기를 대자 '복잡하고 정교한 구조가 보이는 초정밀 그림'이 구체적으로 드러난다. 그 그림에는 수많은 톱니바퀴가 그려져 있으며, 그 톱니바퀴는 BJ의 머릿속에서 움직이는 것처럼 돌아가고 있다고 한다.

물고기 꼬리가 달린 비행체, 세밀하게 그려진 우주선 설계도면 같은 그림, 두 마리의 용으로 보이는 뼈의 기계. 0.1mm의 가는 펜으로 그렇게 정교한 기계 그림을 묘사하면서 아무런 밑그림 없이 즉흥적으로 그린다. 그의 작품 중 〈기사의 부활〉이라는 제목의 그림에는 아파트 공장, 빌딩 등으로 된 도시 하나가 그려져 있다. 그림 속 기사의 손끝에는 수많은 행성을 빨아들이는 블랙홀 같은 기능도 있다.

BJ의 말에 의하면, 초등학교 1학년 때부터 엄마 주변에서 외계인들이 싸우기도 하고 연합하기도 했으며 자신이 사는 세계와 겹쳐 매우 혼란스러웠다고 한다. 그가 초등 3학년이 되면서 요령이 생겨 머릿속 TV에 전원을 만들면서 유용하게 사용할 수 있게 되었다고 한다. 그때부터 그는 우주 세계를 조절하는 것도 가능해졌다고 한다.

"머릿속을 비우면 꺼지는 것이고 원하는 게 있으면 일시 정지하고 그것을 종이로 옮기는 것이다."

이런 천재를 바라보는 부모의 마음은 어땠을까? 그들은 미술과는 전혀 관계없는 평범한 부모로서 아들의 상황을 전혀 이해할 수 없었지만, 자녀가 좋아하는 것을 계속할 수 있도록 기다려주는 '용기'를 발휘했다고 한다.

사례 B: CE(유튜브:〈세상을 그리는 13살 천재 아티스트〉)

〈영재발굴단〉에서 발굴한 또 한 명의 천재, CE. CE의 집에 들어서자 그건 일반 집이 아니라 거대한 갤러리였다. 정교하고 복잡하기는 위의 두 사람의 그림과 유사하지만 그림의 내용이 달랐다.

〈부산 명물 총집합〉이라는 제목의 그림은 한눈에 부산의 모든 명소를 다 모아놓았다. 가로 2m×세로 1.5m 크기의 한지에 아무런 밑그림 없이 119일 동안 그린 초대형 작품이다. 이 작품을 설명하며 CE는 이렇게 말한다.

"저는 이 골목 부분이 마음에 들어요. 이 골목에 뭔가 많은 추억들이랑 이야기들이 담겨 있을 것 같아서……."

그녀의 말에서는 열세 살 아이답지 않게 풋풋한 정서가 잔뜩 담긴 마음의 깊이가 느껴진다. 또 어떤 그림은 거대한 눈을 하나 그린 것인데, 눈썹 위에는 마치 숲속에서 많은 사람이 춤을 추는 것 같은 사람들로 가득 차 있다. 그것은 걸그룹의 노래를 듣다가 영감을 얻어 그린 그림이라고 한다. 그 걸그룹의 노래 가사 중에는 '남들의 시선은 중요치 않아 내 스타일이 좋아'라는 대목이 있다. 그 그림은 바로 그 가사에서 얻은 영감으로 그렸다고 한다.

또 어떤 그림은 자신의 방을 중심으로 떠오르는 수많은 상상력을 동원한 그림으로 가득 채워져 있다.

어느 날, CE는 부산 영도 대평동의 어느 마을에 들렀다. 그 마을은 우리나라 최초의 근대 조선소가 있었던 곳으로, 망치로 배를 만드는 소리를 담아내어 '깡깡이 마을'로도 불렸다. 깡깡이 마을 사람들이 생계를 위해 쇠를 두드려야 했던 삶의 역사를 더듬으며 CE는 직접 망치로 그 쇠를 두들겨 본다. 마을의 역사에 담긴 이야기를 직접 보고 들은 것을 기록해 본다. CE는 그림 속에 할머니들의 어려움이나 힘든 마음을 담아내고 싶었다. CE는 그림 속 할머니의 이마에 땀방울과 눈물을 삶의 굴곡 속에 담아냈다. CE는 할머니의 눈물의 여러 가지 의미와 땀과 눈물에 담긴 삶의 무게까지 한 장의 그림에 담아냈다.

CE의 방에는 비밀의 공간이 있다. 그 공간은 블라인드로 가려져 있다. 그 안에는 각종 질문을 담은 스티커들이 잘 분류되어 있다. 그 질문

들을 보니,

'인간은 왜 자연을 닮아야 하는가?'
'내가 생각하는 삶의 무늬란 어떤 것인가?'
'사람마다 느끼는 감정은 어떻게 다른가?'

같은 것들이다.

CE는 '자연과 인간은 하나'라는 제목으로 자연과 인간이 만나는 지점을 그림의 포인트로 잡았다. 〈빈부격차〉라는 제목의 그림은 같은 아파트 문화 속에 살아가는 또래 친구들에게 우리 사이에도 빈부격차가 어떻게 존재하는지를 알려준다. 위안부 할머니들을 위해서는 〈나는 나비야〉라는 작품으로 나비가 되어 자유롭게 날아가고 싶은 할머니들의 소원을 그렸다.

두 종류의 천재

위의 사례를 A형(사례 A)과 B형(사례 B)으로 나눠 생각해 보겠다. 이들은 모두 그림 천재라 해도 의심의 여지가 없다. A형의 천재는 마치 우주에 지구에서는 접근하기 힘든 데이터들이 저장된 '우주 클라우드'라도 있는 양 우주 클라우드와 접속하여 자료를 전송받는다. 그리고 그대로 옮겨 그린다. 그렇다면 이들의 천재성은 자신의 것이 아닌, 우주에서 나오는 것이라고 할 수 있다.

A형 천재는 자신의 신체 작용이나 개인의 의식을 정지하고 우주적 존재와 접속하여 자료를 전송받는다. 그들은 개인 감각과 지구의 시공간 너머에 있는 초월적 내용의 자료를 전송받아 지구인에게 소개하고 있다. 우주 클라우드에 접속하여 자료를 받은 후, 그림을 그리는 과정에서 개인의 손과 펜을 통해 도화지에 그려진다는 것 말고는 개인의 참여는 없다. 여기에는 개인의 개별적인 판단이나 고유한 감정, 가치관이 전혀 개입됨이 없이 단지 그리고 싶다는 의지만이 자신의 것이다.

B형의 천재는 A형 천재와는 좀 다르다. 우주 클라우드에서 전송받은 A형 천재의 그림에는 정교함과 복잡한 체계 그리고 이야기가 있다. B형 천재의 그림에도 A형 천재의 그림과 유사한 정교함과 복잡한 체계, 그리고 이야기가 있다. 여기까지는 둘 다 똑같다. 차이가 있다면 A형의 그림은 우주 클라우드가 이야기로 전송되어 있지만, B형의 그림은 CE가 개인적으로 수집한 인간적·사회적 가치를 담은 이야기를 창조하고 있다는 점이다. CE의 그림 한 획 한 획에는 인간과 세상에 대한, 그리고 자신에 대한 질문과 고민과 가치가 서려 있다.

고대 그리스의 두 천재

이러한 두 종류의 천재는 고대 그리스에도 있었다. 그들은 바로 플라톤과 아리스토텔레스였다. 〈아테네 학당〉이라는 라파엘로의 그림 중 중앙의 두 사람이 플라톤과 아리스토텔레스다. 이 두 사람은 스승과 제자 사이였지만 완전히 다른 의견을 가지고 있었다. 그림을 보면,

독자 시각에서 왼쪽의 늙은 철학자 플라톤은 오른쪽 엄지손가락으로 하늘을 가리키고 있고, 오른쪽의 젊은 아리스토텔레스의 오른쪽 엄지손가락은 땅을 가리키고 있다.

플라톤은 이데아-현실 삼중 구조로 이데아론을 만들었다. 이데아는 눈에 보이는 현상 밖, 천상에 있는 진리의 세계다. 이데아는 이 땅에 있는 모든 사물의 본질로서 영원히 변하지 않는 것이다. 그러나 이 땅에 존재하는 모든 사물은 이데아의 모방으로서 현상 세계에 속하여 언젠가 낡고 변하며 사라진다. 인간의 영혼은 이 땅에 태어나기 전에 이데아계에 있다가 현실 세계로 태어나기 위해 '레테(Lethe, 망각)의 강'을 건너는 순간 이데아를 다 잊어버린다. 그러나 플라톤은 인간의 참된 이성으로 그 이데아를 상기해 낼 수 있다고 주장한다.

예를 들어 세상에는 모양이 다른 수만 종의 개가 있다. 개를 본 적이 없는 아기는 수만 종의 개를 다 보지 않고 몇 종의 개만 봐도 처음 보는 전혀 다른 종의 개를 '개'라고 인식한다. 그것은 아기가 태어나면서 '레테의 강'을 건너오면서 모두 잊어버렸지만, 구체적인 개 몇 마리를 보게 됨으로써 '개의 이데아'를 상기하게 된 것이라고 해석된다. 이렇듯 플라톤의 이데아계는 위에서 말한 A형 천재들이 언급하는 천상의 우주 클라우드와 유사하다. 그래서 〈아테네 학당〉이라는 그림에서 플라톤의 오른손 엄지손가락은 하늘을 향한다.

플라톤은 다음과 같은 도형으로 이데아계와 현실 세계의 관계를 보여준다. 이데아와 현실 삼중 구조에 의하면, 어느 목수가 침대를 제작하는 것은 천상에 있는 침대 이데아의 원본을 모방한 것이고, 그 침대를 화가가 그림으로 그린다면, 목수의 '모방' 행위를 화가가 그림으로 '복사'한 것이다.

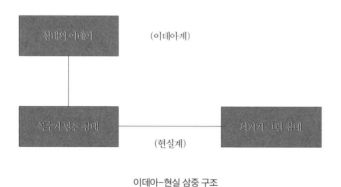

이데아–현실 삼중 구조

이에 반해 아리스토텔레스는 이 땅의 사물과 현상에 대해 깊이 고뇌한 철학자였다. 아리스토텔레스는 오직 이 땅에서 일어나는 일, 즉 인간 또는 자연에 관해서만 관심을 가졌다. 그래서 후대 사람들은 아리스토텔레스학파를 '소요학파'라고 불렀다. '소요'란 오늘날 '소풍'을 의미한다. 아리스토텔레스는 제자들과 늘 소요를 즐기면서 눈에 보이는 것을 연구하고 자연 현상계를 놓고 논쟁하면서 지식을 생산했다.

플라톤은 사물의 본질은 이데아계에 있고 이 땅에 있는 것은 이데아를 어느 정도 분여받았는지를 따져, 분여받은 만큼만 진리에 속한다고 보았다. 이에 반해 아리스토텔레스는 이 땅에 있는 모든 사물 안에 본질이 담겨 있다고 주장한다. 그리하여 그의 저술은 백과사전에 가까울 정도로 매우 광범위하다. 그는 자연학, 동물학, 식물학, 논리학, 수사학, 실천학, 윤리학, 시학, 정치학, 형이상학 등 다양한 분야에 걸친 지식을 생산했다.

이렇게 볼 때 A형의 천재는 플라톤의 전범을, B형의 천재는 아리스토텔레스의 전범을 따랐다.

천재성과 평범함

바로 위에서 우리는 천재도 A형과 B형으로 나뉜다는 것을 알게 되었다. 이 둘의 차이는 너무나도 크다. 그 차이는 모차르트와 베토벤을 비교하면 이해하기 쉽다. 두 사람 다 탁월한 작곡가다. 둘 사이에 차이가 있다면, 모차르트는 자기도 모르게 악상이 떠올라 그 자리에서 기가 막힌 곡을 만드는 작곡가다. 이렇게 자기 노력 없이도 수월하게 탁월한 업적을 만들어내는 사람의 재능은 가히 '신화적'이라 할 수 있다.

'신화적'이라는 말은 나도 모르게 잘 해낸다는 뜻이다.

그러나 베토벤은 모차르트와는 다른 측면으로 거장의 반열에 있다. 베토벤은 모차르트처럼 즉흥적으로 악상을 떠올려 악보를 그리는 것이 아니라, 잠깐 떠오르는 악상을 놓치지 않고 그때그때 메모를 해두었다. 그러다가 더욱 확장적인 악상이 떠오르면 그다음 단계의 수준의 악보로 메모를 해둔다. 베토벤은 몇 단계의 악보로 업그레이드해 가면서 최종 단계의 대작으로 완성해 갔다. 현재 베토벤 박물관에는 그렇게 단계적으로 업그레이드되어 가는 모습을 보여주는 악보가 전시되어 있다고 한다. 베토벤이 악보를 완성해 가는 방식은 CE가 책을 읽거나 영화를 보는 중에 떠오르는 주제나 질문을 메모해 놓은 후 그것을 비밀의 공간에 보관해 두었다가 그 질문을 풀어가는 형식으로 그림을 그려나가는 방식과 유사하다.

이처럼 두 부류(A형, B형) 사람들 사이에는 엄마의 품의 차이가 있을 법하다. B형 천재나 베토벤의 경우 유아기에 감각 발달을 위해 엄마의 따뜻한 품을 받으면서 '통합되지 않은 상태'에 깊이 머물렀을 가능성이 크다. 반면 A형의 천재나 모차르트는 엄마의 품을 통한 감각 발달에 문제가 발생했을 수 있다. 왜냐하면 그들의 정신은 자신의 몸의 한계 안에 머물지 못하고 피부를 뚫고 저 멀리 우주까지 나가버리기 때문이다.

A형, B형을 막론하고 두 부류의 천재들에게서 공통적으로 발견되는 것은 비현실성이다. 현실은 몸과 맞닿아 있는 곳에 있다. 우리는 그들에게 일어나는 일이 어디까지나 한 개인의 삶의 범주를 넘어서고 있다는 점을 유념해야 한다. 그들 모두가 놓치고 있는 것은 '평범함'과 '일상성'이다. 역대의 천재들은 위대한 업적을 남겨서 인류 발달사에

크게 공헌하는 바가 있지만, 그러한 업적은 개인의 일상적인 행복을 포기한 결과물일 가능성이 높다.

평범함을 찾은 영재들

천재는 존재론적 외로움을 가지고 산다. 그것은 천재란 개인적 존재의 범위를 넘어서는 영역에서 살기 때문이다. 지금까지 내 주변에도 많은 꼬마 천재들이 있었다. 내가 신혼 초 도곡동에 살 때 바로 윗집의 시댁은 조상 대대로 많은 인재를 낳아 높은 관직에 진출한 인물이 많았던 매우 특출한 가문이었다. 조선 시대에 높은 관직에 오르는 것은 가문의 영광이기도 했지만, 당쟁의 시류에 휘말려 불행한 일도 많이 당했다고 한다. 그 가문은 그런 불행을 반복하지 않기 위해 탁월함을 드러내지 않고 평범한 범인으로 사는 것을 묵시적인 가훈으로 삼았다고 한다.

그때 그 집의 아들 또한 IQ가 160으로 매우 높았지만, 그 엄마의 바람은 아들이 보통 사람처럼 평범한 인생을 살아가는 것이었다. 그 엄마가 바라는 것은 아들이 높은 IQ를 가지고 공부에 열중하거나 학원에서 어려운 수학 문제를 푸는 것보다는 또래 친구와 몸을 부대끼며 놀면서 친구를 많이 만들어가는 것이었다. 엄마는 아이들이 자신의 탁월함으로 남의 이목을 끄는 일 없이, 남다르지 않은 평범함을 찾고 일상을 즐기며 사는 법을 스스로 터득하도록 도왔다. 그 현명한 엄마는 아들이 남의 이목을 끌어 집단적 사고와 집단적 감정에 노출되는 것보다 자기 존재의 고유함을 찾아가는 방향으로 삶의 길을 열어준 것이다.

최근 몇 년간 알게 된 한 아이는 어느 날 나의 강의실에 있는 큰 화이트보드 앞에 서더니 수성펜으로 그 넓은 공간에다 순식간에 나로서는 지금껏 본 적이 없는 매우 복잡하고 정교한 정밀화를 그렸다. 그것은 누가 봐도 깜짝 놀랄 만한 그림이었다. 그 그림을 그린 때는 그 아이가 초2 때였다. 그 그림은 곧 A형 천재의 그림이었다. 그 아이의 그림 재능은 외부에 알려지게 되어 〈영재발굴단〉이 그 아이의 재능 발굴을 기획하여 영상화하고자 하였지만, 그의 엄마가 자신의 아이가 대중에게 노출되는 것을 꺼렸기 때문에 그 기획은 무산되었다.

그런데 그 아이가 바이올린을 배우면서 많은 면에서 달라졌다. 그는 앙상블 팀에 소속되어 함께 연주하는 즐거움, 옆 사람의 현악기 선율에 자신의 악기 음을 맞춰갈 때의 희열, 오케스트라 단원이 되어 협주하는 가운데 느끼는 뿌듯함, 오케스트라 단원들의 반주에 맞춰 단독 무대로 꾸며진 자리에서 협연자로서 특별하게 느낄 수 있는 환희 등이 있었다. 그 아이는 현악기를 즐기는 중에 음악 활동과 관련된 여러 감각이 발달했을 뿐 아니라, 쉬는 시간에 친구와 몸으로 뒹굴며 놀이할 수 있었고, 형 누나들과 함께 어울리는 경험이 깊어져 가면서 천재적인 정밀화 그리기 능력이 점점 사라졌다. 요즘 그 아이가 그리는 그림은 개별적인 이야기를 많이 담고 있다. 그 아이는 이제 더는 집단적인 그림이나 복잡한 정밀화를 그리지 않는다. 나는 이 아이를 보면서 위에서 말한 B형의 천재적 능력도 의심하게 되었다. B형 천재는 우주 클라우드에서 자료를 받는 것은 아니지만, 그 그림에 얽힌 이야기에 매우 집단적인 고뇌가 담겨 있다. 그리하여 나는 기계 같은 정밀화를 그리는 CE의 능력도 자신의 고유한 존재에서 나오는 것인가 하는 의심을 하게 되었다. 게다가 B형 아이의 사회적 고민과 생각은 집단적이라는 것 외에 그런 고민이나 사고가 그 나이에 해야 할 것이 아니라는 점 또한 간과할 수 없다. 내 개인적인 염려는 CE가 자기 존재보다 너무 크게 살고 있다는 점이다.

화이트보드에 그림을 그렸던 아이의 경우, 왜 천재적인 정밀화 능력이 사라졌을까를 생각해 보았다. 그 아이가 바이올린을 배우고 친구들과 뛰어노는 중에 우주로 열려 있던 몸이 개별적 존재로서의 몸 감각을 발달시키면서 피부 경계를 확고하게 세웠기 때문이라고 추정된다. 불행히도 한국의 많은 부모는 '내 아이가 천재가 아닐까?' 하고 희망을 건다. 자녀는 부모에게 기쁨을 주기 위해 천재로 살 필요는 없다. 천재의 불행은 존재론적 외로움뿐만이 아니다. 천재는 집단적 사고와 집단적 감정에 노출되어 개별적인 삶, 자신만의 고유한 존재로서 삶을 살기 힘들다. 이렇게 볼 때 아이가 생애 첫 1년 중에 엄마의 따뜻한 품 안에서 감각을 자신의 존재 규모에 맞게 발달시키고, 그 결과 피부 경계를 확실하게 세우는 것은 앞으로의 행복을 위해 대단히 중요한 작업이다.

자녀가 살아가야 하는 현실은 바로 몸이 맞닿는 곳에 있지 우주 끝에 있지 않다. 우주 끝을 찾기 위해 우주 상공에는 허블 망원경이 설치되어 있다. 내가 천체물리학자가 아닌 한, 짧은 인생을 사는 동안 먼 우주에서 일어나고 있는 일을 내 삶으로 가져올 필요는 없다. 그런 삶은 특이하고 탁월하기는 하겠지만 얼마나 현실과 동떨어져 있는 일인가! 내 아이는 놀이터에서 친구들과 비명을 지르며 뛰어놀면서 희열을 느끼는 존재이지, 우주의 신비를 찾는 허블 망원경이 아니다.

감각 상실, 피부 경계
상실의 의미

아빠, 이런 말을 들은 적이 있어.
피부의 어딘가가 심각하게 상해 있다면 분명히
장기에 문제가 있다고…….

내가 의사가 아니니까 꼭 그렇다고 말할 수는 없지만,
내가 그런 내담자를 상담하면서 확인한 결과 많은 경우가 그렇더라.
피부는 사람의 몸과 정신을 보호해 주는 최후의 저지선이거든.
피부 경계가 뚫리면 그 사람의 인격이 무너지는 것이라는
가설이 가능하다고 생각해.

· · ·

파편화된 신체

몸은 정신을 담아내고 정신은 영혼을 담아낸다. 몸은 정신 그리고 영혼이 함께 어우러질 때 온전한 인격으로 기능한다. 그런 면에서 '몸' 과 '신체'는 구별된다. 몸이 온전한 인격으로 기능하지 못할 때 그것은 '살아 있는 몸(lived body)'이 아니라 조각나 있는 해부학적 '신체(flesh)' 가 된다. 즉 '몸'이 영혼과 정신과 분리되어 생명력을 상실하면 '신체' 가 된다는 말이다. 이러한 신체 개념은 17세기 프랑스 철학자 데카르트에서 비롯되었다. 데카르트는 정신도 영혼도 없는 시체를 해부하여 '해부학'을 확립하면서 신체 개념을 정립했다. 데카르트는 시체를 해부하여 신체의 각 부분, 조직, 장기, 신경체계, 혈관 등을 연구하며 '기계론적 신체' 개념을 만들었다.

데카르트의 이러한 신체 개념은 오늘날 '파편화된 신체'의 기원이 된다. 파편화된 신체는 인격의 파편화를 초래한다. 많은 자녀들의 신체가 파편화되어 있지만 대부분의 부모는 자신도 파편화된 인격을 가지고 있으므로 그것이 얼마나 심각한지 알지 못한다.

'파편화된 신체' 개념의 심각성을 이해하기 위해 사례를 들면 다음과 같다.

- 감정 없이 이성적인 면에서 특별한 재능을 잘 발휘하는 것
- 금수저라야 성공한 인생이라 생각하는 것

- 최고의 대학이 아니면 대학을 다니는 의미가 없다고 생각하는 것
- 사회적 지위가 높지 않으면 삶의 의미가 없다고 생각하는 것
- 여자로서 예쁘지 않으면 왜 사는지 모르겠다고 생각하는 것
- 무엇을 하건 최고가 아니면 무의미하다고 여기는 것
- 명품을 온몸에 휘감아야 품위 있다고 생각하는 것
- 힘 있는 자는 힘없는 자에게 갑질해도 된다고 생각하는 것
- 자신의 유능함으로 다른 사람과 차별화시켜 내는 것
- 성을 상품화하는 일에 직간접으로 참여하는 것
- 몸이 응집성을 상실하는 순간
- 정신증(조현병과 편집증)과 우울증 등 각종 정신적 증상이 나타나는 것
- 스트레스로 인해 신체의 가장 약한 부분에 통증으로 나타나는 것
- 신체에 온갖 질병의 형태로 나타나는 것
- 술 취하기 시작하는 상태로부터 깨어나는 순간까지
- 여성으로 태어난 데 대해 죄책감을 느끼며 살아가는 것
- 여성이 생리통을 심하게 느끼는 것
- 나쁜 줄 빤히 알면서 각종 중독에서 빠져나오지 못하는 현상
- 변태적 행각이나 성 도착 증상이 나타나는 경우
- 신경증(히스테리, 강박증, 공포증)의 증상을 가진 신체
- 이인증과 공황장애
- 경계선 성격 장애가 활성화되는 순간의 신체
- 가볍게는 잘 조는 사람의 신체적 상황

이 외에 신체 파편화 현상은 수없이 많다. 신체 파편화는 근본적으

로 엄마의 따뜻한 품의 부재에서 비롯된다. 엄마의 공감적인 품 안에 있는 아기는 엄마를 '중요한 한 사람'으로 경험하면서 동시에 신체 감각이 발달한다. 감각의 발달은 몸을 신체로 파편화시키지 않는다. 여러 감각이 몸 안에서 유기적으로 하나의 시스템으로 통합되어 몸에 딱 장착되면 그때 아기는 피부를 자신의 몸의 경계로, 인격의 경계로 세운다.

과학기술이 발달할수록 현대인은 몸으로 살지 못하고 신체로 사는 현상이 뚜렷이 드러난다. 그러한 현상은 우울증, 공황장애, 이인증, 인터넷 중독, 게임 중독 등의 불행한 형태로 개인에게 구체화되어 나타난다.

우울증과 공황장애

샤이니 종현의 유언장을 보자.

난 속에서부터 고장 났다. 천천히 날 갉아먹던 우울은 결국 날 집어삼켰고 난 그걸 이길 수 없었다. 나는 날 미워했다. 끊기는 기억을 붙들고 아무리 정신 차리라고 소리쳐 봐도 답은 없었다. 막히는 숨을 틔워줄 수 없다면 차라리 멈추는 게 나아. 날 책임질 수 있는 건 누구인지 물었다.

종현은 유언장에서 내장 환상을 상징적으로 암시하고 있다. 우울증은 분노를 대상에게 표출하지 못하고 자기 자신을 공격하는 것이다.

내장이 고장 나면(이때 내장의 고장은 단순히 물리적 고장에 국한하지 않는다) 우울증으로 진행될 수도 있지만, 거꾸로 우울증이 내장을 망가뜨릴 수도 있다. 우울증이 심각해지면 피부로부터 에너지가 철수하여 내장으로 회귀한다. 우울증이 심하면 피부가 푸석푸석해지고, 얼굴은 화장을 잘 안 받게 되며, 머리카락이 갈라지고 손톱이 각화되어 울퉁불퉁 굴곡이 생기면서 쉽게 부러진다.

유아기에 엄마의 따뜻한 품을 통해 내장에 머물러 있던 에너지가 온몸으로 퍼져가며 피부까지 확신해 간 반면, 우울증은 에너지를 피부에서 철수하여 내장으로 몰려들게 만든다. 일단 에너지가 역방향으로 철수하면 에너지를 내장에서 피부 사이로 순환시키기가 쉽지 않게 된다. 그런 현상이 나타나면 우울증의 증상이 극심해지면서 죽음 본능이 생명 본능을 이긴다.

반대로 에너지가 피부 경계를 벗어나서 외부로 터져나가면 그때는 공황 발작이 일어난다. 광장 공포증도 공황장애와 비슷한 경로를 통해 발생한다. 광장 공포증을 앓는 사람은 사람이 많은 장소로 나가면 자기 피부 경계를 지키지 못해 다른 사람에게 나를 빼앗기는 느낌을 받는다. 즉 타인이 나의 피부를 뚫고 들어오든지 또는 나의 정신이 나의 피부를 뚫고 상대방을 향해 나가버린다.

유아기에 엄마가 따뜻한 품으로 아기를 잘 품어주면 생후 1년쯤이면 아기는 피부 경계를 확실하게 세우게 된다. 그렇게 되면 그 아이는 성인이 되어도 우울증, 공황장애, 광장 공포증과 같은 증상에 걸리지 않을 수 있는 예방 효과를 얻는다. 내장 환상보다 가벼운 증상으로 '내장 신경증'이 있다. '내장 신경증'을 앓는 사람이 스트레스를 심하게 받으면 머리가 아플 뿐 아니라 동시에 위염, 장염 등의 증상으로 고통받는다.

공황장애와 우울증의 차이는 에너지의 방향성에 있다. 피부를 기준으로 볼 때, 우울증은 에너지가 내장을 향한 구심력으로 철수되는 반면, 공황장애는 에너지가 우주를 향한 원심력으로 지나치게 외부로 터져나가는 증상이다. 아마도 우리의 몸이 우주에서 왔기에 우주로 돌아가려는 힘이 작용하기 때문일 것이다. 엄마가 아기를 따뜻하게 잘 안아주고 공감 능력을 발휘하여 아기의 마음을 잘 헤아려 준다면 아기는 생애 첫 1년 동안 피부 경계를 세우는 과제를 잘 수행하게 된다. 그러면 아기는 앞으로 우울증이나 공황장애 같은 경계의 병과 무관하게 살아가게 될 가능성이 높다.

공황장애에 잘 걸리는 직업군: 연예인

공황장애는 가장 먼저 심장이 두근거리는 것으로 시작하다가, 그다음으로는 숨이 가빠져 폐의 문제로 넘어간다. 한의학의 관점에서 보면, 피부는 폐가 관장한다. 피부는 한 개인의 인격을 담고 있는 마지막 경계선이기 때문에 피부 경계가 무너지면 자신의 인격을 보호할 수 없게 된다. 공황장애는 피부 경계가 무너짐으로써 내 안에 있는 정신과 영혼이 피부를 뚫고 몸 밖으로 뛰쳐나가는 현상에서 오는, 매우 끔찍한 두려움이다.

공황장애에 잘 걸리는 직업군은 연예인이다. 연예인은 집단적 사고를 하며, 집단의 논리에 좌지우지되는 사람이다. 대중과 같은 집단의 투사를 받으면서 집단 안에서 받는 인기로 집단적인 삶을 유지해 가는 사람들이다. 그 직업 자체가 피부를 경계로 하는 개별화된 삶을 살아가기 힘들게 만든다. 감정이란 개인의 고유한 것임에도 불구하고 연예인은 어느 상황에서는 대중을 위해 개별 감정을 지키지 못하게 되고, 어떤 경우에는 없는 감정도 억지로 짜내야만 한다.

집단에 노출된 연예인이라고 해서 모두 공황장애를 앓는 것은 아니다. 연예인 중에도 집단의 투사를 받고 대중에 노출해도 집단 논리에 매몰되지 않고 개별화가 잘된 삶을 사는 사람은 피부 경계가 분명하여 자신의 정신이 몸 밖으로 벗어날 이유가 없다. 또 연예인이 아니라 평범한 개인이라 할지라도 자신만의 고유한 삶을 살지 못하여 집단적 사고와 집단적 감정에 노출되어 살아갈 때 공황장애가 찾아올 수 있다. 그렇다고 해서 모든 사람이 겪는 공황장애가 이런 것은 아니다. 상황에 따라 각자가 겪는 공황장애의 고통의 정도는 분명 차이가 있다.

이인증

그동안 사회 각계에서 공황장애를 호소하는 사람이 많았다면, 최근에는 이인증을 호소하는 사람이 많아지고 있다. 이인증의 고통을 받고 살면서 그것이 이인증이라는 사실조차 모른 채 고통받는 사람이 많다. 100년 전에도 정신의학과 정신분석학에서 이인증이라는 병명이 거론된 적이 있지만, 구체적으로 어떤 증상으로 나타나는지는 지금도 잘 모르는 것 같다. 공황장애는 증상이 밖으로 확 드러나기 때문에 발견되기가 쉬운 반면, 이인증은 반대로 증상이 내면 안으로 들어가는 것이기 때문에 증세 파악이 쉽지 않다.

공황장애는 삶이 외부적으로 지나치게 확장되는 것이라면, 이인증은 삶이 내부적으로 지나치게 축소되는 증상이다. 공황장애는 정신이 피부 밖으로 튀어나갈 때 느끼는 두려움이라면, 이인증은 내 몸 안에서 정신이 어디론가 사라져 버리는 두려움이다. 공황장애는 정신이 신체 밖으로 튀어나가는 것이지만, 이인증은 정신과 하나였던 몸이 정신을 놓치면서 나타나는 현상이다. 두려움의 내용은 둘 다 공포증이다. 공황장애가 나타날 때 공포증은 정신이 어디로 빠져나갔는지 알 수 없어 막연한 것이지만, 이인증은 몸 안에서 사라진 정신을 찾을 수 있는 경우가 많다. 공황장애에서 벗어났으나 다른 모양의 공포증으로 이어지고 있다면, 그는 공황장애 증상의 반동으로 이인증을 겪고 있는 중이다.

이인증 사례

평소 자전거 타기를 즐기는 청년이 있었다. 그는 자전거의 핸들을 잡고 페달에 발을 올려놓을 때의 감정, 자전거를 달릴 때의 속도감, 피부에 마찰을 느끼는 시원한 바람, 풍경이 변화는 기쁨, 자전거를 타면서 듣는 노래, 잠시 정차하여 물 마시는 쾌감 등을 느낄 수 있는 것이 좋았다. 그런데 어느 날 그는 자전거를 타고 가는 중에 몸에서 정신이 어디론가 빠져나가는 경험을 했다. 자전거에 몸을 실었으니 몸은 자전거 속도로 가고 있지만, 정신이 몸이 가는 속도를 쫓아오지 못해 자전거 속도를 차츰 줄이면서 정지해야 했다. 정신이 몸에 다시 들어와 자리를 잡는 데 꽤 시간이 걸렸다. 그 과정에서 그는 두개골에서 숨골이 죄는 듯한 통증을 느꼈다고 한다.

정신이 몸으로 돌아왔지만, 그의 마음 안에서는 불안이 느껴졌다고 한다. 정신이 몸으로 들어오긴 했지만 느슨하게 연결되어 빨리 움직이면 안 될 것 같은 불안이었다. 그래서 자전거 페달을 천천히 밟아야겠다 작정하고 페달을 밟으려 했다. 그런데 바로 그 순간 발이 페달을 밟고자 하는 의지를 잃어버렸다. 몸이 갑자기 신체적 감각을 잃어버린 것이다. 자전거가 자신 옆에 있는 것이 귀찮게 느껴져 그는 자전거를 그 자리에 버려두고 집으로 왔다.

자신의 몸에서 정신이 분리되었다는 것을 처절하게 느끼면서, 그는 하루하루를 지옥 같은 공포 속에서 살게 되었다. 그는 지옥에서 벗어나고자 하루는 평소 좋아하는 노래를 부르면 감정이 올라오지 않을까 하여 자주 가던 노래방을 찾았다. 노래를 부르는 중에 그는 갑자기 '지금 내가 뭐 하는 짓이지?'라는 생각이 들어 집으로 돌아왔다. 그때부터 미국 드라마를 보거나 페이스북, 유튜브 등에 빠져 살았다. 그 당시 그는 26세였다.

정신이 모니터 속으로 빨려 들어가다

1990년 이후에 태어난 사람은 다른 연령대의 사람보다 이인증에 걸릴 확률이 매우 높다. 그들은 컴퓨터 게임 세대이기 때문이다. 그 이전 세대의 사람 중에는 TV 중독이 있었다. 세대 간 매체의 차이는 있어도 공통점은 모니터 속에 정신이 빨려 들어간다는 점이다.

어떤 40대 여성은 온종일 TV 앞에서 살았다. 그녀가 TV를 볼 때는 너무 진지하여 주변 상황은 사라지고 그녀는 아예 TV 모니터 안으로 들어가 버렸다. 어느 날 사극을 보다가 몸이 마구 흔들리는 것을 느꼈고, 심한 멀미를 느꼈다. 사극 드라마를 보는 중에 극중 인물 중 하나가 말을 거세게 몰며 급하게 달리고 있었던 것이다. 그녀는 화면 안으로 들어가서 드라마 인물과 동일시되어 그 인물의 몸 상태를 동일하게 느끼고 있었던 것이다. 그 이후 그녀는 이인증을 앓게 되었다.

어느 날 그녀는 배드민턴을 치기 위해 늘 다니던 체육관으로 갔다. 경기를 하면서 그녀는 몸의 이상을 느꼈다. 그녀가 스매싱하기 위해 점프를 하는 순간 마치 몸과 체육관 전체가 자신의 몸동작과 함께 움직이는 느낌이 몸으로 들어왔다. 그녀에게서 공간 개념이 깨진 것이다. 그 후로 그녀는 집에서 멀리 떨어진 곳으로 가는 것이 매우 힘들다는 것을 자각했다. 바로 이런 문제 때문에 그녀는 한동안 여행을 할 수 없었다. 집에서 어느 정도 거리를 벗어나면 엄청난 불안이 엄습해서 그 즉시 가던 길을 멈추고 집으로 돌아와야만 했다.

인터넷 게임 중독에 깊이 빠진 어떤 청소년이 있다. 그의 게임은 자연스럽게 인터넷 도박으로 이어졌다. 그 아이는 도박으로 매번 돈을 잃었지만, 한번은 300만 원을 따게 되었다. 그렇게 한 번도 만져본 적 없던 큰돈을 따자 스스로 주체하지 못해 학교 친구들에게 10만 원씩 나눠주었다. 그 덕분에 친구들을 많이 사귀게 되었지만 그렇다고 자신이 도박에서 손해를 볼 때 그 친구들이 돈을 뱉어내는 것은 아니었다.

이 아이가 상담을 받게 되면서 인터넷 중독에 빠지게 된 것은 부모에게 일차적 원인이 있다는 것이 밝혀졌다. 부모님이 너무 자주 싸우는데 그 아이가 이를 말릴 처지도 못 되고, 그렇다고 외면할 수 있는 상황도 아니었다. 그가 이런 상황을 외면하는 방법으로 선택한 것이 바로 인터넷 세계로 들어가는 것이었다. 그는 일단 인터넷 세계로 들어가면 완전히 몰입하는 법을 터득했다. 매일같이 부부싸움을 하는 엄마 아빠의 관계 속으로 들어가면 언제 폭력을 당할지 모르는 상황이었다. 세상이야 어떻게 돌아가든 '나 몰라라' 하고 들어갈 수 있는 인터넷 세계는 그에게는 천국과도 같았다. 또 부모님도 그 아이가 컴퓨터 앞에 앉아 있을 때는 딴 세계에 사는 아이처럼 취급하여 간섭하는 일이 없었다.

학교도 스스로 그만둔 터라 집에서 인터넷에 한번 몰입해 들어가면, 꼼짝하지 않고 24시간, 48시간, 72시간 게임만 할 수 있었다. 말리는 사람도 없고, 화장실 갈 일도 없게 되고, 밥도 먹지 않아도 되었다. 인터넷 앞에 앉아 꼼짝 않고 긴 시간을 아무 문제 없이 지낼 수 있었다. 이 경우 '아무 문제 없다'라는 것이 문제다. 인터넷에 한번 몰입하면 긴 시간 동안 정신은 모니터 안으로 들어가고 모니터 밖에는 사람이 아닌 고깃덩어리(flesh)만 덩그러니 남게 된다. 그때 고깃덩어리는 더 이상 사람의 '몸'이 아니라 '파편화된 신체'다.

그렇게 파편화된 신체는 더는 신진대사가 이루어지지 않는 고깃덩어리에 불과하므로 물, 음식 등을 먹을 필요가 없어지고 배설 기능조차 멈춘다. 그의 몸은 정신을 담아내지 못하고 그의 정신은 인격의 경계라 할 수 있는 피부를 뚫고 모니터 안으로 정신이 들어가 '몸'은 '신체'로 전락해 버렸다. 그러는 중 최근 이 아이는 심한 감기를 앓아 며칠 동안 집에서 드러누운 채 지내야 했다. 그 후 그의 정신과 몸의 상태가 확 좋아졌다.

어떻게 그럴 수 있을까 싶지만 그런 결과는 일리가 있다. 이 아이의 신체는 피부와 살에서 에너지가 철수되어 내장으로 내려가 있었을 것이다. 이런 현상은 우울증, 분열증 전조가 된다. 그런 상태에 있는 사람도 뭔가 생생함을 느끼고자 하는 욕망 때문에 게임을 선택한 것이다. 게임에 중독된 결과 신체는 더욱 파편화되었고 에너지는 내장에 머물러 있으므로 게임을 하는 동안 정신이 모니터로 빠져나가도 불편함을 느끼지 못한다. 그러는 중에 감기가 들어와 온몸을 열로 달궈놓으면서 그동안 무감각했던 피부와 살에 에너지가 몰렸다. 그래서 누구나 감기를 한번 제대로 앓고 나면 몸의 상태가 정상에 가깝게 회복된다. 그 이후 이 아이는 마음을 다져 새로운 삶에 도전할 의욕을 가지게 되었다.

중요한 한 사람에 대한 경험

위의 사례들(이인증, 게임 중독)의 주인공들의 공통점은 피부 경계가 약하다는 것, 감각 작용에 문제가 발생했다는 것이다. 이런 문제는 다시 엄마의 품의 문제로 환원된다. 인생에서 가장 중요한 사람은 누구일까? 바로 엄마다. 좋은 엄마든 나쁜 엄마든 엄마는 누구에게나 중요하다. 사람이 추구하는 행복의 조건 중 최고는 '좋은 엄마'를 만나는 것이다. 아기가 어느 정도 판단을 할 때쯤 되면 부모는 짓궂은 장난을 한다. "엄마가 좋아 아빠가 좋아?" 이 질문에 아기는 당황한다. 당연히 답은 "엄마"다. "아빠"라고 답하는 아기가 있다면 그 아이는 벌써 거짓말을 할 줄 아는 아이다. 그것도 좋은 현상이다.

또 다른 이인증 환자는 어떤 상황이 되면 결정을 내리지 못한다. 지하철에서 자리를 잡아 앉아 있는 중 내려야 되겠다 싶어 일어서는 순간, 결정 장애 현상이 발생한다. '어느 문으로 내려야 하지?' 앞문으로 내리려고 마음먹으니까 뒷문이 신경 쓰여서 다시 뒤로 가다가 또다시 앞문으로 돌아섰다가 하마터면 못 내릴 뻔했다.

20대 중반의 이 청년은 장차 결혼해야 한다는 것이 벌써부터 큰 골칫거리다. 그는 아직 애인도 없으면서 미리 하는 걱정이 있다. 그것은 '만일 어떤 여자와 결혼하려고 마음먹었는데, 더 좋은 여자가 나타나면 어떻게 하지?'라는 걱정이다.

엄마를 통한 외부 세계 상징화

사람은 신체적 한계, 능력의 한계 때문에 무한대의 가능성 중 어느 부분을 선택하며 자신이 선택한 것에 집중하며 산다. 그런 선택과 집중은, 아기가 중요한 한 사람인 엄마를 깊이 경험하면서, 엄마를 상징화하는 능력을 보유할 수 있게 되면서 가능하다. 아기는 엄마를 상징화하면서 엄마 뒤에 있는 세계와 우주와 신을 만난다.

위에서 언급했듯이, 아기가 엄마를 상징화하는 작업은 초기 심리적 융합을 통해 엄마의 몸과 아기의 몸이 겹치는 경험과 젖 먹이고, 씻어주고 안아주고 쓰다듬고 뽀뽀하는 등의 접촉 과정, 그리고 엄마가 아기와 늘 함께 있어주는 경험을 통해 이루어진다. 그 과정에서 아기가 '오직 하나의 엄마'를 배타적으로 경험하면서 이루어진다. '중요한 한 사람' 엄마의 존재를 깊이 경험하는 것은 곧 엄마 뒤에 있는 대지와 우주와 신을 대신하여 대표적으로 엄마를 경험하는 것이다. 이것이 바로 엄마를 통한 외부 세계에 대한 '상징화'이다.

엄마를 상징화하지 못하는 자폐

만일 아기가 엄마를 상징화하지 못하면 일평생 엄마 뒤에 있는 대지로, 우주로, 신께로 온전히 나아갈 수 없다. 왜냐하면 아기가 엄마를 상징화하지 못하면 외부로 나서는 순간 세상에 의해, 광대한 우주에 의해 압도되기 때문이다. 엄마를 상징화하지 못한 아기는 이렇게 압도되지 않기 위해 나름대로의 장치를 개발한다. 그 장치 중 하나가 바로 '자폐' 체계다.

돌토에 의하면, 자폐증이란 아기가 엄마를 상징화하지 못하는 상태에서 자기 자신을 상징화한 결과다. 그 결과 자폐아는 외부 세계로 나갈 필요가 없어지고 결과적으로 아이는 스스로 자신의 신체 안에 갇히고 만다. 그리하여 자폐자는 외부 세계로 나갈 때 자신의 모든 감각을 차단한다. 그래야만 그가 외부 세계로 나가도 세계에 의해 압도되지 않을 수 있기 때문이다.

카를 융(Carl G. Jung)의 성격이론에 바탕을 둔 MBTI에서 보면, 감각과 직관은 같은 축에 있다. 그래서 감각이 뛰어나면 직관이 모자라게 되고, 직관이 뛰어나면 감각이 부족하다. 자폐자는 감각이 부재한 대신 직관이 뛰어나다. 자폐자는 모든 직관에서 뛰어난 것이 아니라, 어느 한두 가지의 탁월한 직관 능력을 가진다.

어떤 자폐 청년이 내게 생일이 언제냐고 물었디.

"19○○ 년 ○○월 ○○일"이라고 말하니, 그 즉시 "그날은 화요일이에요"라고 말했다.

확인해 보니 정확히 화요일이었다. 그러면서 그 청년은 내게 물었다.

"그런데 제가 이걸 어떻게 알고 있죠? 저도 모르게 잘 아는 것인데, 이건 좀 이상하잖아요."

어떤 아스퍼거 청년은 초등학교 저학년 시절부터 서울 시내의 지하철역을 깡그리 외우고 있었다. 그 청년에게 길을 물으면, 즉시 답이 나온다. 그 청년의 입에서는 지하철역뿐 아니라 연계되는 버스번호에 내리는 정류장 이름까지 정확하게 나온다.

중요한 한 사람에 대한 경험의 확장

이렇게 '중요한 한 사람' 경험은 엄마에게서 시작하여 아빠, 단짝 친구, 연인, 부부로 발전한다. 어릴 때는 누구와도 바꿀 수 없는 배타적 단짝 친구를 만드는 것이 청년이 되면 그런 배타성은 연인, 결혼하면 부부관계로 확장된다. '이 여자보다 더 좋은 여자가 나타나면 어떻게 하지?'라고 고민하는 청년은 유아기에 '중요한 한 사람' 경험의 부재 때문이다. 이 청년이 갓난아기 때 주변 사람들(친정어머니, 여동생들, 이웃들)이 아이가 너무 예쁘다며 돌아가면서 돌보는 통에 엄마는 아기에게 자신의 품을 안전하게 제공할 기회를 제대로 얻지 못했다고 한다. '중요한 한 사람' 경험의 부재로 이 청년은 수년에 걸쳐 이인증과 정신분열 증상을 혹독하게 치러야 했다.

어떤 청년 여성은 어릴 때 엄마가 인형을 많이 사다 주셔서 인형과 노는 시간이 많았다고 한다. 그런데 이 여성은 인형과 잘 놀았다기보다 인형 달래기에 바빴단다. 방 안에 열 개가 넘는 인형을 펼쳐놓고 한 인형과 놀고 나면 다른 인형들이 서운해할 것 같아 나머지 인형을 달래느라 온종일 시간을 보냈다고 한다.

또 어떤 청소년은 고양이를 좋아한다. 집에서 기르는 고양이도 좋아하지만, 지나가는 길고양이조차도 그냥 지나가지 못하고 집에 있는 고양이만큼 예뻐해 주느라 자기가 가야 할 길을 제대로 가지 못하는 경우가 종종 발생한다. 그녀는 친구도 고양이를 기르는 친구를 사귄다. 그래서 그녀는 친구보다 고양이가 보고 싶어서 친구 집에 간다. 그녀는 친구 고양이를 자기 고양이만큼 예뻐해 주지 않으면 죄책감을 느낀다. 이 청소년은 왜 이렇게 모든 고양이를 좋아하는 걸까?

이런 현상 또한 '중요한 한 사람' 경험의 부재 때문에 일어난다. '중요한 한 사람'인 엄마를 제대로 경험했다면 '나의 엄마', '단짝 친구', '나만의 연인', '유일한 배우자' 모두 배타적 대상이어야 마땅하다. 그렇듯이 '내 인형', '내 고양이'는 세상의 다른 인형, 다른 고양이와는 구별되어야 한다. 세상에 수많은 사람 중, 하나뿐인 엄마를 깊이 경험함으로써 이 세상에서 '고유한 나'를 만든다.

나의 감각, 나의 피부를 통해 외부 세계에 대한 지식은 내 몸 안에 스며든다. 이렇게 외부 세계와 내가 '동일시'되면서 외부 지식은 감각을 통해 내 안으로 들어온다. 이렇게 들어온 외부 지식은 나의 몸과 인격에 맞게 흡수되면서 나의 정체성이 된다. 이때 피부 경계를 지키는 초소에 해당하는 감각들과 내 안의 장기와 여러 기관 및 신경체계와 혈관체계, 림프체계, 30조 개의 세포와 38조 마리의 미생물 등이 몸의 신진대사에 참여하면서 외부 세계와 교통한다.

이처럼 복잡한 일이 우리의 몸 안에서 일상적으로 일어난다. 그런데 이런 일상성을 넘어서는 일이 개인에게 발생하면 그것은 특별해 보이지만 개인의 삶에서는 불행이다. 자폐자의 직관 능력, 천재의 초정밀화 그리기, 네 살 나이에 미적분 풀기 등은 피부를 경계로 한 내 인격 안에서 일어나는 일이 아니다. 우주 클라우드를 따로 상정해야 이해할 수 있는 일이 내 삶 속에서 일어난다면, 그것은 나 개인의 삶을 살지 못하는 불행을 초래한다. 내 자녀가 특별한 능력을 갖춘 것에 대해 남들 앞에서 자랑스러워하는 부모는 행복하겠으나 그것은 자녀의 불행을 담보로 한 부모만의 행복이다.

엄마의 따뜻한 품은 성과 공격성의 중립화에 기여한다

자라는 아이가 이루어야 할 발달 요소 중 성과 공격성은 매우 중요하다. 이 둘은 감각이 얼마나 정상적으로 발달하였는가를 가늠하는 기준이 되기도 하지만, 또 다른 한편 성격 발달에도 영향을 미친다. 성적 본능과 공격성은 엄마의 품을 어떻게 경험했는가에 따라 다르게 나타난다. 유아의 성이나 공격성은 엄마가 가르쳐 주거나 발달시켜 줄 수 있는 것이 아니다. 엄마와 유아 사이의 관계가 좋을 때 성과 공격성은 인격 안에서 조화를 이루면서 중립화한다. 유아가 엄마의 공감적인 품을 경험하지 못하면 성과 공격성은 인격과 따로 분리되어 중립화를 이룰 수 없다.

유아는 자신이 성적 존재라는 것을 처음부터 인식한다. 아기는 태중에서 자신의 성을 스스로 결정하기 때문에 태아는 태중에서부터 자신이 남자인지 여자인지 인식하고 있다. 유아는 자신이 아빠와 엄마의 성관계를 통해 잉태된 존재라는 것을 어느 정도 인식한다. 유아도 존재론적 부끄러움을 가지고 살아간다. 그래서 이 책의 2장에서 상징적 탯줄 자르기의 문제를 다루었다. 엄마의 선언("네가 내 아들/딸로 태어난 것을 환영한다")으로 아들은 당당하게 아들로 살아가고, 딸 역시 당당하게 딸로 살아가게 된다. 엄마의 그 선언은 아기가 '내가 좋은 선택을 했다'라는 확신을 갖게 한다.

그렇게 되면 아들이든 딸이든 자신의 성이 몸에 딱 맞게 장착하여 자신이 선택한 성적 존재로 살아가는 데 주저함이 없게 된다. 만일 엄마가 아기에게 좋은 품을 제공해 주지 못했거나, 아기가 엄마와의 관계에서 나쁜 정서를 경험했거나, 부모의 부부 관계에서 나쁜 가족사에 휘말려 아기가 엄마로부터 관심을 받지 못하게 되면, 아기는 성적으로 매우 조숙해질 수밖에 없다. 아기가 성적으로 조숙해진다는 것은 성이 자신의 몸에 장착되지 못한 채 몸과 성 감각이 분리되어 성화(sexualized)된 삶을 사는 것을 말한다. 그런 성적 조숙은 성격에도 영향을 미쳐 공격성의 중립화를 이루지 못하게 되면서 분노로 가득 찬 성격으로 굳어진다.

유아기에 엄마의 사랑과 공감의 부족으로 성과 공격성이 중립화를 이루지 못하면 청소년 이후의 삶에서 이 두 가지 문제로 많은 고통을 당하게 된다. 사춘기 이후 성이나 분노 등의 충동 조절 장애로 이런저런 사건을 일으키거나 그런 사건에 자주 휘말리는 것은 바로 '중립화'를 이루지 못한 결과다.

PART 5

아기는 엄마의 얼굴을
거울이라고 생각한단다

: 거울 반영으로 안아주기

엄마의 얼굴은
곧 아기의 얼굴

아빠, 제 친구 중에는 거울을 못 보는 친구들이 그렇게 많아.
거울을 보면서 눈과 눈이 마주치는 순간, 섬뜩하게 느껴진다는
친구, 자신이 아닌 다른 사람의 눈으로 보인다는 친구 등등…….
이런 친구들은 왜 이러는 거지?

거울이 비춰주는 눈은 나의 눈이지만, 유아기에는 엄마의 눈을
내 눈으로 여겼던 적이 있어. 그러니까 거울 속 눈이 두렵게
느껴지는 이유는 바로 유아기 때 엄마 눈에 대해 두려웠던 경험이
그대로 반영되었기 때문이지.

엄마를 '딥 러닝'하다

알파고와 이세돌의 바둑 대결로 인공지능의 '딥 러닝(deep learning)'이라는 개념은 모르는 사람이 없게 되었다. 딥 러닝이란 사람의 사고방식을 컴퓨터가 습득하는 인공지능 기계 학습의 한 분야이다. 이세돌이 알파고를 상대로 이긴 한 판의 비둑은 이미도 인간이 인공지능을 이긴 유일한 승부로 기록될 것이다. 중국의 커제가 이세돌이 한 판밖에 못 이겼다고 비웃었지만 정작 본인은 한 판도 못 이겼다. 거기에는 알파고 측의 사전 전략이 숨어 있었다. 알파고는 세계 1위의 커제를 확실하게 이기기 위해 이세돌을 거쳐야만 했다. 알파고가 이세돌과 겨룸으로써 이세돌이 그동안 겨뤘던 모든 바둑 경기 경험을 단 다섯 판을 통해 딥-러닝한 후에 커제와 겨뤘기 때문에 커제는 알파고를 이길 수가 없었다. 즉, 커제가 겨룬 알파고는 이세돌이 겨룬 알파고보다 훨씬 업그레이드되어 있었다.

갓 태어난 아기도 엄마의 얼굴을 '딥 러닝'한다. 아기가 엄마의 얼굴을 통해 '딥 러닝'하는 것은 엄마의 얼굴뿐만 아니라, 엄마의 감정과 사고방식 그리고 그동안 엄마가 경험한 수많은 사람과의 경험들이다. 그래서 아기가 보는 엄마의 얼굴에는 그동안 엄마가 만났던 수많은 사람의 얼굴들이 겹쳐 있다. 리주토라는 정신분석학자는 아기는 엄마의 얼굴에서 하나님의 얼굴을 본다고 말한다. 즉 아기는 엄마의 얼굴을 통해 신의 존재까지 '딥 러닝'하는 것이다.

그뿐만 아니라 아기는 엄마의 정서적인 상태까지 '딥 러닝'한다. 엄마가 아기를 돌보면서 자부심과 기쁨과 환희를 느낀다면 엄마의 그러한 좋은 감정은 그대로 아기의 것으로 흡수된다. 아기는 엄마가 웃는 모습을 보면서 따라 웃는다. 아기는 엄마의 미소만 따라 하는 것이 아니라, 엄마의 미소를 만들어낸 마음의 작용까지 흡수한다. 즉 아기는 엄마의 외양만 가져오는 것이 아니라, 엄마의 정서까지 '딥 러닝'하는 것이다. 이렇게 볼 때 엄마의 좋은 마음의 상태를 통해 전달되는 평온함과 신뢰감은 마음의 구조를 만들어가는 아기에게는 평생을 좌우하는 심리로 자리 잡게 될 것이다. 유아는 엄마의 품에서 '통합되지 않은 상태'를 깊이 경험하는 만큼 엄마를 '딥 러닝'한다.

하지만 반대의 경우도 염두에 둬야 한다. 엄마의 마음이 평온한 상태에 머물지 못하여 엄마의 얼굴에 우울함이 만성적으로 드리워져 있다면, 아기는 엄마의 우울 그림자를 만들어내는 정서의 부분까지도 '딥 러닝'하게 된다. 그리하여 아기는 엄마의 우울한 그림자로 인해 마음에 우울한 주름을 만들게 된다.

엄마의 얼굴을 딥-러닝한 셔본의 이야기
: 로디 도일의 『엄마의 얼굴』

로디 도일(Roddy Doyle)은 『페디 클라크 하하하』로 1993년 세계 3대 문학상 가운데 하나인 부커상을 받았다. 『엄마의 얼굴』은 그의 첫 번째 그림책이다. 아래 글은 『엄마의 얼굴』을 요약한 것이다.

아일랜드 더블린에 사는 셔본이라는 소녀는 커다란 집에서 아빠랑 단둘이 살았다. 아빠나 주변의 어떤 사람도 엄마에 관해 이야기해 주는 사람이 없었다. 셔본이 열 살이 되었을 때 엄마의 얼굴을 떠올리고 싶어 엄마의 흔적을 찾아 집 안을 구석구석 뒤져보았지만 셔본이 찾아낸 건 오래된 엄마의 책과 스카프 그리고 초록색 구두 한 켤레뿐이었다. 엄마의 사진은 한 장도 발견하지 못했다.

어느 날 엄마의 손이 생각났다. 머리를 빗질해 주던 손, 사과를 깎던 손, 운전대를 잡던 손, 양말을 신겨주던 손, 깜깜한 방에서 밤 인사를 할 때 무릎 위에 얹던 손, 눈을 감으면 이런저런 일을 하던 엄마의 손이 떠올랐다. 하지만 아무리 눈을 감아도 엄마의 얼굴은 떠오르지 않았다. 엄마의 목소리도 기억나며, 엄마가 부르던 노래도 떠올랐다. 그런데 엄마의 얼굴은 떠오르지 않아 셔본은 안타까웠다. 아빠에게 엄마 이야기를 꺼내려고 하면 아빠의 얼굴은 근심과 슬픔으로 어두워졌다. 그래서 셔본은 엄마에 대해서는 입을 다물어야 했다.

어느 날 셔본은 집에서 아주 가까운 세인트 앤 공원에 앉아 있었다. 커다란 마로니에 나무 밑에 자리를 잡았다. 셔본이 엄마의 기억과 씨름하고 있을 때, 누군가 말을 걸었다. "안녕" 하며 아름다운 아주머니 한 분이 셔본 옆으로 오더니 "너, 슬프구나. 그렇지?" 하고 물었다.

"네, 조금 슬퍼요."

"왜?"

셔본은 모든 것을 말했다. 돌아가신 엄마, 그리고 엄마의 손에 대한 기억, 그려지지 않는 엄마의 얼굴에 대해서. 말하는 사이에 눈물이 마구 쏟아졌지만 상관하지 않았다.

아주머니는 스웨터 소매로 셔본의 눈물을 닦아주고는 미소를 지으며 말했다.

"거울을 들여다보렴."

"왜요?"

"네 엄마의 모습이 보일 테니까. 엄마가 너만 했을 때 어떻게 생겼었는지 알게 될 거야. 또 네가 더 큰 어른이 되면, 나이를 먹은 엄마의 얼굴이 어떻게 바뀌었는지도 알게 될 거고."

집으로 돌아온 셔본은 욕실로 들어가서 거울을 들여다보았다. 처음에는 자기 얼굴밖에 보이지 않았다. 몇 분 동안 거울을 들여다보던 셔본은 다른 소녀를 그려보기로 했다. 자기랑 닮았지만 아주 똑같지 않은 소녀를. 셔본은 소녀의 얼굴을 조금씩 더 어른스럽게 그려보았다. 그제야 셔본은 아주머니의 말을 알아들었다. 거울 속으로 엄마 얼굴을 그릴 수 있게 된 것이다.

드디어 셔본은 눈을 감고 엄마의 얼굴을 그려냈다. 엄마의 얼굴은 이제 셔본의 머릿속에 있었다. 셔본은 점점 자라서 열네 살이 되고, 열다섯 살이 되었다. 사람들은 셔본이 아침저녁으로 거울을 들여다보는 걸 눈치채고, 자기의 예쁜 얼굴에 홀려 있다고 생각했다. 하지만 아무도 뭐라 하지 않았다. 셔본이 예쁜 건 사실이었으니까. 셔본이 스무 살이 되고, 더 많은 세월이 흘러 결혼하여 딸을 낳았다. 이름을 '엘런'이라고 지었다. 그것은 셔본의 엄마 이름이었다.

서른 살 생일 아침에, 셔본은 엄마의 초록색 구두를 꺼내 신었다. 그날은 엘런을 데리고 커다란 집에 사는 아버지를 만나러 가는 날이었다. 아버지의 집 2층 욕실로 올라간 셔본은 거울을 들여다보고는 깜짝 놀랐다. 옛날에 공원에서 만났던 그 아름다운 아주머니가 그 거울 속에 있었다. 그녀가 바로 셔본의 엄마였다. 서른 살 생일이 되자 셔본의 얼굴이 엄마의 얼굴과 똑같아진 것이었다. 셔본은 울음을 터뜨리고 말았다.

아기는 엄마의 얼굴에서
자기 얼굴을 본다

아빠, 동화 『백설 공주』에서 계모 왕비가 가지고 있는 거울은
최초의 인공지능인 것 같아. 그런데 엄마와 자녀 사이에서
그 거울이 의미하는 건 뭘까?

엄마 입장에서 보면, 거울의 배반이지. 그건 깨진 거울이거든.
그러나 아기로서는 아기가 엄마를 볼 때 엄마의 얼굴을
본다고 생각하는 것이 아니라, 자기 얼굴을 본다고 생각하거든.
그런데 아기가 볼 때 엄마의 얼굴이 엄마로 보이는 순간,
그 거울은 깨진 거울이야.

부분 대상 관계 vs 전체 대상 관계

아기는 처음부터 엄마의 얼굴을 볼 수 있는 것이 아니다. 가장 먼저 보는 것은 엄마의 젖가슴이다. 메리 에이어스(Mary Ayers)는 『수치 어린 눈』에서 엄마의 젖가슴은 엄마의 얼굴과도 같고, 젖꼭지는 엄마의 눈과도 같다고 한다. 아기로서는 자신의 생존이 달린 문제이기 때문에 엄마의 젖가슴과 젖꼭지는 엄마의 얼굴과 눈보다 우선한다. 이렇게 볼 때 아기는 엄마의 한 부분을 보게 되는 것이다. 위니캇은 이것을 아기의 엄마에 대한 '부분 대상 관계'라고 부른다. 엄마를 전체로 만나지 못하고 한 부분을 보면서 엄마의 존재를 인식한다.

첫 6개월 동안 아기는 엄마의 얼굴을 희미하게 보다가 6개월이 지나면서 얼굴 전체를 보게 된다. 그것은 아기의 시각이 엄마의 눈에 정확하게 초점을 맞출 수 있게 되면서부터이다. 아기가 엄마의 눈을 정확하게 초점을 맞춰서 볼 수 있다는 것은 엄마의 얼굴을 보는 것이며, 또한 엄마의 존재 전체를 만나는 것이다. 그것은 사람이 처음 인사를 나눌 때 그 사람의 전체 모습을 보기 위해 머리끝부터 발끝까지 볼 필요 없이 눈만 마주치면 되는 이치와도 같다. 아기도 엄마와 눈을 맞추면서 엄마를 '전체 대상 관계'로 만나게 된다. 이때부터 아기는 엄마의 얼굴을 통한 '딥-러닝'의 강도를 높여간다.

엄마의 눈은 아기의 정서적 허기짐을 채워준다

엄마의 젖가슴과 아기의 입의 만남이 아기의 생물학적 허기짐을 해결해 주는 것이라면, 엄마의 눈과 아기의 눈의 공감적 만남은 정서적 허기짐을 해소해 준다. 먼저 충분한 양의 젖, 아기가 먹고자 하는 양만큼의 젖이 언제나 제공되어야 하는 것은 물론이다. 그다음에는 정서적인 교감의 상호작용을 위해 공감적인 눈 맞춤이 필요하다. 이 두 가지는 아기의 정서적 수유를 위한 필요충분조건이다. 만일 젖은 충분히 제공되었으나 공감적 눈 맞춤이 없다면(물론 정서적 수유에는 공감적 눈 맞춤만 있는 것은 아니다. 기본적으로 따뜻한 품을 제공하는 것이 정서적 수유의 기본이다), 아기는 정서적 허기짐 상태에 빠지게 된다.

만일 정서적 허기짐이 해소되지 못하면, 유아에게 무슨 일이 발생하는가? 그에 따른 증상은 일차적으로 입으로 나타난다. 청소년 또는 성인이 되어 과식, 폭식을 하는 것이 바로 그 증상이다. 엄마가 자주 사라져서 아기에게 젖을 주지 못하는 상황이 발생한다거나 젖을 먹이면서 공감적인 마음(시선) 없이 딴생각을 한다거나 누군가에 화가 나 있는 상태에서 젖을 먹이고 있었다면 아기는 정서적 허기짐을 면할 수가 없다. 왜냐하면 먹는 것과 정서는 서로 연결되어 있기 때문이다. 평소 자신의 정서를 잘 조절하며 살아가는 사람은 진수성찬 앞에서도 자기가 먹을 만큼만 먹고 수저를 놓는다.

비만과 분노 사이에는 정서적 인과관계가 있다. 평소 감정 표현을 제대로 못 하는 사람일수록 무의식 안에 분노가 많이 쌓이게 된다. 분노 조절을 못 하는 사람은 적절하게 먹는 양을 조절하는 데에 늘 실패하기 마련이기에 비만이 되기 십상이다. 성장하는 자녀가 먹는 것을 조절하지 못해 비만 체질이 되는 것은 분노를 표현하지 못한 결과라 할 수 있다. 성인들은 분노를 그때그때 해소하지 못한 채 스트레스가 쌓이면 복부를 중심으로 지방이 쌓인다. 그리하여 성인의 복부 비만의 두께는 곧 그 사람의 누적된 분노를 수치화한 것이다.

정서적 허기짐에 관한 구체적인 사례를 들어보자. 수능을 치는 날, 아들은 아침밥을 넉넉히 먹고 수험 장소로 나섰다. 아버지가 운전하는 차를 타고 가는 중 30분도 안 되어 아들이 갑자기 배가 고프다고 하소연한다. 왜 이런 일이 발생하는가? 아침밥을 넉넉히 먹고 나왔기 때문에 물리적으로는 분명히 배가 여전히 부르다. 그럼에도 불구하고 배고픔을 호소한다면 그것은 바로 정서적 허기짐 때문이다. 정서적 허기짐이 발생하는 과정은 이렇다. 오랫동안 준비해 온 실력을 단 하루 만에 쏟아부어야 한다고 생각하니 갑자기 스트레스가 발생한다. 스트레스가 발생하는 순간 뇌에서는 에너지가 급속하게 소진되고, 그것은 배고프다고 호소하는 것으로 나타난 것이다.

엄마 얼굴은 아기의 얼굴을 비춰주는 거울이다

"사람의 뇌에는 다른 사람의 몸짓을 보거나 말을 들으면 그 사람과 같은 느낌을 받게 하는 신경 세포가 있다. 바로 '거울 뉴런(mirror neuron)'이다. 1990년대 이탈리아 과학자들이 원숭이에게서 처음 발견한 현상으로, 상대가 공을 쥐는 모습을 바라보면 내 뇌에서도 공을 쥐는 것과 관련된 신경이 작동하는 식이다. 인간을 비롯한 영장류 모두가 거울 뉴런을 갖고 있어 동료의 고통을 제 것인 양 느낄 수 있다."

이영완, 조선일보, 2014.12.22.

위니캇은 아기에게 있어 엄마의 얼굴은 아기의 얼굴을 비춰주는 거울과도 같다고 강조한다. 아기가 엄마의 품에서 가장 편안한 상태에 있다는 것은 아기는 사고(thinking)를 할 필요가 없는 상태에 있다는 뜻이다. 그래서 아기는 엄마의 얼굴을 보면서 엄마의 얼굴을 본다고 생각하는 것이 아니라, 자신의 얼굴을 본다고 생각한다.

이것(엄마의 얼굴 = 나의 얼굴)은 아기가 최초로 경험하는 은유이다. 아기가 이 은유를 계속 유지할 수 있으려면 밖에서 무슨 일이 일어나든 아기는 엄마의 품 안에서 이 상태를 마음껏 누릴 수 있어야 한다. 엄마의 따뜻한 품 안에서 아무런 사고를 할 필요가 없는 상태에 충분히 머물기가 아이의 은유를 보존한다. 이 은유가 유지되는 한, 엄마 얼굴은 아기에게 잘 반영해 주는 거울로서 보존된다.

엄마의 얼굴이 아기의 거울로서의 은유로 보존되기 위해서는 엄마의 품 밖에 있는 외부의 현실이 들어와서는 안 된다. 생후 1년이 되기까지 엄마의 중요한 역할은 아기를 현실로부터 보호하는 것이다. 이 기간에 아기는 엄마의 품 안에서 아무 생각 하지 않고도 지낼 수 있어야 한다. 아기에게 현실이 침투해 들어가지 못하도록 제공되는 엄마의 품은 아기에게 가장 안전한 공간이어야 한다. 그 안전성을 보장해 주는 최후의 보루가 바로 엄마의 눈이고, 엄마의 얼굴이다.

지금 아기는 엄마의 품 안에서 자신만의 환상 세계에 깊이 머물러 있어야 한다. 아기가 환상 세계에 깊이 머물기 위해서는 엄마의 얼굴을 자신의 얼굴이라 여기는 착각의 상태에 충분히 머물러야 한다. 그렇게 되려면 아기와 엄마 사이에 오가는 몸짓의 교류가 수반되어야 한다. 그중에서도 특히 엄마 얼굴의 반응이 중요하다. 아기가 웃으면 함께 웃어주고, 아기가 몸짓을 하면 엄마도 아기의 몸짓과 유사한 모양으로 함께 몸을 움직여줘야 한다. 그런 상태가 유지되면, 아기는 엄마를 자기 자신으로 알거나 자신의 연장된 존재로 사용할 줄 안다.

아기의 정서는 엄마라는 거울을 통해 반영될 때 자신의 것으로 경험된다. 즉 아기가 웃을 때 엄마도 함께 웃어주면 엄마의 얼굴에서 발견되는 웃음을 자신의 웃음으로 경험하게 된다는 말이다. 아기가 웃어도 엄마의 얼굴이 시무룩해 있으면 아기가 웃음을 반영받지 못해 자신의 것으로 경험되지 못한 채 그냥 흘러가 버리는 동작에 불과하게 된다. 그렇게 되면 그 웃음은 아기 자신의 것이 되지 못한다. 아기의 웃음뿐 아니라 각종 표정, 몸의 움직임 등이 엄마의 거울 역할을 통해 경험됨으로써 감정이 담긴 그 모든 동작은 '창의성'으로 아기 몸에 배어들게 된다. 아기의 몸에서 나오는 것은 엄마의 반영과 확인으로 되돌려 받게 되면서 진정한 자신의 것이 되는 것이다.

아기는 어른보다 지혜롭다

아기는 모든 것을 알고 있다. 아기가 엄마로부터 충분한 사랑을 받지 못했다면, 아기는 받은 만큼의 사랑만 가지고 살아갈 수 없다. 그러나 아기는 그렇지 않다. 아기는 자기가 마땅히 받아야 할 사랑 중에 무엇을 못 받았는지 얼마만큼 못 받았는지를 다 알고 있다. 그래서 엄마로부터 받지 못한 것을 '결핍'으로, 빼앗긴 것을 '상처'로, 거절당한 것을 '외상(trauma)'으로 몸에 기록해 놓는다. 아기는 결핍, 상처, 외상 등을 평생 짊어지고 다니면서 누군가가 자신의 문제를 해결해 줄 것이라는 소망을 품고 살아간다.

엄마 아빠로부터 사랑을 많이 받은 아이는 그 사랑의 힘으로 좋은 친구들을 만나고 훌륭한 선생님, 좋은 배우자를 만날 수 있을 것이다. 그러나 상처나 결핍, 큰 외상을 지닌 아이는 그런 자신의 문제들을 외부 사람들에게 투사하면서 문제를 일으키곤 한다. 심지어는 이성을 만나는 경우, 자신의 상처와 결핍 및 외상의 문제와 맞물려 무의식적인 소망을 불러일으키는 대상을 만날 때 구원자 환상을 투사하여 그 사람에게서 최상의 매력을 느낄 수 있다.

아기가 엄마의 얼굴을 보면서 자기 자신의 얼굴이라고 본다고 여기는 것을 단순히 유아적인 착각이라고만 볼 수는 없다. 카를 융의 분석심리학은 그것을 '그림자' 개념으로 설명한다. 누구도 자신의 무의식을 직접 볼 수는 없다. 왜냐하면 그것은 마치 내 뒷머리를 보는 것과도 같기 때문이다. 내 것이지만 내가 스스로 알 수 없는 나의 이면을 나 스스로 알아챌 수는 없다. 그래서 내가 알 수 없는 나의 이면을 누군가가 내 눈앞에서 행하고 있다면 나는 그것을 그 사람의 잘못으로 비난하게 된다. 내가 비난받아야 할 모습인데, 그것을 타인이 행할 때 그를 비난함으로써 나는 그 비난에서 비껴가는 것이다. 그런데 만일 이 사람이 그것이 바로 자신의 모습이라는 사실을 알게 되면 그만큼 그 사람의 인격의 그릇은 커지는 것이다.

만일 다른 사람 안에 있는 나의 모습을 볼 수 있고, 내 안에 있는 다른 사람의 모습을 볼 수 있다면 그 사람은 지혜자가 되어가는 것이다. 그런 면에서 내 주변의 모든 사람은 모두 나의 거울인 셈이다. 사람이 이것을 깨닫게 되면 그는 그야말로 '원수를 사랑'할 수 있는 경지까지 이르게 된다. 그렇게 밉던 원수가 바로 나의 이면의 모습이라는 것을 알 때야 비로소 '원수를 사랑하는 것은 곧 나를 사랑하는 것이로구나' 하는 것을 알게 된다. 이런 깨달음도 누구나 얻는 것이 아니다. 그런데 아기는 유아기 때부터 엄마의 얼굴에서 자신의 얼굴을 발견한다. 그러니 아기가 어른보다 지혜롭다고 말할 수 있지 않겠는가?

엄마가 아기를 보는 시선
: look into vs look at

그렇다면 엄마는 아기를 어떻게 바라봐야 하는가? 위니캇은 엄마가 아기를 바라보는 두 가지 시선에 대해 언급한다.

첫째, 엄마가 아기를 '온전한 인간'으로 생각하는 방식이다. 위니캇은 이 용례에 해당하는 영어 look into라는 전치사구를 제시한다.

영어로 look은 '보다'이다. 엄마가 아기를 볼(look) 때 좀 더 온전한 인간'으로 보기 위해서는 전치사 into를 동원하여 본다. into는 '꿰뚫고 들어가는'이라는 의미를 가진 전치사이다. 건강한 엄마는 아기 존재의 깊은 곳(공간)과 동시에 아기의 미래(시간)까지 꿰뚫어 본다.

엄마는 아기의 현실적인 '미성숙함', 본능을 알아가며 자신의 한계를 동물적 본성으로 제한하여 살아갈 수 있는 '세속성', 자신의 존재 깊은 곳에 묻혀 있는 '잠재력', 앞으로 수많은 사람과 어울릴 수 있는 '관계성', 그 관계성을 기반으로 세상 속에서 여러 가지 능력들을 계발하며 사람들과 연합하여 공동체의 일원이 될 수 있는 '사회성', 이미 촘촘하게 짜인 세계의 연결망을 비집고 들어가 창조적으로 자신의 영역을 만들어갈 수 있는 '재능과 기술', 의미 있는 사람들을 만나 삶의 성숙을 도모할 수 있고 위기 상황에서는 국면 전환을 감행하여 존재 차원을 변환할 수 있는 여러 가지의 '존재 가능성', 그리고 아기의 '영혼 깊은 심연'까지 꿰뚫어 본다. 이런 시선으로 자신의 존재를 꿰뚫어 보는 엄마를 경험한 아기는 엄마 존재의 깊이를 가지고 자기 삶의 깊이뿐만 아니라 높이와 넓이와 크기와 길이를 만들어가면서 '나만의 고유한 삶'을 만들어간다.

둘째, 엄마가 아기를 지금 크기의 존재, 눈에 보이는 만큼의 존재로 보는 방식이다.

이 용례에 해당하는 영어는 look at이라는 전치사구이다. 엄마가 look at으로 아기를 본다는 것은 아기의 존재 자체를 보는 것이 아니라, 엄마가 별생각 없이 '그냥' 아기를 보는 것이다. 그때 아기는 엄마로부터 영혼 없는 '텅 빈 시선'을 받는 것이다. 아기는 그런 시선을 보내는 엄마 앞에서 '사물화'되는 느낌을 받는다. 그리하여 아기는 '세상을 보는 나'가 되지 못하고 '보이는 나'로 살게 된다. '보임'은 '수치심'이라는 정서의 시작이다. 그리하여 아기는 존재 연속성을 놓치게 된다. 이런 사람은 자기 존재로 현재와 미래를 열어가지 못하고, 타인의 시선이 머무는 곳에서만 존재한다.

이때 엄마는 아기의 표면적인 면만 보기 때문에 존재 가능성과 잠재력, 존재 고유성 등을 보지 못한다. 그런 엄마에게 아기는 '보잘것없는' 존재, 심한 경우에는 '당장 사라져 버려도 아무렇지 않을' 존재일 수 있다. 어떤 경우 엄마가 자신이 아기의 미래를 만들어줘야 하고 엄마 자신의 것으로 보태줘야 한다고 생각할 수도 있다. 이런 엄마가 아기의 존재 심연을 보지 못하는 이유는 엄마 자신이 너무 외양적인 삶을 살아왔기 때문이다.

엄마는 자기 내면을 보는 깊이만큼 아기의 존재 깊이를 본다. 엄마가 아기를 look at으로 보는 이유는 엄마의 자기 결핍이나 마음의 상처 때문이다. 마음의 상처 때문에 아기를 방치할 수도 있지만 자기 결핍이 지닌 공허함을 가지고 있는 엄마는 아기를 엄마의 자아 욕망을 실현해 줄 존재로 보게 된다. 이런 엄마는 아기를 보면서 이런 생각을 한다. '혹시 이 아이가 천재가 아닐까?' '나는 이 아이가 판사나 검사가 되었으면 좋겠어.' '대학은 ○○○ 정도는 나와야 하겠지?'라는 생각.

부끄러움과 수치심은 다르다

사람은 누구나 어느 정도의 존재론적인 부끄러움을 가지고 있다. 부끄러움은 남자와 여자 간에 엄연히 차이가 있다. 과거에는 돌 사진을 찍을 때 아들이면 아랫도리를 벗기고 찍는 문화적 경향성이 있었다. 그 당시에도 딸의 돌 사진을 그렇게 찍는 부모는 아무도 없었다. 여성들이 가지고 있는 존재론적 부끄러움 때문이다.

사람이 스스로 부끄러움을 인식하는 것은 만 1세 정도에 시작된다. 생후 18개월이 되면 아기는 배변 훈련을 받으면서 청결함과 더러움을 몸으로 배운다. 청결과 더러움에 대한 몸의 인식을 통해 아기는 자신만의 고유한 정서를 만들어가게 하고 그러한 정서와 그 정서를 타인에게 확장하면서 도덕성을 발현한다. 대소변을 가리는 기간에 엄마는 아기의 정서적 차원을 의식함과 동시에 아기가 순간순간 어떤 감정을 느낄까를 짐작하면서 아기가 자율성을 발휘하도록 배려해야 한다.

일반적으로 사람들은 부끄러움과 수치심을 별로 구별하지 않고 사용하지만, 이 둘은 엄연히 다르다. 부끄러움은 자신의 신체나 정서를 침범당할 때 자신의 인격을 지키려는, 매우 자연스러운 방어적 감정이다. 그러나 수치심은 일단 자연스러운 것이 아니다. 엄마의 시선과 연결되어 있는 수치심은 감정이라기보다는 일종의 증상이다. 수치심은 자신의 존재가 엄마로부터 제대로 존중받지 못함에서 오는 상처의 결과이다. 영어로 부끄러움은 shyness, 수치심은 shame이다.

부끄러움은 아기가 발달해 가는 과정에서 생겨나는 자연 발생적인 감정이다. 그러나 수치심은 감정이 아니라, 타자의 응시하는 시선과 관련된 일종의 증상이다. 그래서 수치심은 부끄러움과는 달리 유아기 초기에도 생길 수 있다. 어느 아들을 기다리는 딸 부잣집에서 여섯 번째 딸을 낳은 죄로 엄마는 첫 사흘 동안 젖도 안 먹이고 머리맡에 어린 딸을 던져두었다. 울든 말든, 살든 죽든, 아기 생명은 자신의 운명에 맡겨졌다. 3일째 되는 날 할머니가 나타나 아이를 거두어 키우게 되었다.

그녀는 엄마와 관련된 최초의 기억을 이렇게 말한다.

내가 다섯 살쯤에 동네 아이들과 실컷 놀고 집으로 돌아왔을 때, 마루 끝에 서 있던 엄마가 나를 한참 동안 노려보았다. 그때의 엄마 눈빛을 지금도 잊을 수가 없다. 당시 나는 엄마로부터 마치 '총알이나 화살을 맞은 듯한' 눈초리를 경험했다.

그녀는 그 이후 중년이 된 지금까지도 누군가가 자신을 바라보면 '수치스럽다'라는 느낌을 지울 수가 없다고 했다. 그래서 '어디를 가나 자신의 존재를 드러낼 수가 없었다'라고 한다. 수치심이란 엄마가 아기에게 거울 역할을 해주지 않은 것과 관련이 있다.

네 개뿐인 손가락, '두 송이 튤립이 피어난 것 같아'

지금은 어엿한 청년이 되었을, 장애인 피아니스트 희아를 아는가? 한번은 방송국에서 그 청년에 대한 특집 방송을 내보낸 적이 있다. 결혼하고도 10년이 넘도록 아이를 갖지 못하던 부부가 기적같이 임신이 되어 낳은 아이가 희아였다. 희아는 한 손에 두 개의 손가락을 가지고 있어 두 손 합쳐서 네 개의 손가락을 가지고 태어났다. 그 아이를 처음 대면한 엄마의 말은 감동적이었다. 자신의 아기 손에 달린 각각 두 개의 손가락을 보는 순간, 엄마는 이렇게 말한다.

"마치 두 송이의 튤립이 피어난 것같이 아름다웠어요."

이런 표현은 그 엄마가 딸의 장애를 보고도 그것을 수치로 여긴 적이 없는, 순수한 마음에서나 나올 수 있는 말이다. 그래서 그 아이도 자신의 신체적 결핍에 대해 수치스럽게 생각해 본 적이 없다고 말한다. 희아가 유치원에 다닐 나이에 동네 아이들과 함께 놀고 싶어서 아이들 가까이 가보았다. 아이들은 희아의 두 손을 보면서 "와! 괴물 나타났다. 도망가자!"라며, 순식간에 뿔뿔이 흩어졌다. 한번은 희아가 동네 아이들 놀이에 슬그머니 끼어들어서 "우리 괴물 놀이 하자. 내가 괴물 할게" 하여 그 이후 친구가 되어 함께 놀 수 있었다고 한다.

희아는 신체적 결핍이 약간 있었지만, 자존감은 높았다. 그 높은 자존감이 어디서 왔겠는가? 엄마가 희아를 처음 본 순간 했던 말을 음미해 보면, 먼저 엄마 자체가 그런 아이를 낳았다는 것에 대해 스스로 수치스럽게 여긴 적이 없었을 뿐 아니라, 엄마가 장애를 가지고 태어난 딸을 기쁨으로 맞이했기 때문에 딸이 가질 수 있는 자존감이다. 그렇기 때문에 딸도 자신의 장애에 대해 수치심을 가질 필요가 없었다. 희아 엄마는 희아의 신체적 조건을 본 것이 아니라, 희아를 존재로 보았던 것이고, '내 딸로 태어나 준 것'만으로 환영받을 만하며 딸의 장애조차도 엄마에게는 피어나는 생명의 아름다움으로 보였다.

희아가 가지고 있는 결핍은 신체적인 것만은 아니었다. 학업에도 많은 어려움이 있었다. 보통 사람들은 손가락이 열 개이기 때문에 자연스럽게 십진법이 가능하다. 그런데 희아는 손가락이 네 개뿐이어서 4를 넘어가는 숫자를 세기가 힘들었다. 1 + 2 = 3, 2 + 2 = 4까지는 계산이 되지만, 2 + 3, 3 + 3을 제시하면 희아는 답을 못 한다. 그런데 희아가 피아노를 어떻게 그렇게 잘 칠 수 있을까? 엄마는 희아가 피아노곡을 완벽하게 소화해 낼 때까지 옆에 딱 붙어서 반복적으로 연습을 시킨다고 한다.

누가 보면 과잉 교육이라고 할지 모르겠지만, 엄마로서는 나중에 자신이 세상을 떠나고 희아만 남게 되었을 때 자립할 수 있는 능력을 키워주고자 했던 일종의 고육책인 셈이다. 복합 장애가 있는 희아가 홀로서기를 할 수 있도록 엄마는 처음부터 '거울 반영'을 잘 해준 것이다. 희아 엄마는 딸의 존재를 왜곡하지 않고 존재 자체를 그대로 반영해주었고, 희아는 스스로 존재 의미를 만들어낼 수 있게 된 것 같다.

엄마의 거울 반영을
받지 못한 아이들

아빠, 그렇다면 아기가 엄마 얼굴에서
자기 얼굴을 보지 못하고, 엄마 얼굴을 보게 된다는 것이
현실적으로는 더 잘 맞는 말 같은데…….

현실을 볼 수 있다는 면에서 이치에 맞는 것 같지.
그런데 아기는 아직 현실을 알 필요가 없는 권리가 있거든…….

• • •

생애 첫 1년, 엄마와 아기는 융합 상태

아기는 생후 첫 1년간은 존재론적으로 엄마와 융합된 상태이다. 즉 엄마와 아기는 존재론적으로 서로 구별이 되지 않는다. 두 사람은 정신적으로 신체적으로 서로 연결되어 있기 때문이다. 그래서 두 사람은 한 몸처럼 움직인다. 엄마는 출산 후 몇 개월 동안 일차적 모성 몰두 상태에서 아기와 하나의 연합체로 융합되어 있었다. 엄마는 3~4개월의 일차적 모성 몰두 상태를 지낸 후에는 현실로 돌아오지만, 아기는 여전히 엄마와 융합 상태를 어느 정도 유지한다. 이제 엄마는 현실을 살아가면서 동시에 아기가 엄마 자신과 융합 상태를 깨뜨리지 않도록 아기에게 집중해야 한다. 그리하여 아기가 환상의 영역에 계속 머물 수 있도록 공감적 반영을 잘 해줘야 한다.

엄마가 아기보다 현실로 빨리 돌아와야 하는 이유가 있다. 엄마는 아기를 양육하는 엄마이자 남편의 아내라는 이중적인 위치에 있기 때문이다. 그뿐만 아니라 엄마는 이중의 임무 말고도 전업주부로서 가정 내에서 감당해야 할 일이 많다. 전업주부가 아니라 직장에 바로 복귀해야 하는 전문직 여성도 있다. 그러므로 출산 후 3~4개월이 지난 시점에서 엄마는 현실 감각을 찾는 것이 마땅하다. 그래야 엄마가 아기를 더 잘 돌볼 수 있다.

그러나 아기의 상태는 다르다. 아기는 아직 자아가 형성되지 않은 시기이기 때문에 존재론적으로 모호한 상태에 충분히 머물러 있어야 한다. 아기는 생후 1년이 지나도 굳이 현실이라는 시간 아래에 통합될 필요가 없다. 그러므로 아기는 아직 외부 현실을 가져올 필요가 없다.

지금 아기는 환상의 영역에 머물러 있어야 마땅하다. 그러므로 위에서 언급했듯이, 엄마의 얼굴을 보면서 그것이 엄마의 얼굴이라는 생각을 하지 못하고 아기 자신의 얼굴을 보고 있다고 생각하는 것이다. 이것이 생후 1년을 전후하여 아기가 경험하는 엄마의 '거울 반영'이다.

사랑과 공격성

유아기에 좋은 양육을 받은 경험이 있는 엄마가 아기에게 거울 반영을 해주는 일은 그렇게 어려운 일이 아니다. 건강한 엄마는 아기가 웃으면 함께 웃어주고, 아기가 이런저런 동작으로 신호를 보내면 엄마는 그 신호를 잘 알아들어서 그 동작에 상응하는 몸의 움직임으로 잘 반영해 줘야 한다. 엄마의 거울 반영은 얼굴로만 이루어지는 것이 아니라 엄마의 몸의 움직임과 동작으로도 확장되어야 한다.

철학자 사르트르(Jean-Paul Sartre)는 『존재와 무』에서, 어떤 사람이 열쇠 구멍으로 남의 방을 엿보고 있는데, 그것을 지켜보는 누군가가 있어 몰래 보는 것을 들키게 되는 장면을 기술했다. 남의 방을 엿보는 것이 떳떳하지 못한 일이라는 것을 자신도 잘 알고 있지만, 그것으로 마음에 걸리는 것은 아무것도 없다. 그러나 떳떳하지 못한 모습을 누군가에게 들켰을 때 그는 수치심이라는 감정을 느끼게 된다. 그처럼 수치심은 다른 사람의 눈을 의식할 때 느껴지는 정서이다.

부모 슬하에 있는 자녀가 누릴 수 있는 가장 큰 특권은 미성숙함의 상태에 당당하게 머무를 수 있다는 점이다. 그 특권은 유아기, 아동기,

청소년기를 거쳐 청년이 되는 시점까지 허용된다. 성숙한 성인이 되기 위해서는 좋은 부모의 좋은 양육이 필수적이다. 이때 좋은 양육의 의미는 먹여주고 재워주는 물리적인 차원에 머무르지 않는다. 부모의 역할은 자녀가 자라는 동안 좋은 대상이 되어주는 것이다. 자녀가 사회에 나가서 만나는 사람들은 모두 부모와의 관계 반복의 차원에서 만나는 사람들이기 때문에 부모의 좋은 대상으로서의 역할은 자녀가 사회성을 발현하는 데 있어 매우 중요하다.

부모가 대상의 역할을 해준다는 것은 무슨 말인가? 아기는 절대로 혼자 자라는 것이 아니다. 엄마라는 대상, 아빠라는 대상을 경험하면서 두 가지, 즉 사랑과 공격성을 발달시킨다. 유아기의 아기는 사랑의 능력보다는 공격성이 더 크게 발휘된다. 그래서 아기는 태어나자마자 마구 울어댄다. 아기가 울음을 통해 공격성을 발휘할 때 엄마는 젖을 물려서 사랑을 준다. 정상적인 경우라면, 아기가 공격성을 발휘할 때마다 엄마로부터 사랑을 받는 일이 반복되면서 거친 공격성은 줄어들거나 순화된다.

부모의 역할은 자녀가 공격성의 문제를 해결할 수 있도록 그 대상이 되어주는 것이다. 성인이 될 때까지 부모가 자녀에게 맞서주는 형태로 자녀의 공격성을 감당해 내면 부모는 나중에 자녀로부터 큰 선물을 받게 된다. 부모가 자녀의 공격성에 맞서주면서 다 받아내는 가운데 자녀가 성인이 되면 그때부터 자녀로부터 진정한 '공경'을 받게 된다. 부모가 자녀의 공격성을 감당해 낸 결과 자녀의 거친 공격성은 궁극적으로 사랑할 수 있는 능력으로 변형된다.

만일 자녀가 부모가 무서워서 공격해 본 적이 없거나, 부모가 자녀의 공격성에 맞서주지 못하고 함께 싸워내지 못하면 어떻게 될까? 자녀는 어릴 때부터 부모에 대한 순종 일변도로 자라 부모 앞에서 자기 주장을 하기보다 부모를 만족하게 하는 일을 우선시하게 되면서 자신의 공격성을 억압하게 된다. 이런 자녀는 세상에 나가도 권위자를 넘어서기가 어렵다. 그러다가 남보다 조금이라도 높은 자리에 앉게 될 때, 또는 결혼하여 배우자보다 힘 있는 위치에 서게 될 때 억압된 공격성을 거칠게 발휘할 것이다. 내가 약자로 있을 때 당했던 억울함을 내가 강자가 될 때 약자에게 여과 없이 발휘하게 되는 것이다. 나를 억울하게 만든 부모에 대한 보복을 엉뚱한 사람에게 갑질하는 형태로 갚고야 말 것이다. 소위 '종로에서 뺨 맞고 을지로에서 남의 뺨을 때리는' 일이 발생한다는 말이다.

엄마 얼굴 거울이 깨지는 순간
아기는 '현실 모독'을 당한다

아기는 태어나자마자 엄청난 공격성을 발휘하면서 엄마를 휘두른다. 만일 엄마가 잠시 화장실에 있는 동안 아기가 마구 울어대면 엄마 외의 온 가족이 달려와서 아기가 뭘 요구하는지를 살핀다. 아기가 태어난 집에서는 이것이 가장 정상적인 상황이다. 아기는 그저 작은 존재에 불과한 것이 아니라 '나는 이 집안의 주인공이다'라고 주장하는 것이다. 이처럼 유아기는 아기가 '나밖에 모르는' 자기애적인 상태의 극치를 보여주는 시기이며, 모든 가족은 아기의 '나밖에 모르는' 자기애에 휘둘려 주는 것이다. 아기가 필요한 것을 요구하는 힘은 바로 공격성에서 나온다. 일평생 살면서 세상 안에 들어가 자신의 고유한 존재를 드러내고 자신만의 의견을 주장하는 힘이 바로 여기서 나온다.

물론 아기는 자기 편의대로 생각하는 경향이 있다. 앞에서 언급하였듯이 아기가 엄마의 젖을 먹는 일이 많아지면서 어느 순간 '내가 젖가슴을 창조했다'고 생각하는 유아적 착각 같은 것 말이다. 엄마가 아기를 위해 '일차적 모성 몰두'에 빠져들 수 있는 것도 아기가 공격적으로 엄마의 존재를 흡수하기 때문이다. 엄마는 아기의 자기애적 요구에 자발적으로 응할 수밖에 없는 형국이 되는 것이다. 그만큼 아기의 공격성은 강력하다. 아기의 공격성이 거칠고 세련되지 못한 상태이어서 힘들기는 하지만, 엄마나 가족들은 아기의 이런 공격성에 휘둘려 주는 것이 마땅하다. 유아적 착각은 아직 현실이 아기 안에 들어오지 않았고, 아기가 환상의 영역에 안전하게 머물고 있음으로써 여전히 가능한 것이다. 아기는 누구의 눈치를 보는 일 없이 이러한 상태에 충분히 머물 수 있는 특권을 가지고 있다.

아기가 엄마의 얼굴을 보면서 엄마의 얼굴이 아니라 아기 자신의 얼굴을 본다고 생각하는 것도 공격성이 발휘됨으로써 가능한 일이다. 그러다가 엄마가 여러 가지 이유로 아기의 존재에 집중하지 못하게 되는 일이 잦아질 때, 엄마 얼굴에서 자기 얼굴을 보는 거울이 깨져버리는 순간이 찾아온다. 지금까지 내 얼굴이라 여겨왔던 그 얼굴이 더는 내 얼굴이 아니라 바로 엄마의 얼굴이라는 사실을 깨닫는 순간, 엄마 얼굴 거울은 쨍그랑! 하고 깨져버린다. 그 순간 아기에게 현실이 훅! 하고 들어온다. 위니캇은 이때 아기는 '현실로부터 모독을 당하는 것'이라고 말한다. 그 순간 아기의 공격성도 타격을 입게 된다.

현실 모독! 현실이 아기에게 들어오면 이제까지 아기가 자신이 원하는 모양으로 엄마를 바라보던 시각이 역전되면서 현실에 압도되어 버린다. 그 순간 아기가 지금까지 발휘해 오던 공격성이 위축된다. 그동안 아기는 환상의 영역에서 엄마를 공격적으로 바라봤지만, 이제 갑자기 현실이 들어오면서 공격성은 다시는 발휘되기가 힘들어졌다. 왜냐하면 이제부터 아기는 엄마의 얼굴에서 기후를 살펴야 하기 때문이다. 지금까지 현실을 알지 못하는 동안 아기는 엄마를 마음껏 휘둘렀지만, 현실이 아기 안에 들어온 이상 더는 그럴 수가 없게 되었다. 이제부터 아기는 엄마의 얼굴에 햇볕이 들었는지, 천둥 번개가 치는지, 구름이 끼어 있는지 살핀 후에야 비로소 최소한의 어떤 요구를 할 수 있게 된 셈이다. 그동안 마음껏 발휘하던 공격성은 꺾이면서 억압된다.

거울이 깨진 사람들, 공격성이 꺾인다

어떤 사람은 성인이 되어도 거울을 보지 못한다. 그는 자기 전에 욕실에 들어가서 세면대에서 손과 발을 씻는 일과 양치질까지 다 하지만 바로 앞에 있는 거울을 보지 못한다. 어떤 여자는 길을 걷다가 비둘기 한 마리가 가는 길 한복판에 떡하니 버티고 있으면 그 자리에서 몸이 얼어버린다. 이 두 사람의 경우는 모두 눈과 관련이 있다. 그것은 유아기에 경험한 엄마의 눈에서 비롯된다. 어머니의 시선에서 나오는 화살을 맞은 경험이 있는 사람은 자신을 비춰주는 거울조차 보기가 어렵다.

길에서 모이 찾기에 급급한, 한갓 미물에 불과한 비둘기이지만 그 눈을 보는 순간 그 사람은 어릴 때 어머니의 눈에서 나오는 화살을 맞는 순간으로 순식간에 퇴행해 버리는 것이다. 그 순간 그는 시간 여행자가 되어 유아기로 되돌아간다. 심한 경우 엄마의 눈으로 상징화된 비둘기의 눈을 본다는 것이 마치 메두사의 눈을 보는 것처럼 몸을 얼어버리게 만들 수 있다.

　엄마의 존중을 지속적으로 받으면서 자란 아이는 생기발랄하다. 이런 아기를 보면 우울한 사람도 기분이 좋아진다. 그것은 바로 아기의 몸에서 넘쳐나는 생동감이 아기를 바라보는 사람의 우울감을 덮어버리기 때문이다. 누가 가르쳐주지 않아도 그렇게 자발적인 몸짓으로 움직일 수 있는 것은 그 아이의 리비도(libido, 생명 에너지) 안에 건강한 공격성이 가득 차 있기 때문이다. 그런데 아기가 어머니의 얼굴에서 거울이 깨지는 것을 목격하게 되면, 아이의 공격성이 꺾이면서 그때부터 아이는 순응적인 삶을 살게 된다. 그렇게 되면 아기의 생기발랄함도, 자발적 움직임도 (나중에는 자기 주장성도) 조용히 묻히게 된다.

　그때부터 아기는 엄마의 눈치를 보기 시작한다. 아기의 공격성이 꺾이면 엄마와의 관계도 역전된다. 어릴 때는 엄마가 아기를 염려해야 마땅한데, 도리어 아기가 엄마를 염려하는 경우가 발생한다. 어떤 사람은 한 살 전후의 일을 기억한다. 자신이 엄마의 팔베개를 베고 있을 때, 그것을 당연하거나 자연스러운 것으로 여기지 못하고 '엄마의 팔이 아프지 않을까' 하는 염려를 한 적이 있다고 말한다. 그 사람이 엄마를 염려하던 장면을 그렇게 기억해 내는 것은 그 당시 자신의 공격성이 때 이르게 꺾여야만 했던 것이 너무 억울했기 때문이다.

많은 엄마가 착하고 순응적인 자녀를 원한다. 순응적인 아기는 엄마의 얼굴에서 기후를 살피기 때문에 엄마를 힘들게 할 일이 없어진다. 엄마들은 자기주장이 강하고 고집 세며 자기 색깔이 분명한 아이는 키우기 힘들다는 생각을 먼저 한다. 그러나 일단 아기가 공격성이 꺾이면 자기 주장성도 함께 억압되면서 이후의 삶에서도 주체적인 사고를 하기 힘들게 된다. 그렇게 되면 그 사람은 매사에 엄마나 아빠의 확인, 또는 권위자의 확인을 받아야 한다. 그뿐 아니라 이런 사람은 항상 타인의 시선을 의식하면서 살아갈 수밖에 없게 된다. 이런 사람은 자기주장을 가지고 있다가도 타인이 다른 의견을 내세우면 자기주장을 접고 타인의 의견에 쉽게 따른다. 이런 사람은 타인으로부터 침범당하거나 휘둘리는 삶을 살아갈 가능성이 매우 크다.

현실 모독의 결과, 지능만 발달하다

거울이 깨지면 현실이 환상의 영역을 밀어내고 의식 세계 안으로 성큼 들어오게 된다. 그 아기는 현실을 다른 아이들보다 훨씬 빨리 알게 된 만큼 다른 아이들처럼 환상의 영역에 머물러 넋을 놓고 있을 수만은 없는 노릇이다. 현실이 들어오는 것에 그치지 않고 이제부터 아기는 현실을 적극적으로 인식하게 된다. 그래서 아기는 때 이르게 지능을 발달시키게 된다. 이런 소식을 접한 엄마는 '이 얼마나 바람직한가?' 싶을 것이다. 딱 원하는 바가 그것일 테니까! 위니캇은 이런 현상을 겪는 그 아이는 '현실로부터 모독을 당하는 것'이라고 말한다. 그런데 많은 엄마들이 이런 현실 모독을 모독으로 받아들이지 못하고 기쁘게 받아들인다. 당장 머리가 좋아지는 것으로 느껴지니까.

그러잖아도 '혹시 내 아기가 천재가 아닐까?' 하는 남다른 소망에 기대를 걸고 싶었는데 현실이 들어오는 순간부터 아기가 지능이 발달한다니, 이 얼마나 기쁜 일인가!

그렇다! 이제부터 그 아기는 공격성을 포기한 대신 머리가 좋아지는 형태로 발달해 갈 것이다.

그러나 이런 지능 발달은 어느 순간 안개처럼 사라져 버릴 수 있는 것임을 알아야 한다. 바이올린 천재로 알려진 정경화는 14세에 줄리아드 음악 학교에 입학하여 당대 명조련사로 알려진 이반 갈라미안(Ivan Galamian)에게 사사했다. 1967년 레번트릿 국제 음악 콩쿠르(Leventritt competition)에서 핀커스 주커만(Pinchas Zukerman)과 공동우승을 한 정경화의 나중 소감은 "상을 받는 순간 내 안에서 풍선이 빵! 하고 터지는 느낌이었어요"였다. 그래서 그녀는 그때부터 더 열심히 연습하여 그 상태를 유지하며 발전할 수 있었다고 한다.

진정한 천재와 조숙한 지능 발달은 분명하게 구별되어야 한다. 조숙한 지능 발달은 엄마 거울 반영이 깨짐으로써 지능만 발달할 뿐 다른 영역의 발달, 특히 감정 영역의 발달이 멈춰버린다. 아무런 감정 없이 지능만 발달한 아이를 원하는 부모는 없을 것 같지만, 오히려 감정을 포기하면서까지 머리가 좋아지도록 아이를 몰아붙이는 부모가 많은 것이 오늘날의 현실이다. 공부 잘하는 아이 중에는 '감정 불감증'에 걸려 있는 경우가 많다. 이런 아이들은 공부는 잘할지 몰라도 친구 관계 맺기나 창의적 사고를 하는 데 어려움을 겪는다.

실제로 S군은 만 6세에 초등학교 6학년에 입학하여 1년 만에 졸업, 7세에는 국내 최연소로 대학에 입학한 천재였다. 그는 일찍이 박사 과정에 들어갔지만, 여러 차례에 걸친 논문 표절 문제로 박사 논문이 철회되고 대학원에서 제적까지 당해야 했다. 기억력, 계산력은 탁월하였지만, 내면의 깊은 통찰에서 나오는 창의력이 부족했던 것이다. 창의력 결여로 학문적 능력이 부족한 것으로 드러나자 그가 박사 논문을 통과시키기 위해 취할 수 있는 방법은 표절밖에는 없었을 것이다.

엄마와의 관계에서 거울 반영이 깨어져 조숙한 지능 발달을 이룬 많은 아이의 능력이 초등학교에 다니는 기간까지만 통하든지, 좀 길게 가면 중학교 고등학교 때까지 유지되는 경우도 간혹 있다. 대개 이런 아이들은 지능만 발달하고 감정 영역은 아예 미발달 상태에 있으므로 친구와 어울려 놀지 못하고 사회성이 결핍된 경우가 많다. 우리 사회의 부모들은 나중에 어떻게 될지라도 당장 머리 좋은 자녀를 선호하는 경향이 있다. 이는 과연 누구를 위한 양육인가를 생각해 봐야 할 것이다.

한국 교육을 향한 엘빈 토플러의 경고

"한국에서 가장 이해하기 힘든 것은 교육이 정반대로 가고 있다는 것이다. 한국 학생들은 하루 10시간 이상을 학교와 학원에서 자신들이 살아갈 미래에 필요하지도 않을 지식과 존재하지 않을 직업을 위해 아까운 시간을 허비하고 있다."

이 말은 『제3의 물결』로 유명한 엘빈 토플러가 한국에 초청되었을 때 한국 학생들을 향해 일갈한 말이다. 지금 우리나라의 교육 현장은 이런 패턴을 벗어나기 힘들다.

내가 이런 양육 환경에서 조숙한 지능 발달로 어느 순간 좌절을 겪는 반쪽 수재들에게 한마디 남긴다면 다음과 같은 말을 하고 싶다.

부모의 욕망을 실현해 주는 대리 인생을 살지 말고 가장 '나답게 살기'를 도전하라.

엄마가 원하는 대로 살고자 할 때는 자신도 모르게 잘할 수 있었지만, 엄마와의 관계에서 좌절을 겪은 후에는 내가 아무리 노력해도 잘 안 된다는 특징이 있다. 자신이 노력한 것도 없이 저절로 뭔가를 잘할 수 있을 때는 내가 한 것이 아니라 엄마가 내게 거는 기대에 맞춰서 잘 해낸 것이었다. 그것은 조숙한 지능으로 만든 것으로서 휘발성이 있어 언제 날아갈지 모르는 것이다. 그러나 아무리 해도 잘 안 되는 좌절이 오면, 그때는 기뻐하라! 그때부터 해내는 것이 바로 내가 스스로 하는 것이다. 그것은 바로 나의 고유한 것으로 내 안에 차곡차곡 쌓여 어느 날부터 탁월해지기 시작할 것이다.

PART 6

'자기'는 곧
'존재'란다

: 존재로 안아주기

존재가 먼저다

아빠, 그동안 '존재'라는 단어를 많이 사용해 왔는데,

'존재'가 뭐야?

음, 존재란, 말 그대로 '있음'이야. 그리고 존재는 '신'이야.

우리 인간은 '존재물'이고……. 신의 '존재'를 받아서(동일성)

인간으로 살아가는 거야(자기성).

● ● ●

나는 누구인가?

나는 누구인가? 또는 당신은 누구인가? 이 질문은 문학, 드라마, 영화가 독자와 시청자에게 묻는 말이다. 신도 모세로부터 이 질문을 받았다. '당신은 누구십니까?', '나는 스스로 있는 자다(I am who I am).' 문장을 잘 보면, 〈주어 + 동사 = 보어〉의 구조로 되어 있다. 더 단순하게 말하자면, 주어와 보어가 같은 존재, 그가 바로 신이다. 신은 완전한 존재이기에 보어로 보충할 것이 없다. 신은 처음(알파)과 끝(오메가)이 같은 존재요, 그래서 신은 동어 반복인 존재이다. 그래서 신은 항상 동일성을 이루는, 불변하는 존재이다. 원래 'I am'은 신의 이름이다. 오늘날 I am은 누구나 사용하는 것이 되어서 그 가치를 모른다. 그러나 그 용어는 오랫동안 아무나 쓸 수 없었다.

성경을 보면 예수가 나타나서 'I am'을 자주 사용하였다. 'I am a bread of life.' 'I am the vine.' 'I am the way, the truth and the life.' 등. 바리새인들과 율법사 및 서기관들은 바로 이것을 신성 모독으로 여겼다. '감히 신의 이름, I am을 사용하다니……' 하면서 말이다. 신의 이름을 차용한 대가로 예수는 신성 모독죄로 십자가형에 처해졌다.

이런 신성 모독 사건은 17세기에도 일어날 뻔했다. 그 주인공은 바로 데카르트였다. 그는 누구나 알 만한 유명한 명제, '나는 생각한다. 고로 나는 존재한다'를 제시하였다. 오늘날에는 아무런 문제가 없어 보이는 문장이다. 그런데 이를 영어로 옮기면 문제의 본질이 보인다.

I think therefore I am.

이 명제를 곱지 않게 보는 눈이 있었다. 바로 교황청이었다. 그래서 데카르트는 교황청의 소환을 받았다. 종교 재판이 행해질 것이 분명했다. 만일 데카르트가 빠져나올 만한 변명거리를 준비해 가지 않는다면 그의 인생은 끝장이 날 판이었다. 데카르트는 교황청으로 소환되면서 어느 부분이 문제가 될 것인지를 알고 있었기 때문에 빠져나올 궁리를 할 수 있었다. 그리하여 교황청에서 어찌 감히 신의 이름을 사용하느냐는 질문에 다음과 같이 답했다.

내가 생각해 보니 신이 존재하더라.

'아' 다르고 '어' 다르다는 우리 속담이 언제 프랑스인 데카르트를 위한 것이었던가!

신이 내가 되다

오늘날 우리는 'I am'을 얼마나 흔하게 사용하고 있는가? 앞에서 보았듯이, 생후 첫 1년 동안 반드시 수행해야 할 과업이 바로 이 'I am'을 확보하는 것이다. 영어 문장구조 중 1형식(주어+동사)을 확보한 후에는 2형식(주어+동사+보어)으로 확장하는 것이다.

내가 학교에 들어가면, '나는 학생이다(I am a student.)'가 된다. 내가 남자이면, 'I am a boy.'가 된다. 내가 가르치는 위치에 서면, 'I am a teacher.'가 된다. I am을 확보한 후에는 일평생 I am A로 삶을 확장하며 살아가는 것이 우리의 인생이다. '나'라는 존재는 보어로 확장해 가면서 신의 삶의 일부를 살아가는 존재이다.

신은 동어 반복의 형식을 가지고 절대적 동일성(항상 변하지 않고 동일함)으로 존재하지만, 사람은 절대 그렇지 못하다. 생애 첫 1년 동안 동일성을 확보하면서 영원히 변치 않을 자기 존재를 확보한다(즉 I am을 확보한다는 뜻이다). 일단 '나는 있다'는 존재 동일성이 확보되면 나는 언제나 '나'이며 죽어서도 '나'인 것이다. 어찌 그렇게 변치 않는 '나'가 있을 수 있는가? 그것은 늘 변치 않고 동일한 신이 '나'가 되었기 때문이다. 오늘날 내가 'I am 홍길동'으로 나를 소개한다고 해서 교황청이나 세상 어느 누구도 내게 시비 걸 사람은 없다. 이제 누구나 신이 내 안에 들어와 있음을 확인하면서 살아가는 것이 중요하다.

다시 말해서 아기가 생후 1년 전후에 I am을 확보하는 순간 바로 신이 '나'가 되는 사건이 발생한다. 이 얼마나 엄청난 일인가? 이런 말을 하면 오해하는 사람이 반드시 생길까 하여 부연 설명을 하고자 한다. 이 명제를 반대 방향으로 바꾸면 큰일 난다. 그것은 '내가 하나님이 되고자' 하는 에덴동산에서의 선악과 사건으로 변질되는 것이다.

I am은 하나님이 '나'가 되는 사건이 일어나지만, 여기에 'I am (a boy/a student)'처럼 보어가 들어오면서 각자는 다양한 모양을 만들어 내면서 신의 삶을 살게 된다. 그래서 우리 각자는 겸손하게 살아야 한다. '나'가 I am을 가짐으로써 존재의 '동일성'을 확보한다. '나'는 '동일

성'을 확보한 후에는 일평생 보어를 덧붙이면서 '자기성'을 전개해 간다. 핵심을 요약해서 말하면, 사람은 두 가지 상반된 요소를 동시에 가지고 있다는 점이다. 어제의 나와 오늘의 나는 동일한 나이다(동일성). 그리고 어제의 나와 오늘의 나는 다르다(자기성).

위니캇은 사람의 존재 안에는 고요한 핵이 있어 이 핵은 아무도 함부로 건드릴 수 없는 것이며 또 건드려서도 안 된다고 했다. 그것은 바로 신의 영역이기 때문이다. 그 존재의 고요한 핵은 신의 '형상'이 거주하는 장소가 될 것이다. 인간의 존엄성이 바로 여기서 나오는 것이기 때문에 존재의 핵, 동일성은 누구도 훼손할 수 없다. 폴 리쾨르는 『타자로서 자기 자신』에서 사람은 동일성과 자기성이라는 두 요소가 인격 안에 구조화되면서 '자기(self)'가 형성된다고 말한다.

동일성과 자기성의 관계

아기가 동일성을 획득하는 데에는 1년이 걸린다. 생후 첫 1년 안에 동일성을 확보한다는 것은 인간으로서 존재할 수 있는 기본적인 원형을 획득하게 된다는 의미가 있다. 사람은 동일성을 획득한 후에는 자기성을 전개해 나간다. 동일성을 획득하기 위해 엄마의 품 안에 머물러야 했지만, 동일성을 획득한 후에는 그 동일성을 가지고 자기성을 전개해 가기 위해 걸음마를 시작한다. 아이는 1세에 확보한 동일성을 3세까지 견고하게 다진다. 그리고 3세가 되면 아빠가 엄마와 아기 사이에 의미 있게 개입해 들어온다. 아이는 사회적 존재가 되는 단계에 돌입하는 것이다. 아이는 이때부터 본격적으로 자기성을 전개한다. 세 살이 되면 어린이집을 보내게 되고, 다섯 살이 되면 유치원, 만 6세가 되면 학교를 보내야 한다.

동일성이 견고한 아이는 어린이집이나 유치원, 학교에 다니는 데 큰 어려움이 없다. 동일성이 흔들리는 아이는 엄마의 품을 떠나는 것을 힘들어한다. 아이가 자란다는 것은 견고한 동일성으로 존재의 중심을 확보한 후, 자기성을 조금씩 더 멀리 전개해 가는 것이다. 동일성은 한 번 획득한 것으로 그치는 것이 아니다.

동일성과 자기성, 이 두 가지는 '자기(self)'의 구성 요소이다. 내가 '나'를 '자기'라고 부를 수 있으려면 시간의 흐름 속에서 변하지 않는 '동일성'과 시간 속에서 계속 변화해 가는 '자기성' 둘 다를 가지고 있어야 한다. '자기'라는 것은 나만 가지고 있는 것이 아니라, 누구나 다 가지고 있다. 그리고 나의 '자기'와 너의 '자기'는 연결되어 있으며, 우리 모두의 '자기'이다. 이 '자기'는 물질 안에도 있으며, '자기'라는 관계성으로 모든 사람과 모든 사물, 그리고 온 우주와 연결되어 있으며, 심지어 '신'과도 연결되어 있다. 성 아우구스티누스는 신을 철학적 이름으로 '자기'라고 부를 수 있다고 말했다. 성 아우구스티누스가 바로 이 '자기(self)' 개념의 발명자이다.

동일성과 자기성을 구분하며 살기

동일성이 '무엇(what)'에 관한 것이라면, 자기성은 '누구(who)'에 관한 것이다.

어느 유명한 철학자가 '여자란 무엇인가'라는 책을 썼다고 하자. 이 책은 여자의 '무엇(what)', 곧 여자의 본질에 관해 설명하였다. 어떤 남자가 이 책을 읽고 여자의 무엇, 즉 여자의 본질에 대해 통달하였다고 해서 결혼해서 여자와 갈등 없이 잘 살아갈 수 있는 것이 아니다. 여자의 본질을 아는 것과 자신의 아내가 누구인지를 아는 것은 전혀 다른 이야기이다. 왜냐하면 그 책은 모든 여성이 가지고 있는 공통된 본질, 즉 여성의 what에 관한 것이지, '내 아내가 누구인가'를 파악하는 데에는 거의 도움이 되지 않기 때문이다.

대부분의 남편이 아내를 대하면서 '여자란 모름지기 이렇게 살아야 한다'는 생각으로 살아간다. 남편이 자신을 바라보는 시각이 그런 줄 아는 많은 여자는 남편이 원하는 대로 살아간다. 그것은 '남자는 하늘이고, 여자는 땅이다'라는 유교 사상으로 집단화된 사고로 살아가는 것이다. 여기에는 여성의 동일성(본질)만 있을 뿐 자신만의 고유한 자기성('나는 누구인가')이 없다. 그래서 이런 여성은 자기성을 동일성과 겹쳐서 살아가는 것이다.

이 땅을 살아가는 남성들은 어떤가? 남성들 중에도 동일성과 자기성이 겹친 삶을 살아가는 사람이 있다. 그 사람은 내가 가진 돈, 권력, 지식, 지능, 외모, 재능과 능력으로 '성공 지향' 또는 '출세 목표'를 향한 삶을 살아간다. 그런 남성은 공명심이 높아 자신의 재력, 권력, 사회적 지위가 곧 자신의 인격인 줄 안다. 여성 중에는 중년기에 들어서면서 비로소 자신의 삶을 돌아보고 동일성만으로 살기보다는 자기성으로 살고자 하는 경우가 많다. 그래서 중년기에 대학원에 들어가서 새로운 삶을 꿈꿔보기도 한다. 그리하여 상담 대학원은 대부분 여성으로 채워진다.

이에 비해 남성들은 인생에 큰 위기가 오지 않는 한 은퇴하기까지 자신의 사회적 자아를 포기하지 않는다. 그 결과 남성은 사회적 지위를 내려놓는 순간, 즉 은퇴하는 순간, 정서적으로 급격하게 어린아이가 된다. 그리하여 한 번도 '자신의 고유한 존재'를 숙고해 본다거나, 내면적 삶을 성찰해 보는 삶을 살아본 적이 없었다는 사실이 드러난다.

자녀의 존재 존중하기

어느 사회 교육 기관에서 부모를 대상으로 '자녀에 대한 만족도'를 위한 설문 조사를 시행했다. 조사 그룹은 둘로 나뉘었다. 한 그룹은 자녀가 명문대에 다니는 엄마들, 또 한 그룹은 엄마의 손이 가지 않으면 혼자 움직일 수 없는 중증 장애 자녀를 둔 엄마들이었다. 독자들은 이런 설문의 결과는 보통 예상을 뒤엎는다는 것을 이미 짐작하고 있을 것이다. 그래도 결과는 놀랍다. 중증 장애 자녀를 둔 엄마들의 자녀 만족도가 명문대 자녀를 둔 엄마의 만족도보다 훨씬 높았다.

우리는 두 그룹의 부모들의 자녀 만족도가 왜 그렇게 엇갈릴까에 대해 생각해 봐야 한다. 첫 번째 그룹의 엄마들은 자녀들이 누구보다 탁월하지만, 아직 기대할 것이 남아 있으므로 현재의 자녀에 만족할 수가 없다. 그 자녀는 명문대를 나오고 나서도 장차 판검사, 또는 의사 등 부모가 원하는 사회적 성취를 이루어야 하기 때문이다. 그 자녀들이 판검사나 의사가 되었다고 치자. 그 엄마들은 여전히 만족할 수 없을 것이다. 그 엄마들은 자녀에게 투자를 많이 하였으니 이제 되돌려 받을 것이 많다고 생각할 것이다. 그렇게 투자한 자식이 결혼이라도 하면 그 며느리에게, 또는 사위에게 자식을 빼앗기는 기분은 또 어떠할까? 끊임없이 기대하고, 되돌려 받을 것을 놓고 스트레스를 받게 될 것이기 때문에 자녀에 대한 만족도가 떨어질 수밖에 없을 것이다.

그런데 중증 장애 자녀의 엄마들은 자녀에 대한 만족도가 왜 높을까? 그것은 장애자 엄마들은 자녀에게 '더는 기대할 것이 없기' 때문이다. 그 엄마들은 자녀가 '그냥 옆에 있어주기만 해도 고마운 것'이다. 그냥 '있음' 그것이 바로 '존재'이다. 오늘날 사회에서나 학교에서나 과거에는 있었으나 지금은 잃어버린 것이 있다면 바로 '존재'이다. 베이붐 세대인 나의 어린 시절에는 모두가 가난했을 뿐, 오늘날 같은 왕따는 없었다. 그 당시 학교에는 그냥 못난 녀석, 스스로 부족한 녀석, 혼자 못난 놈이 몇 명 있을 뿐이었다. 그때는 오늘날과 같은 인권 개념도 없었으나 최소한의 '존재'에 대한 존중은 있었다.

사회적 요구냐 존재냐

아빠, 친구들을 보니까 어릴 때 탁월했는데
학년이 올라갈수록 평범해지다가 사회에 나갈 때쯤 되면
오히려 다른 아이들보다 더 못한 결과를 내는 아이들이 많은데
왜 그런지 모르겠어.

잘한다는 것이 다 좋은 것은 아니지. 문제는 잘한다는 기준이
공부에 있다는 거야. 공부 잘하는 것으로 사회적 성공까지
이어가는 사람은 통계적으로 보면 10% 정도밖에 안 되거든.
아이나 어른이나, 중요한 것은, '나답게' 사는 거야.
공부를 해도 나다움을 찾아가는 공부여야 하고,

놀아도 나답게 놀아야 해.

• • •

부모 자격증은 왜 없는가?

세상에 수많은 자격증이 있지만, 부모 자격증은 없다. 아버지 자격증, 어머니 자격증을 위한 교육 기관이나 그런 자격증을 발급하는 곳을 발견한 적이 있는가? 세상에 수많은 부모가 있지만, 자녀 양육을 어떻게 해야 하는지를 공부하고 자녀를 낳는 사람이 몇 명이나 될까? 아마도 거의 없을 것이다. 그러면 자녀 양육에 대해 아무것도 알지 못한 채 자녀를 낳겠다는 것은 너무 용감한 일 아닌가? 다행히도 사람은 자기 복제 능력 정도는 다 가지고 있다. 그 말은 최소한 자신이 양육받은 만큼은 자녀를 키울 수 있다는 자신감은 다 가지고 있다는 말이다.

국민소득이 높아지고 삶이 풍요해지면서 이상행동을 하는 자녀가 많아지고 있다. 공부는 잘하지만 사회성이 없는 아이, 논리적이지만 감정이 없는 아이, 머리는 천재이지만 어느 한 가지만 유능한 아이, 빈틈이 없이 완벽하지만 놀 줄을 모르는 아이 등이 그 범주에 속한다.

그 반대의 부류에 속하는 아이들도 있다. 사회성은 탁월하지만 공부를 못하는 아이, 감정이 풍부하지만 논리적이지 못한 아이, 머리는 나쁘지만 여러 가지에 특별한 재능을 가진 아이, 좀 느리지만 잘 노는 아이들은 오히려 매우 정상적인 범주에 속한다.

부모의 복제 능력이 자녀에게 크게 문제 되는 예도 있다. 아버지가 어릴 때부터 해결하지 않고 넘어온 문제와 어머니 쪽에서의 그런 문제가 아이 안에 전달된다. 그 두 부류의 문제가 아이에게 전달될 때 두 부류의 문제가 합쳐지는 것이 아니라, 부모 각자에게 숨어 있던 수많은 문제가 서로 곱해져서 자녀에게 전해진다. 아이가 여섯 살 정도가 되면 부모 각자의 문제들은 이미 자녀에게 넘겨졌다고 보면 된다. 자녀를 데리고 아동 발달 센터에 치료를 받으러 갈 때, 부모들이 흔히 하는 착각은 '이 아이 자체가 문제가 있다'는 것이다. 이때 치료사는 다음의 입장을 분명하게 선언하고 치료를 시작해야 한다.

이 아이의 증상은 바로 부모님과의 관계의 결과입니다.

그렇게 시작하지 않으면, 치료사는 부모가 원하는 심리 조작에 공모하여 아이의 존재는 무시되고 만다. 그때 아이의 증상의 본질은 삶의 밑바닥으로 묻혀버릴 것이다. 〈목동 행복한 심리상담센터〉의 강상구 사무장은 "바로 이 문제가 아동 청소년을 상담하는 치료자들의 공통된 고민일 것이다"라고 말한다.

자녀를 사회적 요구에 맞출 것인가
자녀의 존재 자체를 존중할 것인가

자녀를 잘 양육하고자 할 때, 부모는 다음 두 가지 태도 중 하나를 택하게 된다. '사회가 요구하는 사람으로 양육할 것인가?' 아니면 '자녀의 존재 자체를 존중하며 양육할 것인가?' 물론 자녀를 방임하는 부모도 있다. 1980년대 이전에는 방임형 부모가 많았지만, 당시에는 자녀 주변에 형제나 삼촌, 이모 등 다양한 제2 양육자들이 있어 그렇게 방치되어 자란 것은 아니었다. 그러나 지금은 사정이 매우 다르다. 현대는 핵가족 시대이기 때문에 대개 둘 중 하나의 방식으로 자녀를 양육하게 된다.

지금은 이 두 가지 태도 중 하나를 선택하는 것은 자녀의 삶에 대단히 중요한 의미를 낳는다. 사회가 요구하는 기준에 맞춰 키운다면 자녀는 자신의 삶을 살지 못하고 부모의 기대에 맞춰서 살아갈 확률이 높다. 특히 이런 기준을 만들어가는 사람은 아버지이기보다는 대개 엄마일 것이다. 그런 엄마는 두 부류로 나뉜다. 학력이 떨어지거나 열등감 때문에 자녀를 통해 대리 욕망을 채우고자 하는 엄마. 아니면 학력도 높고 매사에 탁월하여 자녀가 남에게 지는 꼴을 못 보는 엄마.

이런 엄마 밑에서 자라는 아이는 엄마가 정해주는 학원, 엄마가 짜주는 일과표, 엄마가 만들어주는 친구 등 엄마의 손길을 따라 살아가는 매우 타율적인 사람이 될 것이다. 이런 환경에서 자란 자녀가 평생 배우는 것은 경쟁에서 이기는 것과 시험 치는 데에 유능해지는 것뿐이다. 그런 사람은 실제적인 사회적 능력은 없고 시험지 위에서 증명되는 능력밖에 없다. 이런 삶은 생명을 위해 살아가기보다는 생존을 위해서 살아가는 것일 뿐이다.

이런 교육 방식은 오랜 전통과 역사를 가지고 있다. 조선 시대의 교육이 바로 그랬다. 천자문, 소학, 사서삼경을 달달 외워 과거 시험에 합격하면 나라의 관료가 되고 사회에서 엘리트 대접을 받았다. 이러한 교육 시스템에는 미래가 없다. 유교적 학문은 공자, 맹자와 같은 고대의 성인을 본받고, 당대의 학문을 과거의 원형에 비춰 고증하는 데 급급했다. 유교에서의 교육은 과거의 원형으로 완벽하게 회귀하여 성인과 같은 인격을 도야하는 것을 목표로 삼았다.

이러한 교육의 전형이 오늘날에도 계속되고 있다. 시험 잘 치고 남보다 머리 좋으면 엘리트 계층에 속할 확률이 높지만, 여기에는 사회적으로 요구되는 인물이 있을 뿐 '고유한 존재인 나'가 없다. 사서삼경이나 중국 조선의 한시를 보라. 아무리 문장이 아름답고 미려하며 시의 섬세함과 우아함이 있을지라도 거기에는 '나라는 존재'가 없다. 자녀 양육을 사회적 요구에 맞추는 것에 우선순위로 놓으면 그와 같은 병폐가 심화될 뿐이다. '고유한 존재'가 무시되는 교육은 인격 도야는커녕 이중인격자를 낳을 뿐이다.

142세를 사는 세대가 온다

하버드 대학교가 졸업생들을 대상으로 20년간에 걸쳐 전수 조사를 했다. 총 1500명을 두 부류로 나누었다. 돈을 삶의 목표로 삼는 그룹 1250명과 자기가 좋아하는 일을 찾아서 살아가는 250명으로 나누어 조사가 이루어졌다. 여러 가지 조사 목표 중 하나가 졸업 20년 후, 이들 중 '백만장자가 된 사람'이 몇 명인가 하는 것이었다. 졸업 20년 후, 조사자 1500명 중 백만장자의 대열에 합류한 사람은 101명이었다. 그중 자기가 좋아하는 일을 찾아 살아간 사람이 100명이었고 돈을 목표로 삼은 사람 중에는 단 1명만이 백만장자 그룹에 들어올 수 있었다고 한다. 우리에게 제시된 기준으로 보자면, 전자는 '사회가 요구하는 사람'으로 키워졌을 것이고 후자는 '자기 존재로 살아가는 사람'들일 것이다.

　초중등 교육을 마치고 대학까지 16년간의 고등교육을 받고 사회에 진출하였더라도 그 교육을 토대로 능력을 발휘하는 시기는 40대 초반을 넘기기 힘들다. 『생각의 시대』의 저자 김용규 교수는 오늘날 지식의 반감기가 3년에 불과하고 2030년이 되면 3일로 감소한다고 하니, 앞으로 학교에서 배운 지식을 가지고 인생의 승부수를 던지기에는 아무래도 무리가 있어 보인다.

　달달 외워서 시험 잘 치는 데 유능한 것이 개인의 능력으로 통하는 사회에서 생존하는 것이 40대 초반이라면(물론 여기서 50대 중반까지 연장하여 살 수 있다) 그렇게 살아온 사람은 앞으로 남은 50~60년을 어떻게 살아가는 걸까? 2000년 이전에는 50대 중반에 은퇴하면 약 10년에서 15년 더 사는 정도였기 때문에 이런 고민을 할 필요가 없었다. 그러나 2015년 《타임》지의 표지 기사에서 밝혔듯이, 그해에 태어난 아이는 142세까지 산다고 한다. 능력 발휘가 40대 초반까지라면, '142세를 사는 사람은 앞으로 100년을 어떻게 살 것인가'라는 문제에 직면하게 된다.

　엄마가 아이를 사회적 요구에 맞춰서 양육할 때 나타날 수 있는 폐단은 단지 142세를 살아야 하는 자녀들에게만 적용되는 것은 아니다. 지금 이 시대에도 이런 폐단으로 자살하거나 폐인이 되어가는 젊은이가 많아지고 있다.

흙수저 비관 자살한 서울대생과 캐비닛 맨

2015년 12월 18일 새벽 3시 서울 관악구 신림동 소재 옥탑방 건물에서 한 서울대생이 투신하여 숨진 사건이 발생했다. 온라인 커뮤니티에 남긴 그의 유서에는 다음과 같이 적혀 있었다.

나 자신과 세상에 대한 분노가 너무 큰 고통으로 다가온다. 생존을 결정하는 건 결국 수저 색깔이었다.

당시 네티즌들 사이에서는 수저 색깔론이 회자하고 있었다.

서로 수저 색을 논하는 세상에서 나는 독야청청 '금(金) 전두엽'을 가진 듯했다. 하지만 생존을 결정하는 건 전두엽 색깔이 아닌 수저 색깔이다……. 내가 일생 동안 추구했던 가치는 '합리'지만 이 세상의 합리는 나의 합리와 너무나도 달랐다. 먼저 태어난 자, 가진 자, 힘 있는 자의 논리에 굴복하는 것이 이 사회의 합리다. 나와는 너무도 다른 이 세상에서 버티고 있을 이유가 없다.

'그는 서울의 과학고를 조기 졸업하고 서울대에 입학할 때는 전액 장학금을 받을 정도로 공부 능력에는 탁월했다'고 중앙일보 기사는 밝혔다.

다음은 2014년 1월 4일 자 조선일보의 내용이다.

또 한 명의 탁월한 젊은이가 있었다. 그는 무결점의 사나이였다. 그는 서울의 한 고등학교에 1등으로 입학하여 1등으로 졸업한 학생이었다. 수능에서도 주요 과목은 거의 만점을 받고 서울대 경영학과에 입학했다. 그는 5학기 연속 성적 우수상을 휩쓸었고, 서울대 내에서도 단연 돋보이는 '엄친아'였다. 대학을 최우등으로 졸업한 후 연세대 로스쿨에 입학했다. 연세대 로스쿨 내에서도 최초로 모든 과목 A+을 받아 주변을 깜짝 놀라게 하였다.

그랬던 그가 2014년 3월 10일 밤 교수 연구실에 침입, 기말고사 시험 문제를 도둑질하기 위해 교수의 컴퓨터를 해킹하다 현장에서 붙잡혔다. 당시 그는 캐비닛에 숨어 있었다. 그의 자백에 따르면, 여러 교수의 컴퓨터를 지속해서 해킹해 왔다. 그는 학교로부터 영구 제적 처분을 받았고, 이 처분에 따라 연세대 학적이 말소되었다.

탄탄대로를 달리던 그가 왜 이런 일을 벌였을까? 고교 3학년 때는 서울대 경영학과 교수에게 편지로 "부패, 도덕적 해이, 비효율성 등으로 평판이 나 있는 공기업"을 개혁하는 것이 꿈인데, 경영학과에 입학하는 것이 좋은 선택인지를 물었다. 교수의 진정성 있는 답변을 듣고 그는 서울대 경영학과에 입학하였다. 서울대 경영학과에 입학해서는 고등학생들의 '멘토'로 인기를 끌었다. 2년 동안 고등학생 1만 명에게 공부 상담을 해주었고, 한 학원에선 최씨에게 '사부(師父)'라는 칭호를 붙여 마케팅을 펼치기도 했다.

자신이 흙수저 출신이라 비관하여 자살한 젊은이의 아버지는 대학교수였고, 어머니는 중학교 교사로 재직 중이었기에 경제적으로 전혀 어려움이 없는 상황이었다고 한다. 굳이 태생을 따지자면 그 정도의 환경이면, 당사자가 가진 자부심 정도에 따라서 스스로 금수저라 자처해도 부정당할 입장은 아니다. 금수저는 아닐지라도 최소한 은수저는 되었음에도 스스로 흙수저로 평가절하한 결과 자살로까지 이어졌다는 점은 세간에 안타까움을 더한다.

'공부의 전설'이라 불렸던 '캐비닛 맨'은 서울대학교를 졸업한 후 서울대 로스쿨을 가지 못하고 연세대 로스쿨에 갈 수밖에 없는 상황에 이르렀다. 그때 그는 낮아진 마음으로 '이제 나도 능력의 한계가 왔구나'를 인정할 수 있어야 했다. 경쟁의식과 서열의식으로 가득 차 있던 그는 연세대를 서울대보다 못한 2등 학교로 여겼을 것이기에 거기서 1등을 유지하지 못하면 안 되겠다는 강박관념이 그를 범법자로 만들어갔을 것이다.

두 청년의 비극은 인격의 주체가 자기 자신에게 있는 것이 아니라, 주변 사람들의 시선에 달려 있었기 때문에 발생했다. 이는 어릴 때부터 자신의 존재 자체를 위해 살지 못하고 사회의 요구에 자신을 맞추어 살아온 결과이다.

세대 차이: 아날로그 세대 vs 디지털 세대

지금 태어나는 내 아이가 150세를 산다면 나는 어떻게 그 아이를 양육할 것인가? 이 질문에 대한 답은 엄마로서 나는 내 아이가 살아갈 미래를 얼마나 알 수 있는가에 달려 있을 것이다. 2000년 이전에 태어나 2020년대를 20~30대의 나이로 살아가는 사람은 자신들의 부모와 큰 세대 차를 느낄 것이다. 그들의 부모 세대가 50~60년을 살면서 겪은 세대 격변은 이전 시대의 1000년에 가까운 변화를 불과 30~40년간 겪은 것이다. 부모 세대와 자녀 세대의 시대적 감각의 차이는 유교 세대와 첨단과학 세대의 차이이며, 아날로그 세대와 디지털 세대의 차이이다. 그러니 두 세대 간에는 지금까지 인류가 겪어보지 못한 불연속적 국면이 의사소통의 가능성을 가로막고 있다.

내가 83년도에 27세의 나이로 대기업에 입사했을 때 나의 경쟁 상대는 30대 과장급의 선배들이었다. 30대 중반에 과장이 되었을 때 나의 경쟁 상대는 40대 중반의 부장급 선배들이었다. 나는 39세에 직장을 그만두고 다른 길로 갔지만, 만일 40대에 부장이 되었더라면, 나의 경쟁 상대는 50대의 임원들이었을 것이다. 그렇다면 50대가 되었을 때 나의 경쟁 상대로 은퇴한 60대 인생 선배를 세웠을까? 나이가 50대가 되고 60대가 되면, 나의 경쟁 상대는 20대요 30대가 되는 것이 마땅하다. 이 말은, 이제 나는 나의 자녀 세대와 경쟁해야 한다는 뜻이다. 자녀 세대와 경쟁한다는 말은 곧 자녀 세대에게 배워야 남은 40~50년을 생산적으로 살아갈 수 있다는 말이다. 만일 그런 의식 전환을 이루지 못한 채 자기 나이를 존중받기 원한다면 그야말로 '꼰대'가 되어서 독야청청하며 생존에 급급한 삶을 살아가게 될 것이다.

그렇다면 당신이 지금 20~30대 독자라면 당신이 자녀를 양육할 때는 당신이 부모로부터 받은 양육과는 완전히 달라야 할 것이다. 50~60

대가 현재의 디지털 세대에 대한 이해가 불가능한데, 지금 젊은 세대가 50~60대가 되면, 20대의 자녀들을 이해하기란 더 불가능할 것이다. 지금까지의 기술 발달 속도를 감안해 볼 때, 앞으로 30년 이후의 기술 사회가 어떻게 달라져 있을지 도무지 예측 불가능한 것이다. 그러므로 부모는 지금 태어나는 자녀가 30년 후에 살아갈 사회가 무엇을 요구할지 예측할 수 없을 것이다.

그렇다면 지금 젊은 세대는 자녀를 어떻게 양육해야 하는가? 답은 이미 제시되어 있다. 부모는 자녀를 사회가 요구하는 기준에 맞추지 말고, 자녀의 존재 자체를 존중하여 가장 자기답게 살면서 스스로 자기 길을 열어갈 수 있도록 해야 한다. 부모는 자녀에게 윤리적 교육이나 도덕적 훈계로 가르치기보다 삶으로 행동하는 모범을 보이고 좋은 부부 관계를 살아내며, '충분히 좋은 부모'가 되는 것이 중요하다. 즉, 부모 자신이 먼저 '존재'로 살아가야 한다는 말이다. 자녀는 부모의 삶과 존재를 그대로 답습한다.

유교적 시대정신으로 살아온 부모가 윤리적 교육과 도덕적 훈계로 자녀를 강요하면 자녀는 부모 세대의 시대정신에 갇혀 자신이 살아가야 하는 디지털 시대정신을 열어가지 못하게 될 것이다. 부모의 현재는 자녀에게는 과거에 해당하고, 부모의 미래는 자녀의 현재와 겹친다. 그러므로 자녀의 미래는 부모가 절대 열어줄 수 없으며, 단지 부모는 자녀의 미래를 지켜볼 수 있을 뿐이다. 부모가 살 수 없는 미래를 자녀가 현재로 살아갈 수 있도록 자녀를 양육하는 것이 마땅하다.

오늘보다 나은 내일

내담자가 상담 세션을 끝내고 돌아갈 때의 상태는 상담실에 들어올 때의 상태와는 분명 다르다. 상담을 마치고 일주일 후 그다음 세션을 위해 상담실을 찾아올 때의 상태는 지난주 상담실을 떠날 때의 상태와는 확실히 달라져 있다. 일주일 사이에 내담자가 훨씬 단단해져 있다는 사실을 발견할 수 있다. 사람은 아침에 '동일성'을 가지고 세상에 나아가 이런저런 모양으로 겪은 '자기성'을 전개해 나간다. 그리하여 저녁에 다시 집으로 돌아오면 동일성 차원에서 견고해진 '나'가 된다.

동일성이란 '나'가 늘 동일하다는 말이지만, 동일성이 견고해진다는 것은 삶의 기준이 흔들리지 않고 보다 확고해지고 존재의 중심점이 더욱 선명해진다는 말이다. 그때 내 앞에 전개되는 환경과 세계도 선명해진다. 동일성이 확고해지면 자기성의 삶은 저절로 따라온다. 동일성이란 유아기에 한번 형성하고 끝나는 것이 아니다. 자기성으로 전개해가는 삶의 경험이 쌓이면서 동일성은 그 깊이와 길이와 높이와 크기가 달라진다. 그렇게 견고해진 동일성이 존재론적 바탕을 받쳐준다면, 자기성은 더 멀리, 더 넓게 삶을 전개해 나갈 것이다.

지금 태어나는 자녀들은 지금까지 어느 부모도 살아보지 못한 150세까지 살아야 한다. 지금 자녀를 낳은 부모가 자신의 자녀에게 앞으로 어떤 사회가 전개될지 알 길이 없다. 그렇다면 자녀를 사회가 요구하는 기준에 맞춰 키운다는 것은 자녀의 인생을 망치는 결과를 낳을 수 있다. 방법은 한 가지뿐이다. 부모는 유아기 때부터 자녀의 존재가 요구하는 것이 무엇인가에 관심의 초점을 모아야 한다. 자녀가 존재로 사는 경험을 어릴 때부터 할 수 있어야 150세를 창조적으로 살아갈 수 있을 것이다.

PART 7

유아에게
충분하지 않으나
필요한 아빠

: 아빠의 안아주기

어머니의 딸 vs 아버지의 딸

확실히 엄마 아빠 세대 여성의 의식과
요즘 젊은 여성들의 의식은 너무 많이 다른 것 같아, 아빠.

의식뿐만 아니라, 능력을 발휘하는 면에서 너무 많이
달라지고 있지. 프로이트는 당시 여성들의 대표적 정서를
'수동성'이라 했는데, 오늘날에는 그것만으로 설명할 수 없는
여성들이 많아지고 있어. 그게 바로 어머니의 딸과 아버지의
딸의 차이라고 말할 수 있어.

• • •

세상은 이미 많이 달라졌다. 무엇보다 우리 사회에서 여성의 삶의 형태가 많이 달라졌다. 새천년 이전에는 여성의 '약진'이 이슈화되었다면, 새천년 이후에는 남성 사회에서 여성의 '역전'이 이슈라 할 수 있다. 우리 사회는 여전히 요지부동한 가부장적 사회이지만 그런 와중에도 여성이 사회의 중심부로 치고 올라오는 데 거침이 없는 형국이다. 무엇보다 우리는 경쟁력 면에서 여성이 남성을 넘어서고 있다는 점에 주목해야 한다.

우리는 여성이 왜 이렇게 똑똑해졌는가 하는 질문을 던진다. 하지만 이것은 적절한 질문이 못 된다. 여성은 원래 똑똑했다. 그렇다고 남성이 여성보다 멍청한 것은 아니다. 각자 유능한 영역이 다를 뿐이다. 조선 시대를 보라. 남성은 성리학을 익혀 과거에 급제하여 관리가 되는 것을 인격 도야의 과정이라 여겼다. 성인의 말씀을 얼마나 잘 외우는가에 경쟁의 초점을 두는 주입식 교육과 시험 잘 치는 데 얼마나 유능한가가 그 사람의 인격을 판단하는 기준이 되는 것은 예나 지금이나 크게 다르지 않다.

여성 비하는 여성 존경에서 나온다

가부장 제도하에서 남성은 힘으로 여성의 인격을 억압했을 뿐 아니라 여성의 능력까지 억압해 왔다. 고대 그리스의 현인도 여성을 억압하는 데 앞장섰다. 그리스 사회는 남성에게만 시민권을 주고 여성과 노예에게는 시민권을 주지 않았다. 아리스토텔레스는 『정치학』에 위대한 남성 지도자를 낳은 훌륭한 여성에게 왜 시민권을 줄 수 없는지에 대한 고민을 담았다.

가부장 제도의 억압에서 여성이 해방된 것은 불과 100년이 못 된다. 프랑스 혁명 이후 여성 선거권이 거론되면서 19세기에 이르러 제한적으로 선거권이 허용되었다. 미국에서는 1920년 수정헌법 제19조가 통과된 뒤로 여성 참정권을 본격적으로 허용했다. 그 이후 선진국일수록 여성의 권리는 크게 신장되었고, 우리 사회에서도 새천년이 이르기 전부터 이미 여성의 자리는 확고해졌다. 가부장적 족쇄가 풀리면서 여성의 능력이 남성의 능력보다 훨씬 탁월하다는 것이 드러나게 되었다. 게다가 남자가 사회적에서나 가정에서나 여자에 비해 갈수록 '허당'임이 드러나기 시작하는 것이 개인적으로 안타깝다.

우리나라 여성들의 능력은 예부터 특출했던 반면, 남자들은 대개 '한량'이었다. 내가 보기에 조선 시대 양반은 학문을 추구하는 '선비'이지만, 학문 하는 시간을 빼면 '한량'이다. 남자는 성리학을 공부하는 것 외에 능력을 발휘할 수 있는 어떤 경쟁력도 갖추지 못했다. 그래서 공부하는 시간 외에는 전국을 유람하면서 풍류를 즐기고 주지육림 속에 놀거리를 찾는 것밖에는 달리 시간을 보낼 길이 없었을 것이다.

아무런 경제적 생산력이 없는 무능한 남성들의 세계인 조선의 500년 역사에서 가정 경제를 지켜준 사람은 바로 여성이었다. 여성이 최근 들어 부쩍 똑똑해진 것이 아니라, 한국의 여성은 원래부터 똑똑했다. 유교 사회의 폐단을 꼽으라면 제일 먼저 나오는 것이 아마도 '남존여비' 사상일 것이다. 그것도 조선 사회가 만들어낸 이데올로기에 불과하다. 사실상 조선 시대 대부분의 남자는 공부밖에 할 줄 모르는 '한량'

으로서 가정의 모든 경제와 권위의 질서를 책임지고 있는 자기 부인에 대한 존경심을 가지고 있었다. 남자들은 '내가 여자로 태어나지 않은 것을 다행'으로 여겼다. 왜냐하면 조선의 남자는 '내가 만일 여자로 태어났다면 내 아내처럼 집안 살림이며 자식 교육까지 저렇게 유능하게 처신해 나갈 자신이 없다'는 생각을 했을 것이기 때문이다. 그래서 조선 시대 유능한 아내는 암암리에 무능한 남편으로부터 존경을 받았다.

어머니의 딸

융 학파의 분석가 이유경 박사로부터 '남자와 여자의 차이'에 대한 강의를 들은 적이 있다. "아들은 어머니로부터 태어났기 때문에 자신이 남자다움을 드러내기 위해 어떻게든 여성적 요소를 떨쳐내려고 온갖 노력을 다한다. 그래서 남자아이는 어릴 때부터 여성을 경멸하는 태도를 가지게 된다"는 요지의 이야기였다.

남자아이는 옷을 고를 때도 여성적인 색상을 피한다. 그런 옷을 입은 남자아이는 친구들 사이에서 '계집애 같다'고 금방 놀림감이 된다. 나의 초등학교 시절, 당시에는 여자아이들끼리 삼삼오오 모여 운동장에서 고무줄놀이를 했다. 그것을 바라보는 남자아이 중 그날따라 남성적 소영웅심을 발휘하고자 하는 한 친구가 호주머니에 넣고 다니던 연필 깎는 칼을 꺼내 들고 여자아이들 가까이 다가가 고무줄을 끊어놓곤 쏜살같이 도망쳐 나온다. 여자아이들이 그 아이를 잡으려고 달려보지만, 도무지 따라잡을 수가 없다. 이런 일을 성공적으로 수행한 친구는 그 순간 짜릿한 희열을 느끼게 되고, 그 친구의 어깨가 으쓱해지는 것이 눈에 보인다. 그것은 그 또래 아이들에게는 남성의 세계로 진입하는 일종의 통과 의례와도 같은 것이다.

그러나 딸은 처음부터 아들과는 다르다. 이유경 박사의 강의에 의하면, 딸은 엄마와 같은 여성이기 때문에 어머니의 모성성을 그대로 차용해도 아무런 문제가 없다. 그러나 거기에는 부작용이 있다. 딸은 엄마의 모성성을 차용해서 쓰기 때문에 진정한 자기 능력이 어디까지인지 알 수 없는 지경까지 도달하게 된다. 그래서 초·중·고에 이르기까지 여자아이는 남자아이보다 공부도 잘하고 강해 보인다. 초등학교 남자들 중에는 원래 여자가 남자보다 힘이 센 줄 아는 경우도 있다. 그 시기에는 그만큼 여자는 강하고 남자는 약하다. 이런 상황에 있는 딸은 전형적인 '어머니의 딸'이다. 이런 딸은 결혼하고도 자신의 고유한 '여성성'을 사용하기보다 '모성성'을 발휘하는 것이 더 수월하다.

이런저런 역사적 또는 현실적 사례를 보면 가부장적 사회에서 남자가 여자를 억압해 온 이유는 여자에 대한 열등감 때문이기도 하지만, 여자에 대한 남자의 무의식적인 존경심에 있다고 할 수 있다. 게다가 최근 여성들이 우위를 점하게 되는 사회적 현상들이 있다. 그것은 바로 '여성 영웅'의 등장, 즉 '아버지의 딸'의 등장이다.

'아버지의 딸'의 등장

돌토에 의하면, 엄마와 아빠 사이에서 잉태되는 아이는 착상되는 순간부터 자신이 엄마와 아빠 사이의 성적 결합을 통해 잉태되었다는 사실을 무의식적으로 인지하고 있다고 한다. 딸의 경우 태중에서도 자신이 엄마와 아빠 사이에 성관계가 이루어지면서, 자신이 잉태되는 순간 엄마가 오르가슴을 느꼈는지 안 느꼈는지를 판단한다고 한다. 만일 엄마가 오르가슴을 느끼지 않은 상태에서 자신이 잉태되었을 경우, 딸은 아빠를 넘볼 수 있도록 엄마의 자리를 탐낸다고 한다. 이런 딸은 대개의 경우 '아버지의 딸'이 되고, 아버지는 대체로 '딸 바보'가 된다.

얼마 전까지만 해도 딸은 대부분 '어머니의 딸'이었다. 요즘은 '아버지의 딸'이 많아지고 있다. 딸은 왜 '어머니의 딸'을 포기하고 '아버지의 딸'이기를 자처하는가? 거기에는 돌토가 제시하는 것 말고도 여러 가지 이유가 있다.

첫째, 엄마가 여자로서 자부심이 없고 오히려 자기 모멸감을 가지고 살아가는 경우, 거기다가 아빠에 의해 억압당하여 엄마가 자기 공간 없이 살아갈 수밖에 없는 상태를 딸이 오랫동안 지켜보았다면 딸은 이 땅에서 오롯이 여자로 사는 삶을 꿈꾸기가 어렵다. 이 경우 딸은 여성적인 것을 거부한다.

둘째, 아빠가 아들을 원했지만, 딸로 태어난 경우이다. 이 경우 딸은 자신이 아들보다 훨씬 탁월하다는 것을 아빠에게 보여주고 싶어 한다. 그리하여 이런 딸은 남자 역할을 하며 아들로 산다. '어머니의 딸'이 자신을 구원해 줄 '백마 탄 기사'를 꿈꾸는 동안, '아버지의 딸'은 스스로 '갑옷을 입은 아마조네스'가 되어 자기 자신을 구원할 여성 영웅이 된다. 여성 영웅은 세상으로 나가 아버지들이 정해놓은 규칙을 따르고 아버지들이 벌이는 아찔한 생존 게임을 즐기면서 남성의 세계에서 남성들과 경쟁하여 이기는 전략을 배운다. '아버지의 딸'은 남성들이 좋게 여기는 매력과 권력과 돈의 가치를 추구한다. 여성 영웅은 어떤 남성과 경쟁해도 밀리기는커녕 남성들을 압도하는 경우가 많아지고 있다.

'아버지의 딸'들의 남성에 대한 약진으로 사회가 많은 측면에서 변화해 가고 있다. 반면 남성이 여성과의 경쟁을 힘겨워하는 현상이 사회 곳곳에서 벌어지고 있다. 공무원 채용 고시, 교육대학 입시, 전문대학원 입시, 대기업 시험, 각종 고시 등에서 여성의 진출이 남성의 진출을 압도한다. 전국 교육대학의 경우, 2020년 남자가 35%를 기록하면서 전년도 33.9% 대비 1.1%가 높아졌다. 이 기록이 1990년 이후 최고 높은 기록이라고 한다. 이러한 현상은 남녀 모두가 선호하는 전문 분야일수록 더욱 두드러진다. '아버지의 딸'의 등장으로 남성의 경쟁력이 급격하게 떨어진 것이다.

'아버지의 딸' 중에는 어릴 때부터 부모님의 부부 관계를 봐오면서 결혼에 대한 환상이 깨져 여성적인 삶을 선택하지 않는 경우가 있다. 이런 여성은 남성을 오직 경쟁 대상으로 볼 뿐 사랑하는 대상 또는 결혼 대상으로 보지 않는다. 그렇다고 모든 '아버지의 딸'이 결혼을 거부하는 것은 아니다. '아버지의 딸'이어도 부모님의 관계가 그리 나쁘지 않았다면 굳이 결혼을 거부할 필요까지는 없다. 그러나 이런 여성은 결혼한 남편까지도 경쟁 상대로 볼 수 있다.

선택의 문제

아빠, 내 또래 여성들이 아이를 낳으면, 자녀 양육이냐
사회적 커리어냐 하는 문제에 부딪히게 될 텐데,
내가 능력이 없으면 몰라도 그건 쉬운 문제는 아닌 것 같아.

새천년 전에 이런 문제에서는 자녀 양육이 정답이었고,
정답대로 하지 못하면 여성은 죄책감을 가졌지.
그런데 정답을 찾기보다는 선택의 문제라고 볼 수 있어.
그러나 어떤 선택을 하건, 선택하는 것으로 그쳐서는 안 되고,
그 후속 문제가 뭔가를 파악해서 미리 대책을 마련해 두는 것이
중요하다고 봐.

• • •

예일대 정신의학과 교수 대니얼 J. 레빈슨은 『여자가 겪는 인생의 사계절』이라는 책에서 15년에 걸쳐 두 가지 주제, 즉 여성이 자녀 양육과 여성 자신의 사회적 경력이라는 딜레마를 안고 살아가는 모습을 다룬다. 그러나 저자도 뾰족한 답을 제시하지 못한다. 여성 자신의 사회적 경력을 중시하든 자녀 양육에 더 큰 가치를 두든 본인이 선택할 문제라는 것을 제시할 뿐이다.

내가 이 책에서 내릴 수 있는 결론도 거기서 크게 벗어나지 않는다. 다만 어떤 선택을 했을 때 어떻게 보완할 수 있고, 어떤 희생을 치러야 하는지를 독자가 자각하게 하는 것이 이 책이 제시할 수 있는 최선이다.

'어머니의 딸'의 삶의 새로운 여정

대개 '어머니의 딸'은 결혼하면 남편에 대한 내조와 자녀 양육에 최선을 다한다. 그렇다고 그녀가 꼭 행복한 것은 아니다. 왜냐하면 그녀는 자신의 모성성으로 살 뿐, 자신의 고유한 여성성으로 살아본 적이 별로 없기 때문이다. 다시 말해 그녀는 자기 존재로 '나답게' 살아본 적이 없다. 여성은 결혼 초기에는 한편으로는 자신을 스스로 억압하고, 다른 한편으로는 남편의 권위에 눌려서 자신을 드러내지 못하고 만다. 남편은 강한 근력과 냉철하고도 이성적인 합리적 판단 위에 세워진 남성성에 근거하여 여자를 가르치려 든다.

『남자들은 자꾸 나를 가르치려 든다』의 저자 리베카 솔닛은 남성에게 다음과 같이 경고한다.

남자들은 자꾸 나를, 그리고 다른 여자들을 가르치려 든다. 자기가 무슨 소리를 하는지 알든 모르든, 어떤 남자들은 그렇다. 여자라면 누구나 내 말을 이해할 것이다. 이런 현상 때문에 여자들은 어느 분야에서든 종종 괴로움을 겪는다. 이런 현상 때문에 여자들은 나서서 말하기를 주저하고, 용감하게 나서서 말하더라도 경청되지 않는다. 이런 현상은 길거리 성희롱과 마찬가지로 젊은 여자들에게 이 세상은 당신들의 것이 아님을 넌지시 암시함으로써 여자들을 침묵으로 몰아넣는다. 이런 현상 때문에 여자들은 자기 불신과 자기 절제를 익히게 되는 데 비해 남자들은 근거 없는 과잉 확신을 키운다.

솔닛의 말처럼, 가르치는 남편으로 인해 아내는 자기 감정을 억압하고 말할 기회를 상실한다. 자기 불신과 자기 절제를 익히며 사는 여자는 '어머니의 딸'일 공산이 크다. '아버지의 딸'은 이런 상황이 되면 맞서 싸우고 만다. 그녀는 주장과 감정을 참는 것을 견디지 못한다.

남편이 자기가 무슨 말을 하고 있는지도 모르는 말로 아내를 가르치려 들 때 참고 견딘 결과, 아내는 남편에 대한 이해력이 높아진다. 아내가 듣기에 앞뒤가 안 맞는 말을 남편은 너무나 자신 있게 끝까지 밀어붙인다. 남편의 막무가내식 주장을 끊임없이 받아낸 결과 아내는 판단력이 흐려지면서 '내가 잘못되었나 보다'라는 자기 불신을 새롭게 무장한다. 그녀는 남편의 말이 앞뒤가 안 맞는다는 생각을 하지 못하고,

남편의 말을 이해하지 못하고 있다고 자기 자신을 비하한다. 그리하여 '어머니 딸'인 그녀는 남편에 대한 이해가 높아진다. 남편이 아무리 이치에 닿지 않는 주장을 아내가 해도 그녀는 그것을 존귀한 남편이 하사하는 고결한 말씀으로 듣고 마음속 깊이 아로새긴다.

남자가 온갖 실수와 허술함 때문에 곳곳에 구멍을 내고 다니면 여자는 구멍 난 곳을 찾아 메워준다. 남편이 직장에서 사고를 쳐도 아내가 개입하면 수월하게 해결된다. 사소한 일이나 일상적인 일에서 이런저런 문제가 생기면 남자는 쉽게 포기하지만, 여자는 어떻게든 창조적으로 해결해 낸다. 여자의 창조력은 결혼 초부터 남편이 제시하는, 말도 안 되는 주장을 어떻게든 이해하려고 노력해 온 '폭넓은 이해력'에서 나온다.

그녀는 젊은 시절부터 남편을 깊이 이해해 온 만큼 자신의 감정을 억압하게 되고 억울함을 깊이 쌓아간다. 남편에 의해 억압당하는 압박감, 풀어야 마땅함에도 못다 한 억울함과 상처는 오랜 세월 내면에 쌓여 화석층을 형성한다. 오랜 세월 지구상에 서식했던 유기체의 잔존물이 화석층을 형성한 결과 어느 순간에는 화석 연료가 되어 천연가스를 뿜어내듯이 그녀 안에 쌓이고 쌓인 상처와 아픔과 고통이 마음속에 누적되어 오다가 어느 순간 강한 폭발력을 가진 에너지로 뿜어져 나오는 때가 있다. 그때가 바로 그녀의 갱년기다.

갱년기를 맞아 감정을 주체할 수 없고, 말에 힘이 생기고, 내면에 억압되어 있던 에너지가 신체화되면서 위로 올라와 얼굴이 화끈거리며 빨개지는 여성이 있다. 그 여성은 그동안 억압하여 억지로 삼켜서 내장 속에 잘 보관하여 효과적으로 통제했던 감정과 억울함이 가슴을 거처 머리끝까지 올라와서 어느 순간 갑자기 굉음 같은 폭발음과 함께 펑! 터지는 순간을 맞게 된 것이다. 이때부터 남편과 아내의 권력 구조가 바뀌기 시작하는 경우가 많다. 그녀는 그동안의 자기 불신과 자기 절제는 온데간데없어지고, 확신에 넘쳐 결의에 찬 얼굴로 남편을 밀어붙이기 시작한다.

이 경우를 당하는 남성은 이제 남편으로서 그리고 가장으로서의 권위는 추락하고, 그동안 활력이 넘치던 남편의 언어적 힘은 폭포수같이 내리꽂는 그녀의 비명 같은 소리에 압도된다. 남편은 아내에게 재를 뿌려 아내는 재를 뒤집어쓴 채 살았지만, 갱년기를 맞으면서 그 재가 거름이 되어 그녀는 새로운 생명으로 쑥쑥 자란다. 그녀는 이때부터 새로운 꿈을 꾸기 시작한다. 지금까지 그녀는 자기 불신과 자기 절제 그리고 수치심으로 살았지만, 이제는 창조적인 삶을 살고자 한다.

이렇게 보면, 여성에게 갱년기는 끝이 아니라 새로운 삶의 시작이다. 현재 60대 여성의 평균 수명이 100세라면, 40대는 110세를 살고, 20대는 120세를 산다. 갱년기가 40대 후반에 온다면 아직 절반도 살지 못한 나이이다. 이처럼 '어머니의 딸'은 이때부터 새로운 삶을 살게 된다.

'아버지의 딸'로 살아가는 삶

'아버지 딸'은 어릴 때부터 남다르게 똑똑하다. 특히 그녀의 남자들에 대한 경쟁력이 남다르다. 그녀는 어릴 적부터 남자들에게는 절대로

지지 않는다는 신념으로 무장되어 있다. 그녀가 발휘하는 모든 능력은 탁월한 경쟁력을 가진다. 그녀가 결혼하면 최소한 맞벌이를 하게 되고, 능력이 남달리 탁월하여 고효율의 직업을 가지게 되는 경우, 남편이 전업주부를 맡는 경우가 발생한다.

'아버지의 딸'은 능력이 탁월하여 이런 선택을 하는 경우가 많아지고 있다. 그녀가 자녀를 낳으면 자녀 양육을 희생시켜야 하는 아픔도 감당해 낸다. 그녀는 모성성 발현과 사회 경력 사이에 갈등이 있으나 어릴 때부터 아버지가 열어준 미래를 포기할 수 없다. 거기에는 사회적 지위, 권력, 경제적 보상이 기다리고 있기 때문이다. 모린 머독은 『여성 영웅의 탄생』에서 "여성들이 자율성의 욕구와 생산성의 욕구라는 양립하기 쉽지 않은 문제들을 받아들이는 데는 사회적 태도 변화와 남성들의 지원이 필요하다"고 말한다.

'아버지의 딸'은 모든 면에서 탁월하지만, 한 가지 모자란 부분이 있다. 이것은 가장 본질적인 것이면서 또한 치명적이다. 그것은 바로 여성성을 희생하는 것이다. 가부장적 사회에 저항하느라 남자로 살아오면서 남자들을 이기려고 애써왔지만, 남성과 경쟁만 할 뿐 자신의 선두 인격인 여성성을 오랫동안 외면했다.

'아버지의 딸'은 자기 한계를 뛰어넘는 법을 배웠지만 정작 뛰어넘고자 하는 자신이 '나는 누구인가'를 알지 못한다. '슈퍼우먼의 환상'으로 주변 남자들을 다 이겨내기는 했지만, 자신의 경쟁자가 다 사라질 때 그녀의 경쟁력은 상실된다. 이제 그녀는 더는 갈 길을 몰라 방황하다가 그 자리에서 주저앉는다. '슈퍼우먼의 환상'은 꼭 '아버지의 딸'에게만 국한되는 것은 아니다. 『여성 영웅의 탄생』에서 모린 머독은 "어머니들이 느끼는 자기모멸의 그늘에서 자란 여성들은 자신을 여성으로 여기지 않을뿐더러 자신의 어머니가 이루지 못했던, 완벽한 어머니이자 사회에서 인정받는 여성이 되려는 슈퍼우먼의 덫에 빠져들기 쉽다"고 말한다.

'어머니의 딸'은 갱년기 이전의 결혼 생활에 많은 어려움을 겪지만, 갱년기 이후에 새로운 삶을 열어갈 수 있다. 반면 '아버지의 딸'은 결혼 초기부터 화려한 삶을 살아가지만, 삶의 에너지를 사회 활동으로 소비하고 나면 갱년기 이후에 쓸 수 있는 에너지가 얼마 남지 않게 된다. 그뿐만 아니라 그녀는 자신의 자녀들에게 '어머니의 부재'라는 결핍을 안겨주었다. 그렇지만 '어머니의 딸'로 살기와 '아버지의 딸'로 살기라는 주제는 여전히 여성 각자의 선택에 달려 있다.

아빠는 엄마가 아니다

아빠, 요즘은 아빠 세대와 달리 맞벌이하는 부부가 많아지고
심지어는 사회적으로 남편보다 아내가 더 경쟁력이 있을 때
아내가 직장을 나가고 남편이 전업주부가 되는 경우가 많잖아.
이때 제일 큰 어려움이 아기를 엄마가 직접
양육할 수 없다는 데 있는데, 이 경우 아빠가 엄마 역할을
대신할 수 있을까?

엄마가 직접 양육하는 것이 아기에게 가장 좋다는 것은
누구도 부인할 수 없을 거야. 그런데 현실은
맞벌이가 많아지고 있고, 네 말처럼 아내가 경제력을 책임지고

남편이 전업주부가 되는 일이 늘어나고 있지.

엄마가 아이를 직접 양육하지 못하는 경우 할머니, 이모, 보모 등

여러 형태의 양육이 이루어지고 있지만, 아기에게는

무리를 주는 일임에는 틀림이 없어. 그런데 아기에게

아무 일이 없을 것이라고 생각하는 것 자체가 '현실 외면'이야.

오히려 엄마가 직접 양육하지 못하는 경우 어떤 일이

발생할 수 있는지에 관심을 가져야 해.

●　　●　　●

아버지의 딸이 사회적으로 성공할 수 있었던 것은 자신의 선두 인격인 여성성을 희생시키고, 이면 인격인 남성성을 선두에 내세운 결과다. 그녀는 어릴 때부터 아버지로부터 남성성을 사용하는 것을 배웠기 때문에 사회에 진입하는 데 전혀 어려움이 없다. 그녀는 남성적 능력을 앞세워 탁월한 성과를 올릴 수 있게 되므로, 그녀가 밖에서 일하고 그녀의 남편은 전업주부가 되어 자녀를 양육하는 것이 자연스러울 수도 있다. 그러나 다른 일은 몰라도 엄마 대신 아빠가 아기를 전적으로 양육하기란 만만한 일이 아니다.

위니캇도 시대가 변화함에 따라 아빠가 엄마 역할을 하는 것에 대해서는 긍정적으로 인정한다. 위니캇은 어떤 아빠는 아내보다 더 좋은 엄마가 될 수 있다는 것을 관찰할 수 있었다 한다. 그때 아빠는 아기를 양육하기 위해 남성성을 낮추고 여성성뿐 아니라 모성성까지 끌어 올려야 한다. 그러나 이처럼 어쩔 수 없이 엄마 대신 아빠가 자녀의 초기

양육을 감당해야 할 경우, 그것은 매우 전략적이어야 한다. 아빠가 아이가 3~6세가 되었음에도 계속 모성적 위치에 있게 되면, 아이의 성적 정체성을 찾아가는 데 문제가 발생한다. 그 시기에 아빠는 부성적 위치에서 권위 있는 아버지 역할을 감당하는 계획을 세워야 한다는 점을 고려해야 한다.

엄마가 주 양육자일 때 아빠의 역할

엄마가 주 양육자가 되면 유아의 첫 1년 동안 아빠는 엄마의 그림자 역할을 해야 한다. 생애 첫 1년의 양육 중 특히 첫 3~6개월 동안은 엄마와 아기가 존재론적으로 겹쳐 있으며 아빠는 관계적으로 둘 사이에 끼어들 여지가 없는 것도 사실이다. 그렇다고 해서 아기에게 아빠가 전혀 필요 없는 사람은 아니다. 엄마와 유아 두 사람이 1년 동안 긴밀한 관계를 잘 유지할 수 있도록 아빠는 아무도 침범하지 못하도록 울타리를 쳐줘야 한다.

특히 첫 3개월 동안 엄마가 아기가 요구하는 '일차적 모성 몰두'를 충실히 수행하기 위해서는 아빠의 울타리 역할이 필수적이다. 만일 아기가 태어나는 시점에 엄마가 시-월드의 가족사에 복잡하게 얽혀 있으면 이를 철저하게 차단해 주는 것이 바로 아빠의 울타리 역할이다. 그렇게 될 때 엄마는 주변의 상황에 마음을 빼앗기지 않고 아기를 좋은 정서로 돌보는 데에 집중할 수 있다. 남편이 시-월드의 시기심을 방어해 주지 못하면 그 시기심은 엄마의 것이 되고 아기는 엄마의 시기심을 그대로 '딥 러닝'하는 일이 발생한다. 이 경우 아기의 정서는 매우 복잡해져서 경우에 따라서는 정신증으로까지 발전할 수 있다.

아빠는 아기가 자라가는 동안 그 울타리를 조금씩 넓혀준다. 아빠는 아기에게 세상을 조금씩 열어준다. 아기가 기어 다니는 시기가 되면 아빠가 출근하는 것을 아쉬워하며 현관문까지 기어가며 배웅한다. 그러면 아빠는 아기를 번쩍 들어 안아주고 뽀뽀하고 엄마에게 아기를 안겨준 후, 현관문을 열고 세상으로 나간다. 이런 일이 몇 달 동안 반복해서 일어나면 아기는 아빠가 언제쯤 돌아올 것인지 짐작할 수 있다. 이제 아기는 엄마와 아빠의 패턴을 익히게 된다. 아빠가 아침에 출근하고 저녁이 되어 갑자기 바빠지기 시작하는 엄마의 모습을 보게 된다. '아하! 아침에 현관문 밖으로 나간 아빠가 이제 나에게로 돌아오는 시간이 가까웠구나.' 이 사실을 아는 아이의 몸은 흥분되기 시작한다.

여기서 아기에게 엄마의 존재와 아빠의 존재가 의미의 차이를 가져다준다. 엄마의 유능함이란 늘 함께 있어주는 것이다. 아빠의 유능함은 아침에 어디론가 사라졌다가 저녁이 되어 '짠!' 하고 나타나 아기를 흥분시키는 데에 있다. 엄마가 아기와 늘 함께하는 것으로 아기는 지구력의 정서를 키우고, 짠! 하고 흥분을 동반하여 나타나는 아빠를 통해 아기는 순발력의 정서를 키운다.

엄마 외의 사람이 주 양육자일 때

요즘 우리나라는 자녀 양육 환경이 매우 다양해지고 있다. (외)조부모에게 또는 보모에게 아기를 맡기고 맞벌이를 해야 하는 상황이나, 사회적 능력이 남편보다 아내가 탁월하여 아내가 직장 생활을 하고 남편이 전업주부를 하는 상황까지 발생하고 있다. 하지만 아무리 전통적인 남녀의 역할이 바뀌었다 해도 유아 양육에 관한 일차적 관계가 엄마라는 사실은 변할 수 없다. 현실적으로 엄마 양육이 불가능할 때 엄마의 역할이 할머니나 남편으로 바뀌는 경우 실제 엄마의 역할을 최대한으로 활용하는 것이 필요하다.

어느 직장이나 출산 여성에게 출산을 위한 휴직 제도나 출산휴가를 주는 제도가 있다. 출산휴직을 활용할 수 있는 직장이라면 최소한 3년을 확보하여 그 기간 동안 엄마로서 역할을 하는 것은 자녀에게 줄 수 있는 큰 선물이 될 것이다. 그러나 그런 여건은 교사나 공무원이면 가능하겠지만 다른 직장에서는 꿈도 못 꿀 상황이다. 그렇지만 아무리 각박한 조직이라 할지라도 최소한 3개월의 출산휴가는 허용될 것이다. 이 기간에 엄마로서 아기를 위해 최소한 할 수 있는 것은 '일차적 모성 몰두'일 것이다.

이 '일차적 모성 몰두'만이라도 충실히 이행하게 되면, 아기가 앞으로 살아가는 인생에서 일단 최악을 경우를 면할 수 있다. 아니 3개월의 휴가로 엄마가 아기에게 최선을 다해도 겨우 최악의 경우를 면할 수 있는 정도라고? 실망하지는 말자. 그다음이 있다. 만일 할머니나 보모, 또는 아빠가 돌봐야 하는 상황이 될 때를 대비해 돌토는 다음과 같이 제안한다.

엄마의 냄새, 향취가 담겨 있는 옷가지나 엄마의 흔적이 묻어 있는 홑이

불 등을 아기가 만질 수 있고 엄마 냄새를 맡을 수 있도록 아기의 몸을 감싸거나 가까이 두는 것이다.

즉 엄마가 부재할 경우, 아기가 엄마의 냄새와 흔적을 확인할 수 있어야 한다는 것이다. 왜 이렇게까지 해야 하느냐 하면, 그것은 바로 엄마가 없을 때도 엄마만이 해줄 수 있는 모성적 돌봄을 연속성 있게 제공해 주기 위함이다. 엄마와의 이러한 관계 지속을 통해서 아기는 '존재 연속성'을 확보할 수 있다. 아기를 위한 엄마와 아빠의 역할이 바뀌어도 엄마는 어디까지나 아기의 존재가 누릴 수 있는 '공간'이요, 아빠는 이 모성적 공간을 지켜주는 '울타리'라는 사실을 기억하자.

모성적 원리 vs 부성적 원리

사람은 일평생 두 가지 원리를 가지고 산다.

하나는 '어머니의 원리(모성적 원리)'이고, 또 하나는 '아버지의 원리(부성적 원리)'이다.

어머니의 원리는 홀로 있을 수 있는 능력, 중요한 한 사람을 만날 수 있는 능력, 선택과 집중을 할 수 있는 능력, 한 가지 일에 몰두할 수 있는 능력, 타인이 나에 대해 집중하고 몰두할 수 있게 만드는 능력, 복잡한 일을 단순화시킬 수 있는 능력, 한 번에 여러 가지 일을 할 수 있는 능력과 관련된다.

오늘날 스마트폰은 홀로 있을 수 있는 능력을 빼앗아 버린다. 그 순간 스마트폰은 나의 정신을 흡수한다. 내가 스마트폰을 보는 순간 나는 누군가의 시선에 의해 감시당하고 있다거나 누군가의 시선에 나 자신을 빼앗기고 있다는 사실에 대해서는 사람들이 별 신경 쓰지 않는다. 스마트폰 중독은 자신만의 시각을 가지지 못하게 만들며, 남의 시선에 노출되어 나의 고유한 존재로 살지 못하게 되는 결과를 가져올 수 있다.

아버지의 원리는 자녀가 사회적 존재로 사는 능력, 세상의 복잡계를 감당할 수 있는 능력, 이분법(선과 악, 좋음과 나쁨 등)을 극복할 수 있는 능력, 세상을 구체적으로 상징화(사회화)할 수 있는 능력, 중심의 자리에 들어갈 수 있는 능력(권위), 미래의 목표를 세울 수 있는 능력과 관련이 있다.

우리는 일평생 이러한 두 가지 원리를 가지고 수많은 사람과 관계를 맺으면서 살아간다. 누군가 어릴 때부터 무서운 아버지를 경험했다면 그가 여기저기서 만나는 상사, 어른, 선배, 교수 등과 좋은 관계를 만들어가기란 매우 힘들다. 만일 그가 종교를 가지고 있다면, 그가 가지고 있는 신의 개념도 그런 원리 안에서 형성되었을 것이다. 성직자가 아무리 자비로운 신, 인간을 사랑하시는 신을 설교해도 그가 만나는 신은 벌을 주는 무서운 신, 끔찍한 심판을 내리는 신 개념의 범주에서 벗어나지 못한다.

오늘날 어머니 이미지, 아버지 이미지는 1950~80년대의 것과는 매우 다르다. 과거에는 아버지 호령 한마디에 자다가도 벌떡 깨어나서 순식간에 이불을 개고 청소하면서 빗자루를 빠르게 움직이는 속도로 아버지의 분노를 달래면서 '효'를 증명해야 했다. 이렇듯 아버지 한마디에 온 가족이 사시나무 떨듯 했다. 이러한 아버지 슬하에서 자란 아들은 '내가 아버지가 되면 저러지 말아야지' 하며 어금니를 악물며 다짐한다. 그런 아들은 아버지가 되어 자녀들의 친구가 되는 데 주저하지 않았다. 그 결과 아버지의 건강한 권위까지 포기하는 경우가 발생하게 되면 그것도 자녀에게(특히 아들에게) 치명적이 될 수 있다.

요즘 아빠는 자녀가 자는 방에 들어가서 자녀 옆에 누워 등을 쓰다듬어 주며 이렇게 말한다.

"지금 안 일어나면 엄마한테 혼난다, 너?"

오늘날에는 남녀의 역할이 과거와 많이 달라져서 부성적 원리와 모성적 원리가 뒤섞여 있기도 하다. 상황에 따라서 엄마가 아버지 역할도 하고, 아빠가 엄마 역할도 해야 하는 시대가 되었다.

그런 측면에서 한석봉의 어머니는 선구자다. 홍주 백씨로만 알려진 한석봉의 어머니는 학문을 포기하고 한밤중에 돌아온 아들을 환한 촛불로 맞이하지 않았다. 어두컴컴한 방에서 "나는 떡을 썰 테니 너는 글을 적어라"라는 말로 오랜만에 돌아온 아들을 재우지 않고 그 자리에서 돌려보냈다. 이것은 어머니의 모성성으로 할 수 있는 일이 아니다. 어머니 안에 있는 남성성(아니무스)과 아버지로부터 체득한 부성적 원리로 그리할 수 있었다. 어머니가 그렇게 부성적 원리를 발휘해야 했던 것은 아마도 한석봉의 아버지가 부재했기 때문이 아닐까 싶다.

이는 아내의 직장 생활로 엄마를 대신해서 아버지가 아기를 키워야 하는 상황에 있는 남자들의 고민은 어떠해야 하는지를 보여주는 대목이기도 하다. 아빠가 엄마를 대신하여 엄마 역할을 하기 위해서는 자신 안에 있는 여성성(아니마)과 모성성을 끌어내야 한다.

그렇지만 자녀에게 가장 바람직한 것은 엄마의 품과 아버지의 권위가 분명하게 구별되면서 아이의 인격 안에 두 원리가 각각의 모양으로 내면화되는 것이다. 엄마의 역할과 아버지의 역할은 분명하게 구별되어야 한다. 아기에게 엄마는 늘 곁에 있어 눈앞에 보여야 하는 사람이다. 그래서 자녀에게 엄마는 늘 함께 있어 만만한 대상이다. 아빠는 아침이면 멀리 떠났다가 저녁이면 돌아오는 일을 반복하면서 아이를 흥분시키고 집 밖에 있는 특별한 재미를 가져다주는 대상이다.

젖 먹는 힘의 실체

유아기의 아기는 젖(또는 젖병)을 빨면서 존재한다. 아기는 자신이 살아 있음을 젖을 빨면서 확인한다. 아기는 엄마의 젖을 빨면서 엄마의 생명을 빼앗아가는 것이다. 다행히도 엄마는 자신의 생명을 아기에게 다 주고도 아기를 위해 또다시 새로운 생명을 불러온다. 모성애는 아기에게 엄마 자신의 생명을 기꺼이 빼앗겨 주는 것이며 그 생명은 또다시 샘솟듯이 솟아오른다.

아기는 젖을 빠는 동안 지성을 사용하지 않는다. 그 말은 아기는 머리로 기억하지 않고 입을 통해 생각하고 모든 기억을 몸에 담아놓는다는 뜻이다. 아기는 자신의 몸을 '살아 있는 몸'으로 만들기 위해서 각 감각 기관을 분화시키고 정신과 모든 기관을 통합한 유기적인 몸 관념을 가지고자 한다.

아기는 엄마의 젖을 빠는 동안 모든 공격성을 동원한다. 유아가 엄마의 젖을 빨면서 어느 정도의 공격성을 사용하느냐는 매우 중요하다. 아기는 엄마의 사정을 봐주지 않고 젖을 공격하고 엄마는 아기의 공격성에 최소한의 방어를 하면서 기꺼이 자신을 내어준다.

이때 엄마가 제공할 수 있는 모성애는 아기가 젖가슴을 최대한의 공격성을 발휘하면서 빨아낼 수 있도록 가장 안전한 공간을 제공하는 것이다. 그러면 아기는 젖을 빠는 순간 아무 생각 없이, 자신의 존재 전부를 걸고 엄마의 젖을 마음껏 빨아낼 수 있다. 그런데 아기가 젖을 빠는 순간 엄마가 느끼는 고통 때문에 비명을 지른다거나 짜증을 낸다거나 심지어 때리기까지 한다면(이런 상황이 수십 번, 수백 번 반복된다면) 아기는 엄마의 눈치를 보게 된다. 그때 아기는 엄마의 기분을 살피면서 젖을 빠는 힘과 빨아내는 속도를 조절하게 될 것이고 충분한 양을 마음껏 채우지 못하게 된다. 그렇게 되면 아기는 공격성을 억압하게 되고 감정을 충분히 발휘하지 못하게 되면서 수유 장애가 일어난다.

위니캇은 『소아의학을 거쳐 정신분석학으로』에서 수유 장애가 유아의 향후의 삶에 미치는 영향에 대해 다음과 같이 설명한다.

한쪽 끝에는 유아의 수유 장애가 있고, 다른 쪽 끝에는 우울증(melancholia), 마약중독, 건강염려증, 그리고 자살 등이 있다. 다른 말로 하면, 먹는 것은 건강과 마찬가지로 모든 종류의 질병에 의해서도 영향을 받을 수 있다.

아동기와 청소년기를 거치면서 겪는 잦은 설사, 복통, 구토, 변비 등은 유아기의 수유 장애와 관련이 있다. 아이들은 갓난아기 때부터 말로 표현하지 못하는 대신 이미지로 표현한다. 예를 들어 아기가 설사한다는 것은 '나, 지금 우울해'라고 말하는 것이다. 이것은 수유 상황에서 장애가 발생했음을 보여주는 단적인 예라 할 수 있다. 그렇다고 아이의 설사를 무조건적으로 '우울'로 오해하지는 말자.

모유 수유와 젖병 수유의 차이

모유 수유와 젖병 수유를 젖 먹이는 기능으로만 보면 둘 사이에는 크게 차이가 없어 보인다. 그러나 이 둘은 두 가지 면에서 차이가 두드러진다.

첫째, 존재론적 의미의 차이이다. 모유 수유를 하는 동안 아기에게 엄마는 자신의 존재 전체를 준다. 엄마는 젖가슴을 아기에게 내어주면서 엄마 자신의 몸, 생명력과 사랑하는 마음 등을 몽땅 준다. 특히 '일차적 모성 몰두'의 상태에 있는 엄마는 자신의 존재(몸과 마음)를 챙기는 것보다 아기의 존재(욕구 충족)를 돌보는 것을 더 우선시한다. 엄마의 젖을 빨 때, 아기의 존재는 '황홀 상태' 그 자체이다. 아기는 몸 안에 있는 모든 리비도를 입술에 집중시켜 엄마의 고통은 아랑곳하지 않고 엄마의 젖가슴으로부터 젖을 빨아내는 데에만 '몰두'한다. 『아이, 가족, 그리고 외부 세계』에서 위니캇은 아기가 바로 이 황홀 상태에 대해 충분히 경험하는 것이 중요하다고 말한다.

모유 수유를 하는 동안 흥분 상태에 있는 아기와 엄마(또는 젖가슴)의 유대가 그 어떤 인간관계보다도 더 강력한 것이라는 말이 있다.

이에 비해 젖병 수유는 어떤가? 젖병은 아기에게 줄 수 있는 존재론적 의미가 결여되어 있다. 그러나 젖병 수유라고 해서 전혀 황홀감을 줄 수 없는 것은 아니다. 젖병 수유도 어느 정도의 황홀감을 줄 수 있다. 모유 수유가 만능이 아닌 경우도 많다. 수유 장애를 일으킬 정도의 모유 수유를 하는 엄마라면 차라리 젖병 수유를 선택하는 것이 아기에게 훨씬 좋다.

둘째, 여성적 요소의 획득 여부의 차이이다. 여성적 요소는 존재(또는 있음, being)라면, 남성적 요소는 행위(doing)이다. 아기는 엄마의 따뜻한 품 안에서의 첫 1년 동안 자기 동일성(I am)을 획득한다. 동일성 획득은 아기의 몸 안에 여성적 요소인 존재가 충분히 채워질 때 가능하다. 이 여성적 요소는 그 아이가 평생의 삶을 살아가는 데 가장 기초가 되며, 그 사람의 인격의 핵으로 자리 잡는다.

셋째, 아기에게 엄마의 젖가슴은 수유 흥분과 성적 흥분의 경쟁 지점이 된다. 모유 수유는 젖가슴을 놓고 아빠와 아기가 경쟁하지만 젖병은 그런 경쟁 구조가 불가능하다. 아기를 양육하는 여성은 이중직을 가진다. 이중직이란 남편의 아내로서의 역할과 아기의 엄마로서의 역할을 말한다. 이 둘의 관계는 매우 경쟁적이어야 한다.

어떤 여성은 아기가 9개월이 되기까지 모유 수유를 하면서 남편이 자신의 젖가슴을 애무라도 할라치면 절대 손을 못 대게 한다. "이건 아기 거야"라고 말하면서 남편의 손길의 흔적조차 남기지 못하도록 철저하게 거절했다. 나는 그것은 마땅한 처사가 아니라고 말했다.

엄마의 젖가슴은 두 가지 기능을 한다. 자신의 남편에게는 성적 흥분을 자극하는 성감대로서의 젖가슴이자, 아기에게는 수유 기능으로 배고픔을 채워주며, 몸을 흥분시키는 젖가슴이다. 그래서 위니캇 역시 『아동, 가족, 그리고 외부 세계』에서 "성적인 종류의 느낌들이 유아기의 모유 수유와 관련된 느낌들과 경쟁"한다고 강조한다. 아기는 엄마의 젖가슴을 놓고 성적 자극의 대상으로서의 흥분과 생명을 나눠주는 인격적 관계 대상으로서 흥분을 상호 경쟁케 한다. 엄마는 아기에게 수유하는 중에도 자신의 남편에게 성적 자극 대상으로서 젖가슴을 허용해야 마땅하다.

동일한 젖가슴을 놓고 아빠와 아기는 경쟁하지만, 아기가 젖가슴을 빠는 동안에는 엄마는 아무런 성적 흥분을 느끼지 않는다. 아내는 젖가슴을 통한 성적 흥분을 남편에게만 국한한다. 아기는 수유를 통해 배고픔이 해소되는 몸적 흥분을 충분히 느낄 수 있어야 한다. 아기의 여성적 요소 획득은 바로 이런 과정에서 가능해진다. 여성적 요소에는 성적 요소가 없으며 오직 존재만 있다. 그리하여 첫 1년 동안, 아기는 이런 상태에서 인격의 핵, 존재의 중심(동일성)을 만들어낸다. 젖가슴을 놓고 아빠와 아기는 경쟁하여도 아내/엄마는 경쟁하지 않는다. 그래서 이들의 경쟁은 안전하다.

아기는 엄마의 젖가슴을 통해 평생 살아가는 데 필요한, 즉 평생 존재하는 데 필요한 여성적 요소를 채운다. 만일 아기가 여성적 요소를 채우지 못하면 그것으로 그치는 것이 아니라, 남성적 요소를 끌어들인다. 위니캇은 아기가 여성적 요소를 충분히 채운 후 1년이 지나서야 비로소 남성적 요소가 들어오는 것이 가장 정상적인 발달이라고 강조한다. 남성적 요소는 여러 가지 본능을 함유하고 있는데, 그중 하나가 성적 본능이다. 그렇기 때문에 인격의 핵을 만드는 첫 1년 동안, 남성적 요소가 들어오지 않아야 일평생 성화된(sexualized) 삶에서 자유로워진다. 이처럼 아기에게 엄마의 젖가슴은 수유 흥분과 성적 흥분의 경쟁 지점이 된다.

남성적 요소는 생후 1년이 지나 인격의 핵과 동일성을 획득하고 난 후에 들어오면서 진정한 성적 존재가 되어간다. 만일 첫 1년 동안 엄마로부터 여성적 요소를 제대로 공급받지 못하면 그 결핍된 공간을 남성적 요소(본능, 성)로 채운다. 아기가 엄마의 젖가슴을 통해 경험하는 흥분과 황홀경은 순수하게 배고픔을 채워주는 젖가슴으로만 경험해야 한다. 만일 생애 첫 1년 이내에 남성적 요소가 연결된 젖가슴을 경험하면 존재론적으로 순수하던 흥분과 황홀경 대신에 성적 흥분과 성적 황홀경이 들어오게 된다. 아기가 엄마의 젖가슴 대신 젖병으로 수유를 공급받는다면 여성적 요소 획득에 어려움이 있을 것이며, 두 가지 흥분에 대한 경쟁을 경험할 기회를 처음부터 상실한다.

수유를 통한 존재 연속성의 중요성

모유 수유가 불가능한 안타까운 상황은 의외로 많다. 난산 과정에서 산모가 항생제를 많이 맞아 젖을 줄 수 없을 때, 모유 수유를 원하나 산모가 젖이 부족한 경우, 산모의 신체적 이유로 산모가 모유 수유 자체를 거부하는 경우 등 모유 수유를 할 수 없는 상황은 여러 형태로 발생

278

한다. 최근 들어서는 엄마의 사회적 스펙을 유지해야 하는 상황, 또는 엄마의 자기 관리를 위해 모유 수유보다 엄마의 몸매 관리가 더 중요한 상황 등도 이유가 된다. 이러한 상황에서 부모가 무엇을 선택하든 존중받아야 마땅하다. 이런 선택은 다른 사람의 판단 대상이 되어서는 안 된다. 왜냐하면 가정에서 일어나는 상황은 그 가족만이 가장 잘 알 수 있기 때문이다.

젖병 수유를 해야 하는 경우, 최대한 모유 수유의 형태로 품을 제공해야 하며, 아기가 엄마의 피부를 최대한 자주 접촉할 수 있도록 배려해야 한다. 아기에게 가장 좋은 상황은 항상 엄마가 곁에 있어주는 것이다. 아기는 엄마를 중심으로 '존재 연속성'을 확보할 수 있다. 엄마가 아이와 항상 함께 있어주지 못한다면, 3년을 함께 있는 양육을 하는 것이 좋다. 3년이 아니면 최소한 1년을, 1년이 안 되면 6개월, 6개월이 안 되면 가장 최소 기간인 3개월이 필요하다. 캘리포니아의 유명한 임상 의사인 빌 존스(Bill Jones) 박사가 '가출 소녀의 90%가 피부 결핍증에 걸려 있다'라고 한 말을 상기하자.

돌토와 위니캇 그리고 나의 견해를 두고 '첨단 과학 시대에 고리타분한 소리를 한다'고 할 수도 있다. 시대가 바뀐다고 자녀에 대한 양육까지 달라질 수는 없다. 이 책은 엄마가 부재할 때, 엄마가 아기와 함께 있어도 제대로 양육하지 못할 때 자녀에게 어떤 결과가 찾아오는지를 알려준다. 그리하여 내 자녀와 함께 있어주지 못하는 엄마는 함께 있어주지 못한 결과 아이에게 닥칠 증상에 대해 미리 예측하고 있는 것이 좋다.

대부분의 엄마는 아기 곁에 현존하여 양육하는 것을 중요하게 생각한다. 그러나 그렇지 못한 현실을 직면해야 하는 엄마도 많이 있다. 아기를 낳고 양육하는 것이 중요하지만 제대로 양육하기 위해 직장에 나가지 않으면 안 되는 엄마도 있다. 어떤 엄마는 아기 양육보다 엄마 자신의 사회적 경력을 쌓는 것을 더 중요하게 여길 수도 있다. 그것은 본인이 어떤 가치에 더 큰 우선순위를 두느냐에 달려 있다. 이런 엄마가 많아질수록 치료실을 찾는 아동과 청소년이 많아지는 현실도 인지해야 한다.

첫 1년 동안 아기가 엄마의 품을 제대로 제공받지 못했을 때, 자녀에게 발생할 수 있는 증상은 조현병, 편집증, 경계선 성격 장애, 깊은 우울증, 과민대장 증후군 등이다. 엄마의 품을 잘 거쳤으나 아버지가 아이의 삶에 의미 있게 개입해 들어오는 3세에서 6세까지의 시기(이를 '오이디푸스 콤플렉스 단계'라고 부른다)에 아버지와의 관계에서 문제가 될 때 자녀에게 나타날 수 있는 증상은, 흔히 노이로제라고 부르는 신경증(공포증, 강박증, 히스테리) 정도이다.

자녀는 엄마와 관계하면서 삶을 시작한다. 생애 첫 1년 동안 엄마와의 관계 경험은 그 아이가 일평생 맺어가는 인간관계의 질을 좌우한다. 특히 수유의 질은 이성과의 관계의 질과 연결된다. 내 아이의 생애 첫 1년은 그 아이가 일평생 선택하고 집중해 나가는 일에 영향을 미친다. 자녀는 엄마를 통해 '나는 누구인가'를 발견하고, 엄마는 자녀를 통해 '나는 누구인가'를 발견하는 것이 '존재로 살아가기'의 핵심이다. 그것을 위해 생애 첫 1년 동안 엄마와의 존재 연속성을 유지해 가는 것은 매우 중요하다.

생생한 정동을 만들어가는 첫 1년

김연아의 등장은 전 일본 국민을 당황케 했다. 일본은 아사다 마오를 최고의 선수를 만들기 위해 정부 차원에서 20조 원을 투자했다. 일본 정부는 '스타청'이라는 기관을 만들어 마오를 나라를 빛낼 '피겨 영웅'으로 선택하여 국민이 내는 세금으로 국가 차원의 프로젝트를 가동했던 것이다. 그런데 연습장 하나 제대로 확보하지 못해 빙상 경기장 한구석에서 눈물을 닦으며, 개인 후원자 없이 자비로 훈련비와 국제대회 참가 비용을 충당해야 했던 김연아에게 마오는 금메달을 연속해서 빼앗겼다.

메시는 유효 슈팅 각이 나오지 않는 곳에서도 골을 만들어내는 축구 명장이다. 손흥민도 메시 못지않은 유연성으로 예상치 못한 곳에서 자기 공간을 만들어내어 유효 슈팅을 곧잘 날린다. 축구 국가 대표팀 중에서 '막내 형'으로 불린 이강인은 혼자 골을 많이 내는 것보다 동료 선수가 골로 연결할 수 있도록 정확한 '택배 크로스'를 잘하는 것으로 유명하다. 그는 사방을 상대 선수들이 에워싸도 절대 공을 뺏기지 않고 오히려 상대를 농락하며 공을 자유자재로 가지고 논다.

아사다 마오가 실력이 못 미쳐 김연아에게 금메달을 빼앗길 때마다 슬피 우는 모습과 대조적으로 김연아는 2014년 소치 동계올림픽에서 편파 판정으로 금메달을 빼앗기고도 시상대 아래 칸에 서서 위 칸에

선 소트니코바를 향해 몸을 돌려 웃음과 함께 박수를 보내며 축하 악수까지 청했다. 시상이 끝나고 인터뷰에서 "금메달은 더 절실한 사람에게 간 것"이라는 말로 피겨 여왕의 어록을 남겼다.

김연아, 손흥민, 이강인, 메시 네 선수의 공통점은 '몸이 된다', 또는 '정동(affect)이 생생하게 실려 있다'는 것이다. 어떤 사람을 보고 '정동이 빠져 있다'고 말하면, 그것은 그 사람이 '생기가 없다'는 말이다. 우울증이 있는 사람은 정동이 없다. 반면, '몸이 되는 사람', '정동이 실린 사람'은 신체-정신 간 통전이 잘 이루어진 사람이다. 그런 사람은 감각이 잘 발달해 있다. 아이의 감각이 잘 발달하기 위해서는 엄마의 따뜻한 품이 필요하다.

'정동이 실려 있는' 사람은 다른 사람보다 순간적 상황을 몸으로 읽어내는 능력이 탁월하다. 김연아나 메시가 남달리 잘하는 것은 노력한 결과도 있지만, 노력한다고 다 그들처럼 되는 것은 아니다. 그들은 남다른 정동을 갖게 된 것은 생애 첫 1년부터 엄마와의 상호작용이 남달랐을 것으로 짐작된다.

미국의 정신분석학자 오토 컨버그는 『전이 초점 심리치료 입문』에서 '정동'에 대해 "심리 생리적인 행동 패턴으로, 즐겁거나 고통스러운 주관적 체험, 즉 즉각적 상황에 대한 인지적 평가, 근육 및 자율신경계의 방출 패턴, 그리고 매우 중요하게는 유아/보호자 상호작용에서 중대한 의사소통 기능을 하는 특정한 표정을 포함한다. 정동은 개인의 신경화학 체계에 강하게 영향받는데, 신경전달물질은 중요한 역할을 한다"고 말했다.

카이스트의 김대식 교수는 '신경(神經)'은 한자가 보여주는 대로, '신의 통로'라고 말한다. 이 단어는 신이 우리 몸에 들어오는 경로를 가시적으로 보여준다. 우리 신체에 신경이 미치지 않는 곳이 있는가? 바꿔 말하면, 찔러서 안 아픈 곳이 내 몸 어디에 있는가? 내 온몸은 신의 화학 작용이 일어나는 장소이다.

아기는 생애 첫 1년부터 엄마와의 상호관계에서 화학 작용을 경험한다. 엄마의 물리적 돌봄(안아주기, 수유 등)은 신경전달물질을 통해 화학 작용으로 전환되지만, 아기는 그것을 다시 한번 차원을 높여 엄마의 사랑으로 인지한다. 그리하여 엄마가 아기에게 젖(물리적인 젖, 공감적인 젖)을 잘 주면, 아기는 '엄마는 나를 사랑한다'고 기억한다. 반면 엄마가 젖을 잘 주지 않으면, '엄마는 나를 사랑하지 않는다'고 기억한다. 이것이 유아와 엄마 사이에 일어나는 리비도의 정신적 화학 반응이다.

갓 태어난 아기의 몸짓은 생생하고 생동감이 넘친다. 아기의 생생하고 자발적인 몸짓은 마치 새벽녘 산속 나뭇잎 사이를 톡톡 튀며 굴러다니는 이슬방울과도 같고, 수면 위를 튀어 오르는 물고기와도 같다. 이처럼 갓난아기의 몸은 강한 정동으로 꽉 차 있는 것이다. 생애 첫 1년 동안 엄마의 과제는 아기 몸에 담긴 정동을 꺾는 일 없이 생생하게 살아 움직이게 만드는 것이다. 그렇게 되면 생애 첫 1년 동안 아기는 "정동이 실린 기억 구조를 형성"하게 된다. 엄마의 이러한 노력은 아기의 생애 첫 1년 중 정동의 강도를 최고로 끌어올릴 수 있다. 그러한 정동 절정 경험을 통해 아이는 일평생 살아가면서 뭔가를 하고자 할 때 동기 체계가 어떠해야 하는지, 보다 나은 삶을 영위하기 위해 무엇을 해야 하는지, 고통이나 위협을 어떻게 극복해야 하는지 등을 터득해 간다.

출생 후 초기 아기의 몸에 탑재된 정동은 사랑과 공격성이 혼합된 리비도를 가지고 있다. 공교롭게도 그 혼합된 리비도가 10의 에너지를 가지고 있다면, 그중 사랑 에너지가 1이고, 나머지 9가 공격 에너지다. 그래서 아기는 처음부터 엄마 사정은 고려치 않고 무자비하게 엄마의 젖가슴을 공격한다. 그런 공격을 기쁘게 감당해 내는 엄마의 따뜻한 품은 아기의 정동의 균형을 바꿔놓는다. 생후 6개월쯤 되면, 정상적인 양육을 받은 아기는 사랑과 공격성을 49:51의 비율로 서로 엇비슷하게 만든다. 생후 첫 1년이 지나는 시점에 사랑의 에너지와 공격 에너지의 기울기가 51:49의 비율로 역전될 경우, 아이는 일평생 정상적인 정동을 가지고 살아가게 된다. 정상적인 정동을 가진 자녀는 생동감을 가지고 살아갈 수 있는 견고한 심리 구조를 형성한다. 이 구조를 획득한 자녀는 향후 전개되는 현실의 삶에서 고통이나 슬픔, 비애를 만나 정동이 자신에게 불리하게 기울어도 다시 안정적인 정동으로 돌아올 수 있는 복원력이 있다. 이것은 생후 1년 동안 엄마가 제공하는 따뜻한 품을 경험한 아이만이 누릴 수 있는 복이다.

이 책에 이어 쓰게 될 후속편에서는 생후 1년부터 청소년기에 이르는 과정을 다룰 예정이며, 그 핵심 주제는 '공격성'이 될 것이다. 자녀의 공격성을 엄마와 아빠가 어떻게 해결해 주느냐는 자녀의 삶을 좌우하는 중요한 관건이다. 자녀가 성인이 되기까지 자녀의 공격성을 부모가 어떻게 감당해 내느냐 하는 주제에 초점이 맞춰질 것이다.

지금까지의 자녀 교육은 부모가 시키는 것을 자녀가 잘 수행하도록 순종케 하는 방식으로 전개되어 왔다. 그 결과 자녀는 '존재'를 잃어버리고 '본질'을 찾는 삶(좋은 성적, 명문대, 경쟁력 있는 직업 등)을 사느라 헤맨다. 그런 식으로 획득한 본질은 자녀가 50세가 되기도 전에 바닥을 드러낸다. 지금 태어나는 자녀는 150세를 살아야 한다는 사실을 다시 한번 상기하자. 존재를 잃어버린 자녀는 앞으로 남은 100년을 허무와 공허 속에서 방황하는 삶을 살게 될 것이다. 내 자녀가 천재가 되거나 공부를 탁월하게 잘하기를 바라는 등 본질에 대해 소망을 갖는 것은 더는 가치 있는 일이 못 된다. 건강한 부모라면 사랑하는 자녀가 '생생한 정동을 가진 존재'로 살면서 자신이 원하는 공부나 일을 하며 '나답게 살아가는' 중에 자기 자리에서 우뚝 설 수 있기를 기대할 수 있다.

부모는 자녀가 성인이 되기까지 부모로서의 권위를 건강하게 세우되 권위주의로 억압하지 말아야 한다. 자녀의 공격성은 세련되지 못하여 거칠게 나타나기 마련이다. 자녀가 공격성을 발휘하고자 할 때, 부모는 자녀 수준으로 내려와 맞서주고, 압도하지 않으면서 더불어 싸워주고, 함께 흔들려 주고, 같이 놀아줄 수 있어야 한다. 자녀가 부모와의 관계 안에서 미성숙한 공격성을 발휘할 충분한 기회를 만나면 자녀의 공격성은 발달해 간다. 자녀의 거친 공격성을 부모가 감당해 주면, 자녀가 성인이 될 즈음에는 그동안 세련되지 못하고 미성숙하던 공격성은 사랑할 수 있는 능력으로 그리고 건강한 자기 주장성으로 바뀐다. 이때 비로소 자녀는 진정성을 가지고 부모를 공경하게 된다.

첫 책을 출간하게 되어 참으로 기쁘다. 엔터스스쿨의 양원곤 원장님께서 기획출판의 길을 열어주셨고, 정현미 선생님은 나의 글쓰기를 작가 중심에서 독자 중심으로 향할 수 있도록 관점을 바꾸는 데 도움을 주었다. 기획출판의 기회를 주신 레몬북스의 김의수 대표님과 편집을 담당해 주신 장미향 선생님께 감사드린다.

참고문헌

◆ 개리 스몰·지지 보건, 조창연 옮김, 『아이브레인』, 지와사랑, 2010

◆ 김용규, 『생각의 시대』, 김영사, 2020

◆ 다미 샤르프, 서유리 옮김, 『당신의 어린 시절이 울고 있다』, 동양북스, 2020

◆ 대니얼 J. 레빈슨, 김애순 옮김, 『여자가 겪는 인생의 사계절』, 이화여자대학교출
판문화원, 2004

◆ 도널드 위니캇, 이재훈 옮김, 『놀이와 현실』, 한국심리치료연구소, 1997

◆ 도널드 위니캇, 이재훈 옮김, 『소아의학을 거쳐 정신분석학으로』, 한국심리치료
연구소, 2011

◆ 도널드 위니캇, 이재훈 옮김, 『아이, 가족, 그리고 외부 세계』, 한국심리치료연구
소, 2018

◆ 로디 도일, 서애경 옮김, 『엄마의 얼굴』, 토토북, 2009

◆ 리베카 솔닛, 김명남 옮김, 『남자들은 자꾸 나를 가르치려 든다』, 창비, 2015

◆ 마델라인 데이비스·데이빗 월브릿지, 이재훈 옮김, 『울타리와 공간』, 한국심리치
료연구소, 1997

◆ 매트 리들리, 김한영 옮김, 『본성과 양육』, 김영사, 2004

◆ 메리 에이어스, 김건종 옮김, 『수치 어린 눈』, NUN, 2014

◆ 모린 머독, 고연수 옮김, 『여성 영웅의 탄생』, 교양인, 2014

◆ 미리암 슈제이, 김유진·이재훈 옮김, 『아기에게 말하기』, 한국심리치료연구소, 2015

◆ 볼레즈 파스칼, 이환 옮김, 『팡세』, 민음사, 2003

◆ 셀마 프레이버그, 반건호 외 옮김, 『마법의 시간 첫 6년』, 아침이슬, 2017

◆ 오토 컨버그, 윤순임 외 옮김, 『전이 초점 심리치료 입문』, 학지사, 2014

◆ 장 폴 사르트르, 정소성 옮김, 『존재와 무』, 동서문화사, 2009

◆ 폴 리쾨르, 김웅권 옮김, 『타자로서 자기 자신』, 동문선, 2006

◆ 프랑수와즈 돌토, 양녕자 옮김, 『자기를 찾는 아이들』, 새물결, 2007

◆ 프랑수와즈 돌토, 최혜륜 옮김, 『아이가 태어나면』, 샘터, 1997

◆ 프랑수와즈 돌토, 표원경 옮김, 『어린이는 어떻게 어른이 되는가』, 숲, 2008

◆ 플라톤, 박종현 옮김, 『플라톤』, 서울대학교출판부, 2006

◆ 하인즈 코헛, 이재훈 옮김, 『자기의 분석』, 한국심리치료연구소, 2002

불 안 한 부 모 를 위 한
심 리 수 업

초판 1쇄 인쇄 2021년 10월 15일
초판 1쇄 발행 2021년 10월 25일

지은이 | 최민식
펴낸이 | 김의수
펴낸곳 | 레몬북스(제396-2011-000158호)
주   소 | 경기도 고양시 일산서구 중앙로 1455 대우시티프라자 802호
전   화 | 070-8886-8767
팩   스 | (031) 955-1580
이메일 | kus7777@hanmail.net

ISBN 979-11-91107-18-0 (13190)

※ 잘못 만들어진 책은 구입처에서 교환 가능합니다.